U0453338

本成果受到中国人民大学2020年度"中央高校建设世界一流大学（学科）和特色发展引导专项资金"支持。

政治理论与中国政治学话语体系丛书

世界政治理论

杨光斌 著

World Political Theory

中国社会科学出版社

图书在版编目（CIP）数据

世界政治理论 / 杨光斌著 . —北京：中国社会科学出版社，2021.1
ISBN 978 - 7 - 5203 - 7765 - 2

Ⅰ. ①世⋯　Ⅱ. ①杨⋯　Ⅲ. ①国际政治—研究　Ⅳ. ①D5

中国版本图书馆 CIP 数据核字（2021）第 016491 号

出 版 人	赵剑英
策划编辑	王　茵
责任编辑	王　琪
责任校对	杨　林
责任印制	王　超

出　　版	中国社会科学出版社
社　　址	北京鼓楼西大街甲 158 号
邮　　编	100720
网　　址	http://www.csspw.cn
发 行 部	010 - 84083685
门 市 部	010 - 84029450
经　　销	新华书店及其他书店
印　　刷	北京明恒达印务有限公司
装　　订	廊坊市广阳区广增装订厂
版　　次	2021 年 1 月第 1 版
印　　次	2021 年 1 月第 1 次印刷
开　　本	710×1000　1/16
印　　张	21.75
字　　数	298 千字
定　　价	99.00 元

凡购买中国社会科学出版社图书，如有质量问题请与本社营销中心联系调换
电话：010 - 84083683
版权所有　侵权必究

中国人民大学国际关系学院
"政治理论与中国政治学话语体系丛书"编委会

主　编　杨光斌
副主编　时殷弘　黄嘉树　陈　岳
成　员（按拼音排序）
　　　　　陈新明　陈　岳　方长平　黄大慧　黄嘉树
　　　　　金灿荣　林　红　吕　杰　马得勇　蒲国良
　　　　　任　锋　时殷弘　宋新宁　王续添　王英津
　　　　　杨光斌　张广生　周淑真

"政治理论与中国政治学话语体系丛书"总序

  作为社会科学学科基础的中国政治学出现于西方思想登陆而中国思想被妖魔化的"转型世代"（1895—1925），这就意味着中国政治学从一开始就是学习乃至移植的产物。其间，先是学习英国、德国为代表的西方国家，接着是学习苏联，再接着是改革开放以来学习以美国为代表的西方国家，总之一直处于学习之中，各种学说、思潮到今天的量化研究方法，都在学习之列。

  中国自己有"国学"而无社会科学，学习是必然之路，否则就没有今天的以政治学、经济学和社会学为基础的中国社会科学。与此相对应，中国的"文明型国家"向现代国家的转型，也是与西方碰撞的产物。在过去100年里，思想引领实践，实践检验思想，也是外来思想与中国实践相互撞击、相互矛盾、相互调试的"长周期"。

  客观地说，在过去40年的时间里，作为学科的中国政治学与中国国家建设—政治发展的关系并不那么密切。改革开放以来，我们形成了以民主集中制为核心的"混合型"政治体制、混合型的社会主义市场经济体制和包容性的社会主义核心价值体系，但是政治学学科流行的则是传统与现代、先进与落后、民主与威权等二元对立的否定性思维方式，以及由此而产生的学科体系和理论体系。按照流行的政治学理论分析中国政治、中国实践乃至整个中国的政治发展，似乎总是不符合教科书中的"标准答案"。

常识是，一个关乎13亿多人口的政治绝对不能迎合任何简单化的理论。要知道，没有任何事情比治理大国更为复杂，这是中外历史反复证明了的；同时，基于特定国家、特定历史、特定经验而形成的理论也没有资格去鉴定中国政治发展的对与错，我们只能基于中国经验、在比较研究中形成相应的理论和概念。比较研究的发现是，当西方国家自身陷入困境之中、很多非西方国家也问题重重而导致世界秩序大变革时，中国之路还算顺畅，以至于曾经提出"历史终结论"的福山认为"中国模式"是一种替代性模式。

这意味着，中国道路之上的"中国方案"和"中国智慧"，需要一种新的政治科学去回答。社会科学具有鲜明的时代性，20世纪50年代，刚刚诞生的美国比较政治研究委员会自信地宣布，基于老欧洲经验的国家、权力等政治学概念该让让位置了。美国人确实搞出了新政治科学，在研究主题上是从现代化研究到民主化研究，在研究方法上是从结构功能主义到理性选择主义等的实证主义理论。但是，"实证"（the becoming）的逻辑离"实存的世界"（the world of the being）越来越远，将个人主义本体论弘扬到极致的美国政治学已经陷于危机之中，中国政治学不能把美国政治学的落点当作我们的起点，不能把美国政治学的败相当作我们的榜样。已经学习美国政治学40年的中国政治学，需要有自主性的理论体系和话语体系，中国应该是理论的发源地。

自主性政治学的关键是自主性的政治学理论。应该看到，在过去40年里，作为政治学理论学科资源的政治思想史研究、历史社会学和比较政治学，都不尽如人意：政治思想史研究要给中国政治学理论贡献更直接的新知必须拓展其研究路径；历史社会学则不存在"作者群"；而比较政治学一起步就跟随美国比较政治学的"民主转型"研究。这些学科现状决定了建构自主性政治学话语体系任重而道远。

但是，我们并不是没有自主性理论体系。历史上，毛泽东同志在延安时期提出的"以中国为中心"的研究方法、人民民主国体和民主集中制政体等新政治学概念，标志着中国共产党的政治成熟，也是最有力量的"中国学派"，因而解决了中国问题。今天，中国政治学有着特殊的资源禀赋去建设自主性学科体系：第一，和其他学科一样，中国政治学已经足够了解西方政治学，也有足够的包容力去接纳其有益研究成果；第二，和其他学科不同的是，中国政治思想史和政治制度史极为丰富，这是中国自主性政治学建设的最重要的"大传统"和文化基因；第三，有着中国革命经验所形成的"小传统"；第四，有现行民主集中制政体以及由此而衍生的强大的治理能力和伟大的治理成就；第五，在知识论上，中国政治学直接来源于科学社会主义——一种坚持人民主体性的科学学说，而伴随中国走向世界中心而发展起来的比较政治研究，是中国政治学的规范性学科来源。正是因为拥有这些如此独特而又优异的资源禀赋，即使在"历史终结论"如日中天之时，中国政治学阵地也没有丢掉。中国政治学理应倍加珍惜并发扬光大这些优质资源，最终形成自主性中国政治学科体系和话语体系。

这将是一项值得追求、需要奉献的世代工程。

杨光斌

2018年6月19日

中国人民大学明德国际楼

序　言

　　2018年开始断崖式下滑的中美关系不是国际关系理论所能解释的，因为中美关系已经不是双边关系，而是全球政治的关系。美国和中国的对外关系行为都具有世界性意义，两个具有世界意义的大国之间的互动自然不再是传统意义上的双边性的国际关系，而是事关世界秩序走向的世界政治。世界政治研究是国际关系理论的转型与升级。

　　什么是世界政治？习惯上，中国之外的国外政治就被认为是世界政治；或者，世界政治是指国内政治与国际政治的互动性和关联性。但是，即使是后者，少有将国内政治与国际政治统合起来的研究，或许是因为国际政治属于无政府状态而国内政治则是"良序社会"，由此塑造了不同的研究传统和学术规范。

　　全球史给我们的启示是，如果某种"力量"将互不关联的国家、地区联结起来进而形成结构化网络，世界政治便形成了。因此，理解世界政治的关键是寻找某种支撑结构化网络的行动单元或者研究单元。对此，人们可能首先想到的是资本（贸易）的力量和技术的作用。确实，资本和技术推动的大航海将地理意义上的"世界"变成了政治意义上的世界即世界政治。这是我们熟悉的世界政治史的起点，以"资本主义"为研究单元（行动单元）的世界政治研究也取得了国际社会科学界绕不开的智识成就——沃勒斯坦的世界体系理论。可以说，这是世界政治的历时性研究，即现存的世界秩序是怎么演化而来的。沃勒斯坦深刻地揭示了当今世界秩序的资本主义本质属性，使得"自由国际秩序"之类的说法显得既幼稚又滑稽。

世界政治研究不仅是学术性的，还是政治性的，即回答国内政治与国际政治的"同频共振"现象——这是各大国无不关心的火烧眉毛的政治。诱发同频共振的力量是什么呢？沃勒斯坦的理论关注历时性演化，志不在此。亨廷顿发现了作为"世界政治思维框架"的文明范式，属于历史政治学范畴，影响巨大但不能回答两种文明之间为何昨天不冲突而今日冲突，或者说不能解释为什么不同文明之间并不必然发生冲突。所以，基于文明范式的"世界政治思维框架"有待发展，我们发现，特定的政治思潮可能诱发并刺激了文明的冲突，以政治思潮为研究单元的世界政治学或许是一种答案。

我们给世界政治学的一个初步规定是：政治思潮诱发的国内制度变迁以及由此所塑造的国际关系与世界秩序。第一，世界政治学至少是政治思潮、比较政治和国际关系的学科集成式的新型研究议程和新学科。这并不是大杂烩式的混合，而是一种有明确的研究单元、旨在揭示深层结构的研究。第二，如果说国际关系学主要研究的是国家之间的"现状性结构"或"结果性结构"，而政治思潮和比较政治发展则着重于回答"过程性结构"，世界政治学则是一门包含了"过程性结构"和"结果性结构"的学科。第三，如果说问题导向的国际关系研究重在"怎么办"这种极具现实性、实践性的问题，世界政治学则努力回答"怎么办"背后的"为什么"，并提出"怎么办"。不理解"为什么"的"怎么办"往往无效。"为什么"往往发生于各个领域的深层结构，深层结构研究是生产理论的富矿，也应该是具有理论企图心的学者的驻足之地。

如何研究世界政治学呢？作为一门学科集成式学科，看上去无所不包，研究从何处出发？笔者认为，世界政治具有层次性，它们是时间进程所形成的深层结构、国家之间的单元层次和非政府为主体的次单元层次，而每个层次都可以从不同的维度去观察，即不同的层次性结构（研究议程）要有不同的研究路径或者研究单元；一个层次的问题可能有多种研究单元。这样，世界政治学就是一种可以操作的研究议程。就世界政治的深层结构研究而言，本书展示了沃勒斯坦的以资本主义为研究单元的世界体系理论、亨廷顿的以文明范式为研究单元的文明冲突论、笔者的以政治思潮为研究单元的世界政治体系理论。

为何要以政治思潮为研究单元而研究世界政治变迁和世界秩序？世界政治的最重要的主体无疑还是国家，而国家的原子化成分是人，由人构成的世界政治说到底是观念政治。这不仅是哲学意义上的，更是世界政治史的写照。

以政治思潮为研究单元而建构世界政治史，并在世界政治史的基础上研究世界政治体系或世界秩序，是本书呈现的三个关键词：政治思潮、世界政治史和世界政治体系。世界政治史是国际社会科学研究中尚待建构的知识体系，在西方知识界，有发达的全球史研究而无世界政治史，笔者认为是西方学人的一种避重就轻的做法，或者说以形式主义代替了本质主义。要知道，世界政治史是一种整合性知识，不但能回答国家间关系，还能从根本上回答人的观念是如何形成的、我们为什么以这样而不是那样的方式思考问题，更能解释国家间不平等之起源。不去研究这些重大的本质性政治问题而聚焦于各种"物件"的全球史，固然安全且有趣，但无助于理解事关人类前途的根本问题——政治，因此也很难产生堪与沃勒斯坦、亨廷顿相媲美的学者。同样的智识水平用来研究意义不同的课题，会产生具有巨大思想价值落差的理论成果。世界政治史研究是一项值得为之奉献的学术弘业。

本书在论说逻辑上，要建构世界政治学科，首先需要认识国际关系理论起点的现实主义理论的困境，世界政治学可以视为国际关系学的转型升级学科，初步讨论了世界政治学的学科建设诸问题。学科要立得住，必须有相关历史的系统研究，在世界政治史研究的基础上提出世界政治体系概念，以便我们理解世界政治的性质以及政治学理论和国际关系理论的现状。那么，到底该怎么研究世界政治呢？本书提出了世界政治的层次性与研究单元的多样性概念，其中系统梳理了沃勒斯坦基于资本主义研究单元而提出的资本主义世界经济体理论；重新阐释了亨廷顿的文明范式，在历史政治学脉络上重述了作为世界政治思维框架的文明范式；在总结他人成果的同时，笔者提出了以政治思潮研究单元而观察世界政治的变迁，并分别从两种影响最大的政治思潮即民主化和自由化而研究世界政治的变迁和世界秩序的重组。笔者的主张不但是基于历史的研究，也是对现实世界政治变迁的回应，大变革中的世界秩序呼唤世界政治理论。

　　基于世界政治史的世界政治理论研究让人感慨万千：今天的世界秩序比500年前的东亚儒家秩序更文明、更公正吗？这不是单线的进步史观所能回答的。自由化浪潮的非预期结果是对"自由世界秩序"的冲击，这是道家"反者道之动"循环式世界观才能解释的。这也启示我们，需要更复杂、更谦卑地面对我们尚不能很好地理解的世界政治结构与世界政治变迁。

杨光斌
2020年2月16日

目 录

第一章 现实主义国际政治理论重述 …………………………… (1)
  第一节 现实主义理论在中国 ………………………………… (1)
  第二节 找回现实主义理论的历史本体论：帝国主义 ………… (4)
  第三节 "国家性"：被现实主义理论漠视的关键词 ………… (21)
  第四节 结构现实主义的"强理论"建构：一项失败的
         理论工程 ……………………………………………… (30)
  第五节 历史政治学路径下的理论发现与"发现"背后的逻辑 …… (39)

第二章 呼唤世界政治学 ………………………………………… (46)
  第一节 国际关系学的"时代性"与"国家性" ……………… (48)
  第二节 何为"世界"？何为"世界政治"？ ………………… (51)
  第三节 作为世界政治基础的国内政治 ……………………… (54)
  第四节 政治思潮推动世界秩序的变革 ……………………… (57)
  第五节 非西方国家研究与完整的世界知识 ………………… (61)
  第六节 作为世界政治学科的知识基础的世界政治史 ……… (65)

第三章 世界政治体系 …………………………………………… (73)
  第一节 世界政治史纲 ………………………………………… (74)

第二节　世界政治体系的性质 ………………………………… (92)
  第三节　世界政治体系下的理论建构：以政治学理论与国际
  　　　　关系理论研究为例 ………………………………… (99)
  第四节　从中国再出发的世界政治体系与重构中国社会
  　　　　科学的"起点" ………………………………………… (109)

第四章　世界政治的研究范式 ……………………………… (116)
  第一节　"世界政治"与"世界政治学" ……………………… (116)
  第二节　世界政治的研究单位与理论解释 …………………… (120)
  第三节　单元层次的理论解释 ………………………………… (138)
  第四节　次单元层次的理论解释 ……………………………… (147)
  第五节　推进世界政治理论研究 ……………………………… (149)

第五章　"文明范式"与世界政治的思维框架 ……………… (155)
  第一节　"关于世界政治的思维框架" ………………………… (156)
  第二节　世界政治路线图 ……………………………………… (157)
  第三节　观察世界政治的文明范式 …………………………… (164)
  第四节　时间进程中的世界秩序 ……………………………… (172)
  第五节　政治思潮与时间进程中的"文明的冲突" …………… (178)
  第六节　财富权力转移与长时间性的世界秩序 ……………… (182)
  第七节　历史政治学路径下的世界政治学 …………………… (188)

第六章　政治思潮：世界政治变迁的一种研究单元 ……… (194)
  第一节　世界政治形成中的政治思潮 ………………………… (197)
  第二节　扩张性政治思潮与世界政治变迁 …………………… (200)
  第三节　对抗性政治思潮与世界政治变迁 …………………… (209)

第四节　政治思潮影响世界政治变迁的内在机制 ………… (212)

第七章　民主化浪潮与世界秩序的重组 ……………………… (216)
　　第一节　近代民主的"元形式"及其变种 ………………… (219)
　　第二节　自由主义民主—社会主义民主与现代世界体系的
　　　　　　到来 ………………………………………………… (224)
　　第三节　民族主义民主与世界秩序的重构 ………………… (228)
　　第四节　伊斯兰主义民主与世界政治的不确定性 ………… (232)
　　第五节　作为"文明的冲突"的中介机制的民主 ………… (241)

第八章　世界政治变迁中的自由化浪潮 ……………………… (250)
　　第一节　全球化浪潮中的新自由主义 ……………………… (251)
　　第二节　墨西哥案例：自由化浪潮—国内暴力政治—
　　　　　　世界秩序 …………………………………………… (267)

第九章　世界秩序大变革与世界政治理论 …………………… (292)
　　第一节　国际问题研究的新热点：世界秩序 ……………… (292)
　　第二节　世界秩序的含义 …………………………………… (295)
　　第三节　世界秩序的大变革 ………………………………… (298)
　　第四节　世界秩序变革的动因与新世界秩序愿景 ………… (311)
　　第五节　世界秩序研究呼唤世界政治理论 ………………… (314)

参考文献 ………………………………………………………… (316)

后　记 …………………………………………………………… (330)

第一章

现实主义国际政治理论重述

国际关系发生于世界政治或全球政治之中，只有理解世界政治才能更清晰地认识国际关系。长期以来，国际关系理论过剩而世界政治理论严重匮乏，或者把国际关系理论当作世界政治理论去误用。结果，流行的国际关系理论不能够解释急剧变化的大国关系，所以中国学者一直在呼吁建构本土的国际关系理论。笔者认为，以大国外交为中心的国际关系，更多是问题导向的，国际关系理论具有弱理论性；相应地，世界政治研究或许是理论创新的场域。在进入世界政治的场域之前，有必要弄清楚国际关系理论的问题所在，因为现实主义是最古老也是最为根本的国际关系理论，它是国际关系学之所以为国际关系学的标志。

◇第一节 现实主义理论在中国

现实主义政治即现实政治源远流长，关于现实政治的思想也很丰富，从古典时期的修昔底德到近代之初的马基雅维利和霍布斯，都有非常丰富的著述。但是，现实主义政治的理论化即现实主义国际政治理论的出现，则不到一百年的时间。从人性现实主义（主要是古典现实主义）到结构现实主义再到进攻性现实主义，现实主义已经随着时代的变迁而有了三代理论或者三个版本。现实主义理论被认为已经发展到第四代即所谓的新古典现实主义，① 新古典现实主义之"新"之说实在是牵强，既没有突破性之新，更没有作为一代理论的代表性学者，只是国外几个学者在古典现实主义理论的框架下修修补补，有的甚至属于画蛇添足。西方国际关系理论的"硬理论""强理论"无疑是现实主义，它被认为是国际关系理论的经典，其他理论由此而效仿、衍生。因此，理解西方的国际关系理论以及国际关系理论的推陈出新，首先要从全面把握现实主义国际政治理论开始。

已经没有必要"全面"阐述现实主义理论，本书是对三代现实主义理论的一种聚焦式评述，基于历史政治学的研究路径，从历史本体论、国家性假设、弱理论禀赋几个关键词出发（也是重新认识的结果），对三代现实主义理论加以清理，企图从根本上重新认识现实主义理论。本书发现，现实主义理论的真正价值还是来自古典现实主义的基本假设，即基于特定国家的国家性假设而形成的历史本体论，这是现实主义理论之所以为现实主义的血脉；据此，进攻性现实主义其实才是基于古典现实主义的一种"新古典现实主义"，是揭示西方世界真相的政策导向的带有科学属性的理论；而以"科学哲学"面目出现的结构现实主义，则可以断定为一种专门为政治服务的意识形态伪理论。可以理解的是，这一判断在一些人看来将很难理解。本书对三代现实主义理论做文本意义上的解析，其间并不涉及其他学者对现实主义理论的研究，可谓一种"回到历史本身"的历史政治学路径的解释。

在近20年的中国国际关系理论的学术研究中，兴趣点似乎不在古典现实主义理论上，而集中在结构现实主义和进攻性现实主义。国内学术界关于现实主义之认识，大概分为三类：神圣化、中国化和超越论。其中，超越现实主义论认为，现实主义基于西方国家的历史而建构，因此只可超越

---

① ［加拿大］诺林·里普斯曼等：《新古典现实主义国际政治理论》，刘丰、张晨译，上海人民出版社2017年版。

不可证伪。这种见解很有洞见，但是，这种看法的问题是，没有认识到不同版本的现实主义理论有着不同的性质，古典现实主义理论是对西方历史的"量身定制"，结构现实主义则竭力祛除西方历史。结构现实主义一方面高喊"现实政治"的原则，另一方面又极力剥离现实政治所产生的历史基础，试图建立一种中立的、普世主义的"理论"，而没有历史基础的社会科学理论最终将走向式微。

国内国际关系学界因为集中于后两种现实主义理论，而这两个版本的现实主义理论都是在"去帝国主义化"的背景下产生，或者说其主旨就是为了去帝国主义化而为自己的历史身份洗白，很多人也相应地抛弃了"帝国主义"概念或者有关理论，认为帝国主义这样的概念不与时俱进，很老旧，很传统，甚至被归类为贬义上的"左派"。结果，不但列宁的帝国主义论被遗忘了，就连深受马克思主义或其他左翼思想影响的帝国主义思想也未受到应有的重视。如此一来，我们还能理解世界政治的本质吗？世界上有那么多国家被殖民的历史，由此而产生的殖民地遗产如种族战争、贫穷落后等世界性真问题被忽视了，进而忽视了概念、理论的历史语境。笔者认为，要研究世界政治中的真问题，其中一条路径就是准确地把握现实主义理论的基本脉络，回到古典现实主义理论那里去，找回国际政治理论中的"帝国主义论"，以把握看似变化其实不变的现实主义理论的历史本体论，找到世界政治真问题的根源所在。

进而，国内研究因为聚焦于新现实主义、古典现实主义中的道德因素反而值得重视。讲究权力原则的现实主义，一开始也强调道德原则的重要性，如摩根索所说的，"政治现实主义者明白政治行动的道德意义"，只是认为道德原则不是抽象的，而是经过具体时间和环境过滤，而且认为谨慎就是"政治中至高无上的品德"。① 在《20年危机（1919—1939）：国际关

---

① ［美］汉斯·摩根索：《国家间政治：权力斗争与和平》，徐昕等译，北京大学出版社2012年版，第16—17页。

系研究导论》中，卡尔更是多处谈到现实主义并不是非道德主义的。在笔者看来，现实主义的道德主义原则讲的是权力的两面性或者多面性，国家权力具有强制性，但并不总是以赤裸裸的强制力面目出现，很多时候需要以道德的面目出场，但是道德的维度并不会从根本上改变权力的强制性属性。

接下来，我们首先从总体上梳理、述评三代现实主义理论，为结构现实主义理论祛魅，分析结构现实主义理论如何在"去帝国主义化"的基础上建构所谓的"科学哲学"，看看华尔兹是如何在本来已经衰落的结构—功能主义理论的路径之上建构一个意识形态化的假理论，最后论证现实主义理论的"弱理论"属性和"强政策"导向。

◇◇第二节　找回现实主义理论的历史本体论：帝国主义

社会科学是对当下重大社会问题或者冲突性政治的一种回应，因此理解作为社会科学的国际关系理论更不能无视既定的语境，三个版本的现实主义理论都是对特定历史或者当下政治的一种理论性回应，离开这一点而抽象地谈论国际关系理论无疑是隔靴搔痒。爱德华·卡尔和汉斯·摩根索的古典现实主义理论，就是在理论上阐释刚刚过去的历史或正在发生的政治，而这个政治就发生在帝国主义时代，因此古典现实主义理论的历史基础或者立论出发点就是如何理解帝国主义的世界政治。换句话说，古典现实主义理论的历史经验基础其实就是帝国主义问题，结构现实主义力图"去帝国主义化"而且相当成功，但进攻性现实主义则在事实上回到古典现实主义理论的出发点，是一种"新帝国主义"的理论逻辑。因此，现实主义理论之所以为现实主义的，或者说现实主义之所以与其他理论流派有着深刻的不同，就在于其独特的历史本体论。讲到此，应该看到，自由制度主义其实只不过是现实主义理论的衍生品，即以所谓的制度霸权而实现"霸权护持"，自由制度主义的历史本体论其实也和现实主义是一样的理论逻辑，只不过更隐蔽一些而已。

一　《20年危机（1919—1939）：国际关系研究导论》：帝国主义的时代特征

在西方人的词典中，"政治的"是事关群体性组织之间冲突性事务的，非冲突性事务被认为是"行政的"，因此才有中国人难以理解的"政治的""非政治的"之说。在古典现实主义的创始人爱德华·卡尔看来，所有的政治都是权力政治，国际政治只不过是权力政治的国际化而已，国际政治必然是权力冲突的政治。① 因此，卡尔虽然写的是1919—1939年的"20年危机"，正如黄仁宇写"万历十五年"而不只是写这一年发生的政治一样，"20年危机"其实还是帝国主义政治的延续，深刻地描述了帝国主义时代的国际政治现象或者说时代特征。

何时开始的帝国主义时代？帝国主义有各种形式，如罗马帝国的军事帝国主义，但是进入工业化之后的帝国主义则是以军事占领为先锋、以经济掠夺为主要形式的双重性质的帝国主义。新一代的帝国主义是国内资本主义或者自由主义的国际化的必然产物，首先称自己为帝国的是英国，英国首相迪斯雷利在1872年的演讲中提到英国人民是要"一个以欧洲大陆理念为榜样并据此塑造而成的舒适的英格兰"，还是要一个可以"赢得世界尊重的伟大的国家——一个帝国"，认为帝国是王室、保守党和工人阶级的联

---

① ［英］爱德华·卡尔：《20年危机（1919—1939）：国际关系研究导论》，秦亚青译，世界知识出版社2005年版，第98页。

合,由此正式开启了帝国主义意识形态论述的新篇章。① 帝国主义是可以学习、可以效仿的政治,因此以19世纪80年代欧洲国家瓜分非洲为标志,世界正式进入了帝国主义时代。关于帝国主义最有影响力的研究,无疑是英国学者霍布森的《帝国主义论》和受此影响而形成的列宁的"帝国主义论"。应该说,包括考茨基、后来的布哈林等社会主义或者左翼思想家的帝国主义理论在当时的政治思潮中居支配地位。可以肯定地说,离开帝国主义理论,就无法理解当时的世界政治。而帝国主义行为之所以流行,其背后是19世纪中叶开始流行的社会达尔文主义,即社会进化论,认为"优等民族"淘汰"劣等民族"是自然的选择。

这就是从19世纪中叶到20世纪中叶的世界政治或者说帝国主义的时代特征。对此,这一时期的现实主义者即卡尔和摩根索都直面现实,因此他们的现实主义理论其实都是研究强者如何欺凌弱者的历史或者现实。卡尔在《20年危机(1919—1939):国际关系研究导论》(以下简称《20年危机》)中引用意大利人的话作为佐证,国联的程序是"绕圈子,绕来绕去,只有两种出路:或者是英国、意大利、法国、德国之间达成一致,或者是这四个大国分道扬镳"。卡尔还引用斯大林的话说,"在我们的时代,人们没有与弱者打交道的习惯"②。这就是中国人常说的弱国无外交。而在帝国主义时代,弱国无外交是符合当时的游戏规则的,因为当时流行的是社会达尔文主义所转化的"白人优越论",因此我们所熟悉的自由主义鼻祖如19世纪的托克维尔、约翰·密尔,都是典型的人种优越论者。卡尔指出,19世纪中后期英国最著名的学者、《经济学人》创办者和《英国宪法》作者白芝浩(Bagethot)直接将达尔文理论运用到国际政治中,他说:

---

① [英]托马斯·梅特卡夫:《新编剑桥印度史:英国统治者的意识形态》,李东云译,云南人民出版社2015年版,第58页。

② [英]爱德华·卡尔:《20年危机(1919—1939):国际关系研究导论》,第99页。

> 征服是大自然给予强者的奖赏。有些民族的传统打造了这些民族的特征，使他们能够赢得战争。考虑到大部分物质性利益，赢得战争的特征确实是一个民族最优秀的特征。赢得战争的特征也正是我们希望在战争中获得的特征。①

卡尔还指出，当时很多著名思想家都持此类观点，只是人们不愿意公开承认这一点，而一位美国历史学家则很直白，"国际关系的基本问题是谁应该消灭弱者"②。

鉴于帝国主义时代的特征，爱德华·卡尔指出，亚当·斯密把经济从政治中分离出来的经济学即所谓的自由竞争法则，已经完全破产了，因为帝国主义政治的逻辑要么是以经济的方式实现政治的目的，要么是以政治军事的手段来实现经济目的。19世纪后期的帝国主义，经济和政治为了同一目标而联手共进，以政治实力获得经济利益，然后再将所获得的经济利益转化为政治权力——这就是当时英帝国的行为特征。③

果然，当时流行的"强权即公理"的帝国主义逻辑不但体现在白人与其他民族的关系上，还直接体现在欧洲白人内部的关系上。第一次世界大战之后的1919年巴黎和会，就是强者瓜分弱者德国的游戏，这就引发了"20年危机"并进一步导致第二次世界大战。

初成于1939年的《20年危机》，就是以强者的权力政治即帝国主义的实力政治而展开论述的，以欧洲帝国主义欺凌弱者为背景，进而导致"强

---

① 转引自[英]爱德华·卡尔《20年危机（1919—1939）：国际关系研究导论》，第48页。

② 转引自[英]爱德华·卡尔《20年危机（1919—1939）：国际关系研究导论》，第48页。

③ [英]爱德华·卡尔：《20年危机（1919—1939）：国际关系研究导论》，第107—109页。

者"即帝国之间的权力游戏。因此,"现实主义"就是以"实力政治""权力政治"为基础的帝国主义政治的理论化表述,从而演化为一种国际政治理论。《20年危机》其实没有多少"理论"可言,有的只是丰富的历史和政策性经验。另外,只要是讲帝国主义政治,就不可能脱离马克思主义的政治经济学逻辑。自从19世纪中叶马克思主义诞生以后,历经将近一个世纪的国际社会主义运动以及历代马克思主义理论家对帝国主义时代的经典分析和批判,西方知识界已经左倾化,其中包括本书所论及的《20年危机》,其中处处引用、借用马克思、恩格斯、列宁、斯大林、考茨基、卢森堡、托洛茨基、布哈林等人的论述。马克思已经成为"知识社会学"的来源,卡尔这样写道:"在过去的50年里,主要是(虽然不完全是)由于马克思的影响,历史学派的原则被用于对思想的分析;同时也奠定了一种被称为'知识社会学'的新学科的基础,这主要是德国思想家的贡献。"[①] 换言之,讲述帝国主义政治逻辑的《20年危机》,是一部带有社会主义色彩的,或者说具有当时时代特征的马克思主义化的"知识社会学"作品。不但如此,成稿于20世纪40年代末的汉斯·摩根索的《国家间政治:权力斗争与和平》(以下简称《国家间政治》)也直接延续了当时的左翼思想,因此蜚声学界的摩根索必然不会得到美国政府应有的重视。

二 《国家间政治:权力斗争与和平》:帝国主义的政治逻辑

把帝国主义的"时代特征"上升为帝国主义的行为逻辑,就构成了摩根索的"国际政治学"。和爱德华·卡尔一样,汉斯·摩根索也是从探讨权力开始其"国际政治学"论述的,但摩根索的国际政治学旨在揭示帝国主义的政治逻辑——虽然以现实主义理论的面目而出现。

[①] [英]爱德华·卡尔:《20年危机(1919—1939):国际关系研究导论》,第65—66页。

沿着卡尔的路径，摩根索指出："以权力界定的利益概念是帮助政治现实主义找到穿越国际政治领域的道路的主要路标。"① 因此，国际政治必然是权力政治即实力政治，国家在追求权力政治中实现权力最大化，正如国内政治的权力制约而导致的权力均衡一样。但是，在追求权力的过程中，并不是所有的参与国都同等地参与了国际政治，即存在权力的不平等性。② 在这种情势下，必然出现有维持权力现状和改变权力现状的国际政治，这事实上是一种冲突性政治。摩根索断言："全部历史表明，积极参与国际政治的国家，或是在不断地准备战争，或是在积极地卷入战争，或是处于从战争中恢复的过程中。"因此，权力政治现象呈现为"或是保持权力，或是增加权力，或是显示权力"③。其中，"如果一国的外交政策目的在于通过改变现存的权力关系获得比它实际拥有的权力更多的权力——换言之，其外交政策寻求的是在权力地位上的有利变化，那该国奉行的就是帝国主义政策"④。

摩根索的权力现实主义理论事实上是一种历史经验理论，而这个历史经验就是以欧洲史，尤其是拿破仑战争以来的欧洲国家之间的政治关系为样本，这个历史就是形成均势与改变均势的演变。而此时的欧洲民族国家初具形态后马上拥有了帝国梦想，因为欧洲民族国家形成于两大机制：对外贸易和战争，或者说都可以归结到战争这一种形式上。历史上没有哪个国家像英国那样为了贸易而对外战争，《威斯特伐利亚和约》之后的欧洲"城邦"之间更多的是为了地盘而战争，从几千个城邦国家到最后形成二十几个民族国家。因此，这个历史其实就是不断地改变均势的"帝国主义政策"。两次世界大战事实上是欧洲战争惯性的进一步放大，对于生活在这一

---

① ［美］汉斯·摩根索：《国家间政治：权力斗争与和平》，第7页。
② ［美］汉斯·摩根索：《国家间政治：权力斗争与和平》，第41—48页。
③ ［美］汉斯·摩根索：《国家间政治：权力斗争与和平》，第69页。
④ ［美］汉斯·摩根索：《国家间政治：权力斗争与和平》，第70页。

时期的摩根索而言，两次世界大战就是其理论的历史脚本，因此他在讲到什么是政治、什么是权力政治、什么是国际政治的时候，最关心的还是那些在历史上改变现状的帝国主义政策。在《国家间政治》中，最关键的内容就是"第二编　作为权力斗争的国际政治"，其中，对改变现状的政策即帝国主义的重视程度远远超过维持现状的政策，他只用不到10页纸的篇幅谈论"寻求权力的斗争：现状政策"（第4章），却用了30多页纸的篇幅专门讨论"寻求权力的斗争：帝国主义"（第5章），第6—7章其实都是有关帝国主义政策的论述，而且还在著作其他地方论及历史上改变现状的帝国主义政策。比如，在"第七编　当代世界的国际政治"中专门用一章的篇幅论述"新的道德力量：民族主义化的普世主义"，其中谈道："民族主义所要求的是一个民族建立一个国家，除此之外别无他求；而我们时代的民族主义化的普世主义却主张一个民族和一个国家有权把自己的价值观和行为标准强加给其他所有国家。"① 这显然就是指刚刚出现的"冷战"的世界政治中的美国帝国主义和苏联帝国主义，"我们时代的民族主义化的普世主义""是一种世俗化宗教，它对人的本性和命运的解释以及它拯救全人类的救世主式的誓言都是普遍适用的。一个特定的国家将在一个特定时期执掌普世主义的火炬，而原则上任何一个国家都有可能这样做。照此看来，在新十字军民族主义名义下统治全球的要求，可能会根据精神的和权力的条件，从一个国家转移到另一个国家"②。这其实就是指刚刚出现的"冷战"政治，美国和苏联都把自己的价值视为普世主义的，并以此来改变权力结构。正如摩根索所言："20世纪，在世界大战和革命的影响下，在经济、政治和军事的权力集中以及经济危机的影响下，这种对国家的依附达到了世俗宗教的狂热程度。权力之争戴上了善恶之争的意识形态面罩。外交政策摇身一变成为神圣的使命。战争都以圣战的名义进行，目的是将正确的政

---

① ［美］汉斯·摩根索：《国家间政治：权力斗争与和平》，第367页。
② ［美］汉斯·摩根索：《国家间政治：权力斗争与和平》，第368页。

治宗教传播到世界各地。"① 要知道,"冷战"起源于意识形态之争,② 因此摩根索着重谈到帝国主义政策的新形式与新逻辑——文化帝国主义及其实践。

摩根索谈道:"我们把帝国主义界定为一项目的在于推翻两个或更多国家间的权力关系现状的政策。"③ 帝国主义政策的三个目标是形成世界帝国、大陆帝国和地区优势,为此而使用的典型手段分别是军事帝国主义、经济帝国主义和文化帝国主义。其中,军事帝国主义最为古老,以军事占领形式实现其目标;而经济帝国主义一方面通过改变帝国主义国家与其他国家的权力关系来推翻现状,另一方面依靠经济控制而非通过领土征服来实现这一目标。④ 文化帝国主义则是一种最高级形式的帝国主义,它软化敌人,并为军事征服或者经济渗透提供条件,"它的目的不是征服领土和控制经济生活,而是征服和控制人们的心灵,以此作为改变两国之间权力关系的手段。如果人们能够设想,A 国的文化,特别是它的政治意识形态连同其一切具体的帝国主义目标,征服了 B 国所有决策人物的心灵,那么,A 国就将赢得比军事征服和经济控制更彻底的胜利,并在比军事征服者和经济支配者更稳定的基础上奠定霸权地位。A 国将无需为达到其目的而进行军事威胁或使用军事力量,或者施加经济压力;因为 B 国服从其意志这一目的,可以通过优越文化和更富有吸引力的、政治哲学的说服力而得以实现"⑤。

摩根索洞察到,意识形态已经是国家权力的重要组成部分,"现今国际舞台上的权力之争不仅是对军事优势和政治统治的争夺,而且在特定的意义上是对人心的争夺。这样,国家的权力不仅依赖于外交的技巧和武装力

---

① [美] 汉斯·摩根索:《国家间政治:权力斗争与和平》,第 164 页。
② 杨光斌:《意识形态与冷战的起源》,《教学与研究》2000 年第 3 期。
③ [美] 汉斯·摩根索:《国家间政治:权力斗争与和平》,第 80 页。
④ [美] 汉斯·摩根索:《国家间政治:权力斗争与和平》,第 96—97 页。
⑤ [美] 汉斯·摩根索:《国家间政治:权力斗争与和平》,第 99 页。

量的强大,而且依赖于它的政治哲学、政治体制和政治政策对其他国家的吸引力。对于美国和苏联来说尤其是这样。它们不仅作为两个政治和军事超级大国相互进行竞争,而且作为两种不同政治哲学、政府体制和生活方式的最突出的代表而展开竞争"①。

摩根索认为,"自第二次世界大战以来,经济帝国主义和文化帝国主义在政府的全部国际活动中所占的比例大大增加了"。"中国、苏联和美国便利用它们的经济和文化资源展开相互竞争,以达到把它们各自的权力扩张到所谓不结盟的第三世界的目的或者至少达到阻止另外两国扩张权力的目的。"②

意识形态的作用是掩饰政策的真实性质,因此"虽然所有政治都必然是对权力的追求,但意识形态却把参与这种权力角逐解释成演员和观众在心理上和道德上都能接受的某种东西"③。比较而言,"现状政策常常能够显露其真实本质并免除意识形态伪装,因为现状由于其本身的存在已经取得了某种道德上的正当性"④。而追求改变现状的"帝国主义政策永远需要意识形态,因为与现状政策相比,帝国主义永远有需要证明的负担。它必须证明,它寻求推翻的现状是应当被推翻的,在许多人心目中现存事物所具有的道义正当性,应当让位于一种要求新的权力分配的更高的道德原则"⑤。在现代,由于社会达尔文主义的流行,帝国主义的意识形态偏爱生物学的观点,法西斯主义、纳粹主义和日本帝国主义赋予这些生物学意识形态以革命性的内涵,其本质还是19世纪的社会进化论,"征服弱小民族似乎成了'白种人的责任'、'民族使命'、'天命所定'、'神圣的托管'、'基督教

---

① [美]汉斯·摩根索:《国家间政治:权力斗争与和平》,第220—221页。
② [美]汉斯·摩根索:《国家间政治:权力斗争与和平》,第101—102页。
③ [美]汉斯·摩根索:《国家间政治:权力斗争与和平》,第137页。
④ [美]汉斯·摩根索:《国家间政治:权力斗争与和平》,第139页。
⑤ [美]汉斯·摩根索:《国家间政治:权力斗争与和平》,第141页。

义务'。殖民帝国主义尤其经常使用这类意识形态口号加以伪装,如宣称征服者的使命是把'西方文明的赐福'带给地球上的有色人种"①。而且"帝国主义最广泛使用的伪装和辩解,一直是反帝国主义的意识形态",1919—1939年,交战双方都是为了保护自己、反对对方的帝国主义才走向战争的,德国以民族自决权这一道义原则而得到捷克斯洛伐克的一部分领土,"从第一次世界大战结束到第二次世界大战结束为止,这一原则(民族自决权原则——笔者注)是它们最有力的意识形态武器"②。

摩根索事实上揭示了"冷战"的性质即意识形态战争。第二次世界大战之后,军事帝国主义越来越少了,常见的是经济帝国主义和与之相伴的文化帝国主义,其中文化帝国主义则事实上是民族主义的普世主义化。摩根索所揭示的帝国主义的这一政治逻辑,把"冷战"时期的各种"主义"拉下神坛,其中包括被宣称为普世价值的自由主义民主。研究表明,自由主义民主只不过是基督教文明的一种政治表述。③ 如果说很多人还不理解为什么不能说自由民主是普世价值的话,那么肯定同意基督教文明非普世价值,如果基督教文明是普世价值,其他文明还有什么意义呢?

摩根索的国际政治理论事实上揭示了政治真相,接近一种"实存论"(the world of being),这当然不利于美国所开展的围堵共产主义的大战略,因此需要将这种"冷战"战略合理化、合法化乃至神圣化的"实证论"(the world of becoming)。事实上,战后美国社会科学最伟大的成就就是将自由主义社会科学化,政治学、经济学、社会学等各学科完成了自由主义的社会科学化工作。在这个大背景下,政治学理论中的人民民主被改造为自由主义民主,即以自由主义来框定具有社会主义属性的大众民主;古典现

---

① [美]汉斯·摩根索:《国家间政治:权力斗争与和平》,第142—143页。
② [美]汉斯·摩根索:《国家间政治:权力斗争与和平》,第144—147页。
③ 杨光斌:《自由主义民主"普世价值说"是西方"文明的傲慢"》,《求是》2016年第19期。

实主义国际政治理论被改造为结构现实主义,基于历史真相和政策实践的现实主义被改造为去帝国主义的非历史的"科学哲学"。或许是因为知识界对理论的饥渴,一种完全非历史的社会科学理论居然就这样流行开来,到头来证明不过是一种贫瘠、失败的理论。

三 《国际政治理论》:去帝国主义化的非历史的国际政治理论

卡尔和摩根索基于帝国主义历史而建构的古典现实主义理论让"冷战"中的美国国际关系学界许多人如鲠在喉。因为要配合政府围堵共产主义学说,但用于反对共产主义的古典现实主义国际政治理论的左翼色彩乃至社会主义属性很重,社会主义阵营欢迎古典现实主义的帝国主义历史本体论。这无疑是西方国际关系理论界的一个理论困局。认识到这一点,就知道肯尼思·华尔兹的结构现实主义的政治意义远远大于其理论意义,但是渴求理论的读书人偏偏把这种有着特定政治指向性的政治理论当作所谓的科学理论而膜拜。华尔兹严肃地、精心地和大家开了一个大玩笑,引起了读书人的一场大误会。华尔兹的一些研究者认为,50年之后,如果说还有哪本书值得纪念的话,将是华尔兹的《国际政治理论》,这实在是见仁见智的小话题而非大话题。在笔者看来,已经流行了60年的《国家间政治》,将会比《国际政治理论》更有生命力,因为摩根索讲"常识",而华尔兹则试图以"理论"反常识性事实。

"反常识性事实"的华尔兹是如何建构其国家政治理论的呢?他认为此前的现实主义理论是还原主义的,不属于国际政治理论而是外交政策理论,而国际政治理论则必须是系统理论或者体系理论。华尔兹首先从"理论"的概念入手,认为理论只能被建构而不能被发现,被发现是归纳法下的规律,理论是头脑中形成的一幅关于某一有限领域或范围内的行动的图画,因此理论只能被理论所推翻,而不能为现实所证实。① 怀着这样的假设,华尔兹认为,此前流行的理论事实上不是理论而是规律或者政策性理论,是基于归纳法和还原主义的规律性发现。华尔兹自负地说,近十年来国际政治研究虽然做了大量的工作,但理论解释力却进展甚微,原因就在于还原主义的流行。关注个人或国家层次原因的是还原主义,认为原因存在于国际层次的是系统理论;还原法的实质就是通过研究各组成部分来理解整体,许多人试图根据心理因素、社会心理学现象或者国内政治经济特征来解释国际政治事件,但是"这些非政治学理论却从来也不足以提供可靠的解释与预测"②。

要解释甚至预测现实,需要新理论,即基于系统论的国际政治理论,但前提是必须清理最有影响力的还原主义理论。在当时,最有影响力的还原主义理论是什么?就是让自由主义民主理论家们耿耿于怀的帝国主义理论,帝国主义理论内部的流派虽然多,但最有影响的帝国主义理论则来自霍布森和列宁,正如华尔兹所承认的,"总而言之,无论是表示支持还是反对,对霍布森—列宁帝国主义理论加以评价的著作其广度和深度均可与国际政治领域中任一学派相媲美。鉴于此,我以该理论为例来对还原主义方法加以阐明"③。华尔兹以一章的篇幅,以批判还原主义为名,其实是批判帝国主义理论。

这里已经没有必要讨论华尔兹如何以整整 25 页的篇幅批判乃至解构霍布森、列宁及其追随者的帝国主义理论了,④ 只要明白其宗旨就行了。事实上,世界政治上的帝国主义时期也并没有因为华尔兹的解构而不存在,历

---

① [美]肯尼思·华尔兹:《国际政治理论》,信强译,上海人民出版社 2003 年版,第 10—12 页。
② [美]肯尼思·华尔兹:《国际政治理论》,第 4—25 页。
③ [美]肯尼思·华尔兹:《国际政治理论》,第 26 页。
④ [美]肯尼思·华尔兹:《国际政治理论》,第 26—50 页。

史永远是历史，事实永远是事实，再精巧的理论也阉割不了广为人知的历史常识。华尔兹的结论是："对霍布森和列宁的考察使我们思考为什么还原主义方法不足以建立国际政治理论。"① "这使我们质疑还原解释方法的有效性，因此揭示国际政治不能依靠分析性方法，而必须采用系统方法。"② 言外之意，华尔兹呼唤的是：我亲爱的同行们啊，别再念念不忘"帝国主义"了，我们美国不就是帝国主义吗？念念不忘这个原罪，我们还怎么和共产主义做斗争啊？让我们换换脑筋吧，让我们换个说法吧，何不以"系统"来替换还原方法的帝国主义？华尔兹这样做很自然，正如中国的对自己制度的护卫性学者一样，但悲剧的是，非西方国家不少学者也随之起舞，随着美国学者一道把国际政治理论的最经典的理论——帝国主义理论抛在脑后。

当华尔兹进行护卫性建构时，他可以不计代价地（罔顾历史常识）得罪左翼学者但又不能得罪所有派别的学者，毕竟，即使在右翼阵营或者自由主义民主理论内部，还有很多还原主义方法的作家，而且社会科学的很多伟大理论就是来自归纳法。在华尔兹所处的时代，还原主义方法产生的理论在国际社会科学界所产生的影响力远远大于结构现实主义理论，华尔兹的理论影响是否走出了专业小圈子都是疑问，因此华尔兹防卫性地声明道，霍布森、列宁等"还原主义者的失败并不能证明其他还原方法也无法成功。尽管他们集中在国家或者次国家层次解释国际政治时可能会碰到一些普遍性问题，但是对帝国主义和战争进行解释的经济理论所具有的缺陷并不表明所有关于国际政治的还原主义理论都是有缺陷的"。"我们也没有充足的理由不再希望下一次依照还原方法会建构起一个可靠的理论。"③

读者从中读到什么？旨在建构"理论"的华尔兹对演绎法似乎也没那

---

① ［美］肯尼思·华尔兹：《国际政治理论》，第46页。
② ［美］肯尼思·华尔兹：《国际政治理论》，第47页。
③ ［美］肯尼思·华尔兹：《国际政治理论》，第47页。

么自信，绝不是就理论而论理论，帝国主义理论这样的还原方法不行，但并不代表其他还原方法不可以。这哪里还有什么理论信仰？把华尔兹当作国际政治理论家，只是读者的一厢情愿，华尔兹本人或许并不这样给自己定位。要知道，在他大批特批经济帝国主义的时候，为什么不涉及摩根索所说的文化帝国主义？更别说批判文化帝国主义了。"冷战"本身就是一场文化战争，华尔兹本人所建构的"国际政治理论"就是这场文化战争的一个重要组成部分，或者说以华尔兹的观点为代表的国际政治学就是这场文化政治的主角，因此，美国战后的政治学才被称为"冷战政治学"。忽视掉"理论"背后的政治逻辑，就不明白华尔兹到底是谁（身份意识），华尔兹这么做是为了谁（目的论）。遗憾的是，一些理论饥渴的读书人见到这种精致的形式主义而非本质化、非历史的理论，也随之抛去历史常识，沉醉在无关痛痒的概念辨析之中。这绝不是社会科学学者所应有的态度和立场。在"冷战"结束后，华尔兹不无得意地说，苏联输了，是因为苏联没有社会科学。其实，华尔兹是在说苏联建构的意识形态不行，以至于苏联学者都成了自由主义民主的信徒。正如摩根索在《国家间政治》中所言，如果A国的文化征服了B国的决策人物的心灵，A国将赢得比军事征服和经济侵略更彻底的胜利。① 果然，苏联的决策层被美国意识形态所征服，苏联失败主要就是输在意识形态竞争上。

  由于苏联自身的变化和解体，"冷战"结束，结构现实主义理论受到很大冲击，华尔兹理论的信奉者实在不值得为此辩护。这并不是说"冷战"结束了即"两极"世界结束了而证明结构现实主义理论错了，而是说结构现实主义本身就是一种失败的或存在结构性硬伤的"理论"，是一种伪理论，这将在下一部分讨论。"冷战"结束后，现实主义理论立刻转型升级，也立刻显现其帝国主义的历史本体论属性，显现其作为强政策理论的属性，

---

① ［美］汉斯·摩根索：《国家间政治：权力斗争与和平》，第99页。

这就是作为新帝国理论的进攻性现实主义。

四 《大国政治的悲剧》：找回历史本体论，走向新帝国

"冷战"结束后，被称为"防御性现实主义"的结构现实主义走下神坛，取而代之的是米尔斯海默教授 2001 年出版的被称为"进攻性现实主义"的理论。限于篇幅，本书不过多地讨论进攻性现实主义理论的详细内容，也没有必要过多地讨论，因为它与其说是"理论"，不如说是政策宣示或者历史经验回望，因此这个升级版的现实主义理论很容易理解。简单地说，理论出发点就是古典现实主义理论的"现实政治"（Realpolitik）或者权力政治，因此进攻性现实主义理论是一种真正的新古典现实主义理论。更重要的是，正如作者自己所言，进攻性现实主义的政策导向性很强。作者明确指出："进攻性现实主义主要是一种叙述性理论，它解释大国过去如何表现以及将来可能怎样行动。但它也是一种指导性理论，国家'应该'按照进攻性现实主义的指令行事，因为它展现了国家在险恶的世界里求生存的最好办法。"①

苏联的失败让美国突然成为单一霸权国家，美国向何处去？在"冷战"结束后的十几年里，美国对外战争的频次远远高于"冷战"时期可比较的年份，因此说进攻性现实主义理论是一种新帝国理论，恰如其分。米尔斯海默的一段话很经典地体现了进攻性现实主义理论改变现状的帝国主义逻辑："而在进攻性现实主义者看来，国际政治中几乎看不到维持现状的国家，原因是国际体系为国家牺牲对手以获得权力创造了巨大的诱导因子，当利益超过成本时，它们就会抓住这一机会。一国的终极目的是成为体系

---

① ［美］约翰·米尔斯海默：《大国政治的悲剧》，王义桅、唐小松译，上海人民出版社 2003 年版，第 11 页。

中的霸主。"① 此时，已经不再受"帝国主义"概念困扰的西方国际关系学界，可以大张旗鼓地找回帝国主义的正当性，并不讳言美国要当新帝国，正如当年英国首相迪斯雷利宣称英国是"光荣帝国"一样。直率的米尔斯海默才可爱。

五 小结

如果说古典现实主义理论是主要基于西方历史经验而归纳形成的一种经验主义理论，结构现实主义则是基于"冷战"的现实而"建构"出的一种非历史的、演绎而来的"先验性"理论——直面现实的国际政治理论从来不需要什么先验性假设，而进攻性现实主义则是指导美国未来政策走向的新帝国理论。不管如何变化或者版本如何升级，现实主义理论的历史本体论都是帝国主义理论，结构现实主义极力去帝国主义的做法恰恰显示了帝国主义理论之强大影响力。

现实主义理论产生于欧洲近代史。当列强之间玩着现实主义的"均势"游戏的时候，列强们对包括中国在内的弱小国家又在干什么呢？拿破仑战争之后的"百年和平"可谓国际关系史上典型的均势政治的时期，同时也是欧洲殖民帝国形成的时期。在同一种国家的同一个历史时期，世界政治的舞台上演着完全不同性质的政治戏码。也就是说，"历史"不但是历史主义意义上的一种研究现实主义理论的方法论，它本身还是一种存在和实践，具有本体论属性——列强对非西方国家的殖民主义、帝国主义逻辑。

作为一种组织体系的资本主义经济系统，必然从国内延伸至国外，军事帝国主义则是保护这种世界性经济体系的直接手段。这并不是说只有资本主义才会导致帝国主义，在现代国家诞生之前就有类似帝国主义的殖民

---

① ［美］约翰·米尔斯海默：《大国政治的悲剧》，第20页。

活动，但它们一开始只不过是零星的个人冒险行为，比如哥伦布所谓的"发现新大陆"和达·伽马的亚洲之行，此为第一阶段。第二阶段是殖民行为公司化，荷兰、英国、法国等都建立了东印度公司，使得殖民行动更加有组织化。第三阶段，即只有在资本主义属性的现代国家诞生以后的年代，才有了帝国主义意义上的殖民主义活动，并为此而发生了帝国主义战争。

工业革命为殖民活动提供了方便，或者说是殖民活动的加速器。第二次工业革命时期，大致到了1875年，全球的资本主义化已经完成。全球的资本主义化催生了帝国主义的竞争，或者说帝国主义作为一种可以模仿的意识形态，是当时大国的"标配"。比如，在欧美七国（英国、法国、德国、意大利、比利时、美国、俄国）中，1876年只有英国和法国占有海外殖民地，共2340万平方公里，其他五国均无海外寸土。然而到1914年，即在1876年后的38年里，七国占有的海外殖民地达6735万平方公里，其中英国为3350万平方公里，法国为1060万平方公里，德国为290万平方公里，意大利为225万平方公里，比利时为40万平方公里，美国为30万平方公里，俄国为1740万平方公里。①

可见，"百年和平"时期既是列强之间"均势"的政治游戏，更是列强对非西方国家施加的殖民主义及帝国主义政治。同一个历史时期的同一种国家，推行着政治性质完全不同的对外政策。时过境迁，西方国际关系理论似乎更关注作为政策工具的现实主义理论，而刻意遗忘了作为曾经流行的意识形态的帝国主义理论。但是，对于生活在那个时代的思想家来说，帝国主义才是他们关注的时代主题，"均势"政治并不是他们研究的议程。历史政治学有助于激活已经成为历史的那段"现实"的政治性质，在这个意义上，我们才说历史政治学之"历史"不仅是一种历史主义的方法论，还是具有本体论属性的政治价值，"历史"本身具有不同于流行理论的政治

---

① 郑家馨主编：《殖民主义史：非洲卷》，北京大学出版社2000年，第34—35页；《列宁全集》第27卷，人民出版社2017年版，第393页。

属性和自在的理论范畴。

还原现实主义理论的帝国主义这一历史本体论，是为了寻找强权政治背后的历史逻辑。近代西方历史的主角又是"民族国家"，其"国家性"决定了大国之间的"实力政治"和列强、弱小国家之间的强权逻辑。但是，几代现实主义理论有意无意地回避了国家性这个根本问题，从而大大削弱了其理论解释力，也为其他文明、不同种类国家的世界政治理论推陈出新，留下了巨大的空间。

◈第三节 "国家性"：被现实主义理论漠视的关键词

尽管华尔兹极力否定帝国主义的概念与历史，但他和其他现实主义理论家一样，承认现实主义理论其实是一种"现实政治"（Realpolitik）思想或实力政治的产物。华尔兹指出："现实政治包括以下诸多要素：统治者以及随后国家的利益是行为的源泉；由于国家间的竞争不受约束而导致的政策制定的必要性；基于对这些必要性的计算可以发现最符合国家利益的政策；成功与否是检验政策的终极标准，而成功则是根据能否维持和加强国家权力来定义的。"①"现实政治"思想可以说是三代现实主义理论的共同起点和共同原则。问题是，什么样的国家或者什么属性的国家才会奉行这一原则？这是几代现实主义理论所漠视或回避的根本性问题。

（1）古典现实主义理论。且不说历史上的欧洲，对于生活在两次世界大战之间的人们来说，政治必然是冲突性的权力政治，国际政治就是丛林法则式的弱肉强食，必然要权力最大化，以在冲突政治中胜出。因此，从

---

① ［美］肯尼思·华尔兹：《国际政治理论》，第155页。

爱德华·卡尔到汉斯·摩根索，念念不忘的就是"现实政治"，虽然在讲"现实政治"的时候也不忘道德原则，认为权力与道德不是二分的。摩根索所看到的国际关系就是一部维持现状与改变现状的历史，"若干国家追逐权力，各自试图维护现状或推翻现状，势必导致所谓权力均衡的态势和旨在维护这种态势的政策"①。因此，国家处于三种状态：维持现状、改变现状和在努力改变现状的征途中，所以"权力均势"不稳定，能持续十年、二十年就是"永久"了。古典现实主义理论的霍布斯"利维坦"色彩很重，如果说人与人之间的自然状态是战争，那么放大版的国家与国家之间的自然状态也是战争。

（2）结构现实主义理论。到了第二次世界大战之后的"冷战"时期，"两极世界"似乎就是一种两极结构的"均势状态"，但是国际社会并不存在一个主权政府去维持这种均势状态，国家之间的自然状态依然是战争。为了"建构"理论，华尔兹走得更远，"在定义国际政治结构时，我们不关心各个国家具有什么样的传统、习惯、目标、愿望和政府形式……我们抽象掉除去能力之外国家所有的属性……我们抽象掉国家的一切特质及具体联系，得出一幅方位性图画，一种根据单元的位置而非单元特质来描述的关于社会的、有序的总体安排的描述"②。这事实上在说，不管是何种文化、何种文明、何种政府形式的国家，只要拥有了相应的权力，即华尔兹这里所说的国家能力，行为模式都是一样的，都会改变现状或者在改变现状的努力征途中，除非目前能力不够。因此，国家之间很难合作，"只要欧洲国家仍然是世界大国，它们彼此之间的联合就只能是一个梦想。欧洲列强之间的政治是一种零和博弈。每个大国都将别国的损失视为自己的收益。对于为了共同的利益而进行合作，各国均持一种谨慎和退缩的态度"③。

---

① ［美］汉斯·摩根索：《国家间政治：权力斗争与和平》，第245页。
② ［美］肯尼思·华尔兹：《国际政治理论》，第131—132页。
③ ［美］肯尼思·华尔兹：《国际政治理论》，第94页。

（3）进攻性现实主义理论。到了"冷战"之后，权力最大化以改变现状的无政府秩序的"国家性"假设进一步放大，明白无误地适用到所有国家。"权力是大国政治的货币，国家为之争斗。权力对于国际关系的意义正如货币之于经济学。"① 基于五个命题，包括国际体系处于无政府状态，大国本身具备某些用于进攻的军事力量以为其彼此伤害甚至摧毁提供必要的资本，国家永远无法把握其他国家的意图，生存是大国的首要目标，大国是理性的行为体，因此"国家有充分的理由考虑采取侵略行为"②。米尔斯海默直言："进攻性现实主义只为大国设立了大量的命题，这些命题同样适用于所有大国。除了在每一国家控制多少权力问题上的差异外，该理论对所有国家一视同仁。"③ 据此，21世纪的国际政治仍然是现实主义的世界，崛起的中国和20世纪90年代的东北亚都属于"权力政治"范畴。④ 在《大国政治的悲剧》的"中文版前言"中，米尔斯海默断言："有理由相信，如果中国日益强大，其精英们将仿效美国，使用理想主义的辞令来描绘中国的外交政策。然而，中国会像美国一样，最大限度地占有世界权力。如果生存是其最高目标，那么中国便别无选择：这正是大国政治的悲剧。"⑤

可见，几代现实主义理论家都是以欧洲过去200年的国际关系史即"现实政治"原则来论证"修昔底德陷阱"。事实上，从古希腊到第二次世界大战的2000多年，西方国家之间确实呈现了"修昔底德陷阱"的历史循环，这正是由其"国家性"决定的。或者说，"现实政治"只是一般性行为原则，那么是什么因素决定了这样的行为原则？这就是不得不谈的"国家性"这个根本性命题。

---

① ［美］约翰·米尔斯海默：《大国政治的悲剧》，第11页。
② ［美］约翰·米尔斯海默：《大国政治的悲剧》，第42—44页。
③ ［美］约翰·米尔斯海默：《大国政治的悲剧》，第66页。
④ ［美］约翰·米尔斯海默：《大国政治的悲剧》，第507页。
⑤ ［美］约翰·米尔斯海默：《大国政治的悲剧》，"中文版前言"第39—40页。

古典现实主义和新现实主义都在谈论作为国际关系最重要行为主体的民族性格和国家特征，但无不是隔靴搔痒。

　　摩根索把"民族性格"作为"国家权力的要素"，无疑是符合国际关系史的事实。遗憾的是，摩根索只是在人类学上兜圈子，谈论法国人和西班牙人之不同；在哲学思想上，区分德国人与英国人的差异；而与西方民族差异较大的则是俄国人，后者的行为僵化一些。① 其实，这些人类学上有所差异的不同的民族，都是一种类型，并没有根本性区别；民族性格与民族所构成的"国家性"，则有着本质性区别。

　　同样，华尔兹虽然谈到"国家的特性"，但只是在政体意义上区分国家。他认为虽然国家可以从君主制演变为民主国家甚至还会演变为社会主义国家，但这些变化对于国际政治的结果并没有本质影响，因为国家行为服从于国际政治的结构。② 这里，华尔兹以政体代替了民族性或者国家性，以为政体变了，国家的特性就随之而变。"冷战"后，这一话题变成了"民主和平论"，认为只要国家实行了自由主义民主，国家之间就无战争了，国家也不好战了。③ 在这一思潮下，赶时髦者针对政治制度与国家性格的专门研究，认为民主与非民主下的国家性格有着根本性差异。④ 这完全是想当然的非历史性，无论是自由主义的美国还是社会主义的苏联，好战性不都是一样吗？这是其来自文明基因的国家性所决定的。如果弄清楚了什么是国家性，人们就会清楚，民族国家的国家性决定了无论是什么样的国际政治

---

　　① ［美］汉斯·摩根索：《国家间政治：权力斗争与和平》，第193—201页。

　　② ［美］肯尼思·华尔兹：《国际政治理论》，第81页。

　　③ Michael W. Doyle, "Kant, Liberal Legacies, and Foreign Affairs", *Philosophy & Public Affairs*, Vol. 12, No. 3, 1983, pp. 205 – 235; Zeev Maoz and Bruce M. Russett, "Normative and Structural Causes of Democratic Peace, 1946 – 1986", *American Political Science Review*, Vol. 87, No. 3, 1993, pp. 624 – 638.

　　④ ［美］安吉洛·M. 科迪维拉：《国家的性格：政治怎样制造和破坏繁荣、家庭和文明礼貌》，张智仁译，上海人民出版社2001年版。

结构，无论是什么样政治制度的国家，既定国家性下的国家行为模式都是不变的。相反，如果认识不到国家性，就会得出结构决定国家行为的"结构现实主义"判断，进而会得出"民主国家不好战"这种反历史的判断。

那么，产生了国际关系理论的国家间政治的"国家"到底是什么样的呢？这需要认识民族国家以及构成民族国家的民族性。我们知道，西方民族国家的诞生带来了"西方世界的兴起"。"西方世界的兴起"当然首先是人的问题，或者民族的问题，这是制度变迁的最基本的行为主体。那么，"西方人"是什么样的人？或者说有什么样的民族性呢？全球史的奠基者威廉·麦克尼尔（William McNeill）这样总结道："当人们把他们（指欧洲人——笔者注）与其他主要文明形态比较以后，而且只有当人们得知了科尔斯特和皮萨罗之流在美洲的几乎令人难以置信的黩武野蛮行径，得知了阿尔梅达和阿布奎基等人在印度洋上的伤天害理的挑衅侵略行为，并发现了即使如利玛窦神父那样的欧洲学者也对中国文明嗤之以鼻之后，欧洲人嗜血好战的特性才能被认识。"欧洲人"根深蒂固的鲁莽好斗的性格"，"使他们能在约半个世纪内控制了全世界的海洋，并只用了一代人的时间就征服了美洲最发达的地区"[①]。一个人的性格影响乃至决定其一生的命运，民族性必然影响着乃至决定着一个国家的走向。民族性是理解世界政治的起点。

到16—17世纪，欧洲完成了一场改变人类命运的军事革命，"战争制造国家，国家发动战争"，欧洲出现了现代性的民族国家，战争就是欧洲民族国家的起点。形成于战争的民族国家立即开启了海外扩张的进程，"西方世界的兴起"得益于海外扩张，英国尤其典型。新大陆的发现启动了贸易的全球化，海外扩张从而是推动欧洲民族国家形成与成长的一个重要力量，

[①] ［美］威廉·麦克尼尔：《西方的兴起：人类共同体史》，孙岳等译，中信出版社2018年版，第579页。

对于英国来说则是一种最重要的力量。① 在工业革命前的 100 年里，英国贸易总量以几何级数增长，这种革命性变化是重商主义思想的政策化的产物。英国的贸易政策是以 1660 年、1662 年和 1663 年的法令并以 1673 年和 1696 年的法令作为补充所建立的航海法为基础的。它们都是专门限制外国船只参与英国贸易的法令，主要目的是在英国和殖民地之间沟通贸易，把购买殖民地的有价值的产品的权力留给英国的买主，同时把殖民地的市场留给英国制造商。② 就这样，"曼（指托马斯·曼——笔者注）及其同事的建议被完全地付诸实施了"③。英国当时的许多法令都是由商人起草的，他们将国家利益和他们自身的利益视为一体，在他们看来，国家只不过是一个特殊的企业，是一个非常强大的经济共同体，而自己只是共同体中的一员。正因为如此，在国内政策上，没有哪一个国家比英国更多地对其商人阶级的要求做出反应；在国际关系史上，没有哪一个国家比英国更注重战争的商业含义。

作为现代国家的法国虽然诞生于法国大革命，但是法国国家形成的标志则是英法之间的"百年战争"（1337—1453 年）。作为一个现代民族国家意义上的国家，德国的历史比法国更短，《威斯特伐利亚和约》签订时，德意兰地区还有 1789 个拥有主权的城邦政权。欧洲大陆从中世纪后期的几千个城邦最后演变为近代的 20 多个民族国家，其间的战争是关键因素，因此历史社会学家才认为"战争制造了国家，国家发动战争"。拿破仑战争之后的大国均势政策所造就的"长和平"以及和平因两次世界大战的终结，深

---

① ［英］波斯坦等主编：《剑桥欧洲经济史：16 世纪、17 世纪不断扩张的欧洲经济》（第四卷），王春法等译，经济科学出版社 2003 年版，第 205 页。

② ［英］J. O. 林赛编：《新编剑桥世界近代史：旧制度（1713—1763）》（第七卷），中国社会科学院世界历史研究所组译，中国社会科学出版社 1999 年版，第 38—41 页。

③ ［英］波斯坦等主编：《剑桥欧洲经济史：16 世纪、17 世纪不断扩张的欧洲经济》（第四卷），第 475 页。

深地影响了欧洲人、美国人的思维和认知,"修昔底德陷阱"并不是他们的"误构"(misconception),欧洲民族国家的"国家性"假设也不是没有历史经验地演绎而来。如前所述,三代现实主义者都是以这200年的历史经验为背景而谈论现实主义理论的。20年前,笔者这样认为,既有的国际关系理论显然是特定国家、特定历史经验的"量身定做"(tailor-made)。[①]

再回到历史的起点。诞生于战争和海外扩张的欧式现代国家是什么样的属性即国家性呢?答案是与生俱来的民族主义和帝国主义。在笔者看来,《威斯特伐利亚和约》事实上有两个后果,一个就是催生了现代国家,即以民族为单位的国家的诞生。民族国家(national state 或 nation-state)是一种具有天然的民族主义诉求的现代国家,具有与生俱来的扩张性或帝国主义性。支撑民族国家的是军队和官僚制,这同儒家思想所支撑的"文教国家"即中国完全不同。"文教"在对外关系上"教化"外来力量,具有内倾性;军队就是用来打仗的,尤其在欧洲民族国家形成的过程中,战争制造了国家。因此,《威斯特伐利亚和约》的第二个后果,是具有扩张性的现代国家所奠定的世界体系。好战的民族性、扩张性现代国家,借助通过海外贸易形成的资本主义精神,世界性网络就此编织了起来。[②] 这事实上是一张帝国主义网络,在理论上被伊曼纽尔·沃勒斯坦(Immanuel Wallerstein)称为"资本主义世界经济体"。

具有民族主义和帝国主义性质的民族国家的诞生,为资本主义的发展廓清了道路;反过来,资本主义让扩张性的民族国家更加贪婪。现代国家与资本主义经济发展的关系已经无须赘述,其中,罗莎·卢森堡(Rosa Luxemburg)的论述值得重视,她指出,"资本主义是第一个自己不能单独

---

① 杨光斌:《西方国际关系理论与"中国威胁论"》,《世界经济与政治》1999年第4期。

② 这是全球史专家麦克尼尔父子的用法,威廉·麦克尼尔的书名就是《人类共同体史》,约翰·麦克尼尔的全球史著作被称为"从史前到21世纪的人类网络"。

存在的经济形态，它需要其他经济形态作为传导体和滋生的场所"①。资本主义史就是这么回事，离开经济帝国主义和殖民主义，作为一个组织体系的资本主义经济就难以运转。因此，当谈到资本主义这个关键词的时候，就自然会联系到帝国主义和殖民主义，反之亦然。因此，本书后面讲到的帝国主义理论，其理论升级版就是"资本主义世界经济体"，不管怎么表述，帝国主义世界政治的性质并未改变。这些都是后来的故事了，但事情的起点还在于"国家性"。

不同的"国家性"必然具有不同的行为准则和行为方式。深受罗马文化、欧洲文化影响的国家的"国家性"是这样，其他文明体系下的"国家"呢（这里暂且借用"国家"一说）？拉丁美洲国家内部有战争，但国家之间的历史从来不像欧洲国家那样你死我活。在伊斯兰那里，他们自己是一个没有边界的"世界"，不是西方意义上的疆界确定的"国家"。在欧洲人到非洲大陆之前，他们从来不存在国家概念，只有家族、部族、部落之说，他们以游牧能力为边界，他们的行为方式显然不适用民族国家历史所形成的"国家性"。

中国呢？信奉"天下观"的中国朝野，只有作为中心的"华夏"和作为边缘的"狄夷"之分，因此即使在满族人统治华夏的中心地带之后，也慢慢地淡忘了自己的祖居地，无论是割让香港、九龙，还是此前放弃东北60多万平方公里的土地给俄国人，清廷大概都没有今天的构成国家的四要素的观念。即使作为把文明视为"话语文明"而不是本质确定性的文明，比如，非西方国家可以学习西方的国家观而确定自己的领土疆界，但文明基因是很难改变的，即各个非西方社会的"国家"行为方式是很难改变的，正如美国人说"中国是一个文明体，非要假装成一个国家"。难以改变的文明基因决定了，虽然制度变迁中制度形式不同，但行为方式却有特定的历

---

① ［德］罗莎·卢森堡：《资本积累论》，彭坐舜、吴纪先译，生活·读书·新知三联书店1959年版，第376页。

史轨迹可寻。沿着天下观的世界观，站起来之后的新中国，先是毛泽东时代的和平共处原则，到 20 世纪 80 年代之后则是"和平与发展"的时代主题，21 世纪则是"和平崛起"，而当下则是"人类命运共同体"。几代人的世界观都是以"和"为中心，其背后就是中国人自古以来的"大道之行，天下为公"的世界观，"人类命运共同体"就是新时代的"大同"世界观。

有着现代国家形式的文明型共同体，其追求必然是影响力而非赤裸裸的民族国家式的或者现实主义理论的权力。权力是一种直接控制性的而不得拒绝的力量，历史上就是典型的军事帝国主义；文明影响力则是通过经济、文化形式而达成的渗透而教化、怀柔，是一种跨文明体系共存。长期浸泡在权力型历史和文化中的西方人，是很难理解其他不同文明体系下的行为模式的，也不能理解人类命运共同体的命题。文明世界的多样性以及文明的差异性都已经告诉我们，基于一种文明世界的"国家性"假设——民族国家的帝国主义性质，是很难解释其他文明体系下的"国家"的行为的。

这就决定了现实主义绝对不是什么普世主义理论。如果说西方人所假设的是民族国家之间的自然状态战争，中华文明的最初假设则是和而不同的大同世界。由轴心文明时代出发的差异性，其演变中的"时间性"决定了路径依赖的强大性，因此最初假设之不同，决定了后来的走向以及行为方式的根本性差异。这不但是文明体系的历史，更是世界政治的现实。

但是，因为西方国际关系理论的流行，人们容易将"实力政治"所导致的"均势"视为国家行为的一般性原则，或者说是所谓的"普世主义"的。但"国家性"的差异性决定了国家行为方式的不同。就以近代西方国际关系史而言，所谓的"实力政治"具有两面性。从拿破仑战争后的欧洲到俾斯麦时代的欧洲，大国之间奉行的是"实力政治"以达成"均势"，但是这个大国即列强对弱小国家呢？拿破仑战争之后开启了帝国主义—殖民主义的新高潮，列强的"实力政治"不就是赤裸裸的强权政治即帝国主义吗？西方民族国家的这种"实力政治"，哪里是文明型国家的行为原则？可以很遗憾地说，因为西方国际关系理论的流行，马克思主义关于帝国主义的世界政治理论被遗忘了。

现实主义理论的"国家性"假设源自其特定的历史和文明，而基于特定历史的"国家性"的帝国主义本体论在一定意义上就是一种规律性政策，因此抽象的"国家性"和历史本体论，其实都是历史经验主义的，是一种基于历史归纳的弱理论。但是，华尔兹非要将其演绎化，将弱理论性质的现实主义理论变成"强理论"，结果必然是失败的理论。

第四节 结构现实主义的"强理论"建构：一项失败的理论工程

现实主义尽管被称为"现实主义理论"，但如前所述，由于其产生过程中的强烈的历史经验主义性质，这意味着现实主义与其说是理论的，不如说是政策的，或者如米尔斯海默所说的政策导向。但是，如果在历史的、现实的政策层面谈论现实主义，总有挥之不去的帝国主义概念的困扰，因此华尔兹以一人之力将现实主义强理论化，但迅速归于失败。结构现实主义理论是现实主义的一种强理论化的"理论插曲"，之所以失败，并不是华尔兹自己所说的该理论已经完成了使命，而是理论本身的虚假性所致。

要理解结构现实主义理论的虚假性，还得理解华尔兹所借助的在当时已经式微的结构功能主义，这是进攻性现实主义的理论底版；同时还需要理解在西方学术界已经式微的库恩的"科学革命"之说，这是华尔兹提出"理论"的思想源泉。遗憾的是，华尔兹所倚重的，在西方学术界都是行将就木的理论框架或者说"范式"，这就意味着在此基础上衍生出的所谓的"新理论"也必然是没有生命力的，甚至是一种假理论工程。

一 范式革命

华尔兹自称理论只能够被建构、不能够被发现,而且建构的理论只能基于假设而不是现实,假设无所谓真实或者虚假,假设因理论的成功而彰显其作用。[①] 用华尔兹自己的原话说,"理论不能仅仅通过归纳法来加以建立,理论范畴只能被创造而不能被发现",并从科学史的角度为自己找到自信,"从亚里士多德到伽利略再到牛顿,理论概念变得越来越大胆——也就是说越来越远离我们的直觉经验"[②]。

华尔兹为什么如此自信地将自己的建构理论工程与牛顿相提并论?其实他心目中的实际目标应该是爱因斯坦的相对论——一种真正超越直觉经验的常人难以理解的假设。无疑,科学史上"定理"的出现都是异于常人的直觉的,也不是知识积累的产物,而是天才的灵光一闪的结果,这就是库恩在1964年出版的《科学革命的结构》中的命题,华尔兹所列举的亚里士多德、伽利略和牛顿,都是库恩在该书中所讲述的故事,很遗憾华尔兹在《国际政治理论》中居然不交代所依据的文献或者故事原型。库恩最大的贡献是提出引发了巨大争议的"范式",他认为范式的产生,并不是因为它更科学,而是因为它更偏执、更坚定。库恩的理论几乎只关注自然科学,但用美国批判理论学者伯恩斯坦的话来讲,"社会科学家却发现了库恩"[③]。库恩的"范式"直接影响着美国政治学的努力方向。库恩的《科学革命的结构》1964年出版,1965年、1966年先后担任美国政治学会主席的政治学家杜鲁门和阿尔蒙德就分别在就任主席的就职演说中引用库恩的概念,用以替当

---

① [美]肯尼思·华尔兹:《国际政治理论》,第7—8页。
② [美]肯尼思·华尔兹:《国际政治理论》,第6页。
③ [美]理查德·J. 伯恩斯坦:《社会政治理论的重构》,黄瑞祺译,译林出版社2008年版,第108页。

时的行为革命辩护，试图证明行为主义政治学如何成为一门"政治科学"。杜鲁门在演讲中推崇库恩的"范式"概念，认为范式是整合学科、达成研究共识、推动研究深化的基础。可惜的是，美国政治科学自形成伊始，便缺乏这种精确的范式，为此号召美国政治学界放弃概念争论，像经济学共同推崇理性选择主义一样，政治学界也应该有学术共同体所推崇的共同的范式，这就是结构—功能主义之所以一度流行的"科学革命"的背景。①

华尔兹所依据的、后面将要讨论的结构功能主义事实上是经验主义的产物，但华尔兹自称自己的理论是非经验性质的假设，处处与自然科学中的"发现"相提并论。其实，华尔兹所谓的非现实性，就是他心目中的两极结构，虽然他自称"我们无法直接看到结构"②，其实他已经看到了"结构"，这在其书中明白无误，毋庸讨论，只不过是为了论证现实结构的合理性而找一个"科学革命"的论证依据而已，为此把自己的理论自然科学化。我们知道，即使是自然科学的"发现"，如牛顿的万有引力定律，无外乎是对规律性事实的天才发现，假设的可验证性是科学命题的生命力所在，而不是没有根据的遐想，爱因斯坦所看到的"事实"只是我们常人难以想象而已，否则就不会有引力波的证明。更重要的是，自然科学假设的变量都是可控的或者具有一定的确定性，而以研究"人"为主题的社会科学，是不断变化中的"变量"，社会科学的假设怎么可以类比自然科学的"发现"？还没有什么社会科学理论无端地无视社会实践而建构所谓的理论。政治思想史上的社会契约论也好，理性人假设也罢，这些最一般性的理论、概念都是基于反复出现的事实的理论假设，至少是基于一部分历史、一部分现实的归纳法产物，而且所看到的"人""社会"都是无数的，从无数人中抽出一个自己需要的假设性命题。一般性之所以称为一般性，就是因为所要

---

① 参见曾毅《政体新论：破解民主—非民主二元政体观的迷思》，中国社会科学出版社 2015 年版，第 124—139 页。

② ［美］肯尼思·华尔兹：《国际政治理论》，第 108 页。

解释对象的无限性。

由此推论，一般性理论能否建立在"单一结构""单一主体"之上，或者说基于单一结构的理论推演是否具有一般性？显然属于特殊中的特殊。但是，在华尔兹看来，经济学家为小数量系统而哀叹，因为这将牺牲消费者的利益而有利于生产者，但经济学上的不幸正是政治学的幸事，因为在一个自助系统中，"相互依赖随着参与者数量的减少而趋于松散，而系统亦随之变得更为有序和安宁"①。因此，华尔兹就是依据这种"少数量"即两极世界的结构而得出一般性理论。"冷战"的结束提前结束了这种靠不住的一般性假设。这是就能不能与自然科学的假设相比较，以及如何假设出一般性概念的知识社会学讨论。

结构现实主义理论的生命力在于证明"结构"（或"系统"）为什么是稳定的，为此华尔兹这样推论，"首先，当个性、行为和互动情况发生变化时，结构依然可以存续。结构与（单元）行为和互动具有显著差别。其次，只要各组成部分的排列相类似，结构性定义可以广泛适用于不同内容的领域。第三，为此，为某一领域建构的理论在经过一些修改之后，可以适用于其他领域"②。这样，华尔兹的国际政治理论就开始了"类推之旅"。

首先与国内结构类比，以英国和美国为例，说什么国内的政治结构塑造了政治过程。③ 可以这样比较吗？谁都知道国内政治是实体性的政府政治或者法治性的实体政治，而世界政治则是现实主义者都承认的无政府状态或者虚拟性实体所构成的结构，怎么具有可比性？即使是国内结构，虽然结构塑造了过程，但过程反过来对结构的革命性改造也处处可见，今天的美国宪政结构还是200年前的吗？复杂性理论的一个要素是，事物本身的多样性，形似而实不然，何况世界结构？其实华尔兹也知道的常识是，世界

---

① ［美］肯尼思·华尔兹：《国际政治理论》，第184页。
② ［美］肯尼思·华尔兹：《国际政治理论》，第108页。
③ ［美］肯尼思·华尔兹：《国际政治理论》，第110—116页。

秩序的供给方就是大国即华尔兹所谓的单元，单元能力的变化才直接塑造了国际政治的"结构"——国际关系史就是这么过来的。华尔兹虽然看到"国际结构只有在组织原则或是单元能力发生变化时才会改变"，但他期望的"无政府状态要求系统单元间是一种同等关系，这意味着功能的同一性……只要无政府状态依然存在，国家就始终是同类的单元"①。也就是说，华尔兹看到的苏联和美国是不变的同类单元，具有同等性。华尔兹所想象的稳定的世界政治结构，来源于稳定的、不变的、具有功能同一性的国家单元，即假设苏联和美国的能力一样而且不变。显然，与研究大战略的布热津斯基比较，华尔兹对苏联的理解非常肤浅，国家单元不是不变，而是变得很快，因此基于单元能力排列的"结构"怎么可能具有决定性？哪里来的稳定的"结构"？正如华尔兹自己也指出的，历史上的国际政治认识都是从国内到国际，属于所谓的"还原论"，华尔兹的系统论要反其道而行之。"颠倒式思维"是很多理论创新的方式，比如黑格尔说国家决定社会，马克思反着说社会决定国家；人民主权理论说人民当家作主是第一位的，如何当家作主是第二位的，但"熊彼特式民主"就是来个简单的颠倒，认为选举政治家的过程是第一位的；等等。但是，这并不意味着所有的"颠倒"都能成立，有的颠倒就是谬论，而且是危害深远的谬论，比如"熊彼特式民主"给非西方国家带来的治理困境。

另一个类比就是与微观经济学所建构的市场秩序相比，认为市场秩序是由看不见的需求（单元）所构成的，而市场秩序则决定了单元行为或者微观市场主体的选择。"市场一旦形成，它自身便成为一种力量，单个或者少量的单元都无力对其加以控制。由于市场条件的差异，创造者或多或少地都成了市场的创造物。"②"国际政治系统，就像经济市场一样，是由关注

---

① ［美］肯尼思·华尔兹：《国际政治理论》，第124—125页。
② ［美］肯尼思·华尔兹：《国际政治理论》，第120页。

自我的单元的共同行为形成的。"① 国际政治结构与市场秩序有可比性吗？华尔兹只要多了解一些欧洲经济史，就应该知道无所谓自发的市场，都是政府制造的市场；如果他看到十几年前乃至三十年前已经出版的、已经广为人知的格申克龙的《经济落后的历史透视》或者波兰尼的《大转型：我们时代的政治经济起源》，他大概都不会这样妄议市场秩序。

为了论证理论"建构"而非发现，华尔兹先是在"科学革命"意义上建立命题并把社会科学与自然科学等量齐观，企图以少量结构乃至单一结构来推论出"一般性"假设，完全有违知识论的常识，正如我们不能只研究一个人而得出人性的一般性假设，不能只研究一种动物而得出动物学的一般原理，只研究一种物体而得出一般性的物理学定理一样。在错误的前提下，华尔兹又开始了其不恰当的类比，将国际政治结构与国内结构和市场秩序相类比以证明其结构之说绝非妄言，说其指鹿为马也不为过。所有的一切，都是因为华尔兹非要将一种基于历史经验的、政策导向的理论演绎为"科学哲学"意义上的"强理论"，而"强理论"的失败或者短命是因为其建立在已经衰败的结构功能主义理论之上。

二 结构功能主义之殇

功能主义思想产生于近代，从纯粹的学术视野看，第二次世界大战之后的结构主义有法国的文化结构主义和经过帕森斯美国化的事实上起源于马克斯·韦伯的政治结构主义。政治结构主义经过戴维·伊斯顿的改造而成为政治系统论，从而为后来的阿尔蒙德的结构功能主义奠定了基础。在政治意义上，第二次世界大战之后结构主义之所以流行开来，是因为历经革命、动荡之后的资本主义制度需要合理化、合法化证成，带有静态特征

---

① ［美］肯尼思·华尔兹：《国际政治理论》，第122页。

的、旨在促进稳定的结构主义无疑来得正是时候。但是，在第二次世界大战黄金时期20年后，伴随着资本主义政治危机即20世纪60年代的大危机，结构功能主义在20世纪70年代也陷入危机之中，并兴起了理性选择主义等研究范式取而代之。华尔兹的《国际政治理论》出版于1979年，也就是说，结构现实主义是建立在岌岌可危的理论范式基础之上，基础不牢，地动山摇，结构现实主义从一开始就蕴含着理论范式意义上的脆弱性。

理解结构现实主义的脆弱性，首先让我们看看结构功能主义是什么范式。如前，阿尔蒙德的结构功能主义是在库恩的"科学革命"旗帜的感召下出现的，作为科学革命的范式的结构功能主义的要素是，政府拥有许多专门化的机构或者结构，如社会组织（利益集团）、政党、议会、行政机构、法院等，这些机构履行相应的功能，主要有利益表达、利益综合、政策制定和政策执行与裁决等，这些功能反过来又使政府能够制定、贯彻和执行其各项政策。20世纪50年代，结构—功能主义被阿尔蒙德等人用来研究所有地区的政治，假设所有地区的不同文化的不同国家的政治结构是一样的，政治功能是一样的，其成果就是1960年出版的《发展中地区的政治》。①

结构功能主义的一个首要特征就是其非历史性。无论是结构还是功能，都是历史演变的结果，而结构—功能主义显然是一个横断面，即根据美国制度而想象出相应的结构和功能，并以此来研究南美、阿拉伯国家、东亚、南亚、东南亚乃至非洲，这种经典的意识形态式研究，已经是政治学术史上的笑柄。

其次，复杂性理论告诉我们，事物的性质具有多样性，相似的政治结构可能拥有截然不同的功能，比如西方的政党是一种社会性的利益集团化组织，起到利益聚合的作用，而中国的政党则是国家的组织者，不但是利

---

① ［美］加布里埃尔·阿尔蒙德等：《发展中地区的政治》，任晓晋等译，上海人民出版社2012年版。

益聚合，更重要的是制度整合、政策主导作用。"公民社会"也是一样，在有的国家可能是托克维尔所说的基于公共性、法律性的自治组织，而这种组织可能演变为利益集团，在其他国家可能是"普力夺社会""强社会""种姓社会"，等等。也就是说，形似的"结构"，功能可能完全不同。

最后，即使是同一个国家的一个名称的政治结构，早就因为其政治过程的变化而引发结构的畸变，比如，美国总统和国会的功能200年来早就发生了大逆转，19世纪的公民社会已经是20世纪的利益集团社会。这样，结构—功能主义不是一个接近世界真相的"实存论"，而是蓄意建构起来的远离真相的"实证论"，一开始就饱受非议。只不过以阿尔蒙德为代表的美国比较政治委员会同心协力推动范式革命，掌握着话语权，一大帮美国政治学者怀着"宗教般的使命感"（阿尔蒙德原话——笔者注）为美国奋斗，才使得这种存在病理性结构的理论范式主导美国政治学20多年而不顾其理论本身的硬伤，直到20世纪60—70年代资本主义大危机后，在20世纪70年代末逐渐被其他范式所取代。结构—功能主义学派也适时地转型为今天的大行其道的以量化模型为主的、一般学者看不懂的实证主义政治学。这是政治学界众所周知的故事。

基于结构功能主义研究而走向衰落的政治学理论（比较政治学研究），却在国际政治理论上大放异彩，但也只能是昙花一现。结构现实主义是一种典型的翻版的结构功能主义。① 以系统性结构看待政治，华尔兹似乎认为是自己的发明，他说对于人类学家、经济学家和政治学家来说，"结构都是一个耳熟能详的概念，但是这却是一种不常见的思考政治系统的方法"。这显然是无视早在20世纪60年代已经因政治系统论而成名的戴维·伊斯顿。华尔兹给结构的定义是："结构概念建立于这样一个事实基础之上，即以不同方式排列和组合的单元具有不同的行为方式，在互动中会产生不同的结

---

① ［美］肯尼思·华尔兹：《国际政治理论》，第108页。

果。""当机构以不同的方式排列,功能以不同的方式组合时,会产生不同的行为和结果。""通过比较不同的政府系统,我们可以清楚地看出政治结构塑造了政治过程。"这显然是"结构决定论"。① 华尔兹最后的推论是:一个由三个部分组成的结构定义使我们能够区分这些变化的类型。②

首先,结构根据系统的排列原则来界定。如果一种排列原则被另一种原则所替代,就意味着系统发生了变化。

其次,结构根据不同单元的特定功能来界定。如果功能的定义和分配发生变化,那么等级制系统也随之变化。对于处于无政府状态的系统,这一标准不具意义,因为该系统是由同类单元构成的。

再次,结构根据单元间能力的分配来界定,无论是等级制的还是无政府性质的系统,能力分配的变化就是系统的变化。

简单地说,结构现实主义就是结构功能主义的"结构—功能—结果"模型,虽然功能或结果也会影响结构。华尔兹论证道,因为国际政治结构是由同类单元构成的,"冷战"时期由两大势力均等的国家所主导,所以系统内其他单元或弱单元能力的变化不影响无政府状态的系统,比如中国的变化不会影响当时的两极结构,并强调国际政治结构的稳定性而使得"试图遵循由内而外的模式来对国际政治做出解释的努力,因国际政治所具有的延续性与重复性而归于失败"③。华尔兹还认为,看起来是静态的结构其实是动态的,"结构由于存续的时间长,因此呈现出某种静态性。但是由于结构改变了行为者的行为,影响了互动的结果,因此即便结构没有发生变

---

① [美]肯尼思·华尔兹:《国际政治理论》,第109—110页。
② [美]肯尼思·华尔兹:《国际政治理论》,第134页。
③ [美]肯尼思·华尔兹:《国际政治理论》,第89页。

化，它也是动态的，而非静态的"①。

如此强调结构塑造行为的作用的华尔兹，如此推崇国内政治结构和亚当·斯密的市场结构决定性作用，在《国际政治理论》中居然还声称自己"不是一个结构决定论者"。不认可"结构决定论"，就无所谓"结构现实主义"了。结构现实主义，就是在既定结构下产生的现实政治。华尔兹可谓反其道而行之，过去都是从国内看国家政治及其结构，华尔兹则是从国际政治结构看各国的"现实政治"。对于从事国际政治的学者而言，习惯性地从国际结构出发研究国际问题，本来也很正常，正如研究国内政治学者必然以内部视角优先一样。但是，把"单元组织及其能力"（国家与国家能力）视为结构的产物，把一个无政府性质的结构上升到决定性作用的高度，这种前述的"颠倒式思维"超出了理论推演应有的边界，事实上等于说一个虚拟的结构决定着实质性的单元能力，而且单元的同一性意味着结构的稳定性，因此完全不能解释其理想化的小数量两极结构为什么突然坍塌。现实的世界政治是，不是虚拟的结构本身约束了单元组织或单元能力，而是单元组织自身是一个塑造国际政治结构的自变量，国际结构是一个因国内政治而改变的因变量，这就是古典现实主义的归纳法命题。可见，结构现实主义的脆弱性，就在于其立论的结构功能主义本身就是一种先天性发育不足的范式。

第五节 历史政治学路径下的理论发现与"发现"背后的逻辑

本书秉承了古典现实主义的"回到历史"的传统，在历史研究中重新

---

① [美]肯尼思·华尔兹：《国际政治理论》，第93页。

认识各种版本的现实主义理论。历史政治学不但是认识论上的情景性和方法论上的时间性，还把"历史"视为一种本体论意义上的实践和存在，是一种"实存"（the being）。① 这样，历史政治学视野下的现实主义理论研究，不但可以从历史主义的视野去研究现实主义理论本身的问题之所在，还可以通过研究特定的"实存"而还原或者发现不同于现实主义理论的理论。也就是说，在历史政治学那里，研究同一种"历史"，可能会发现不同的政治理论。

第一，只有以历史为基础的政治理论才有强大的生命力。就问题意识而言，我们应该承认，作为基于一种特定国家、特定文化的历史经验归纳的现实主义理论无疑具有政策性导向，或者说具有强政策—弱理论的属性，具有一定范围的解释力；这种解释力来自其国家性假设而形成的历史本体论即帝国主义理论，因此这意味着该理论的非普世价值性。历史赋予了现实主义理论以价值。但是，解释其国家性的帝国主义论则是一种非道德性理论，在以意识形态为主的"冷战"中处于道德的低阶位。为此，结构现实主义的"去还原论"实际上是去帝国主义论，去历史化、去道德化、去价值化，在这个意义上，华尔兹的政治贡献是巨大的，甚至远远大于其学术贡献，终于让西方国际关系理论摆脱了如影随形的帝国主义论。但是，当去除历史本体论的经验属性之后，结构现实主义就变成了一种非历史、非现实的演绎性"强理论"，并把本来似是而非的"结构决定论"推向极致，结果迅速被证明是一种失败的理论，或者说是一种"冷战政治学"中的伪理论。华尔兹的"建构"无疑满足了很多学者的理论渴求，以至于可以不问理论的真假。能够"建构"理论的华尔兹无疑是一个天资极高的学者，但这并不意味着其理论成果应该享有相应的地位。我们一定要认识到，社会科学的各学科彼此关联，学科之间具有内在的通约性，即社会科学是

---

① 杨光斌：《什么是历史政治学？》，《中国政治学》2019 年第 2 辑。

一个开放性系统,但现实中存在大量的人为的封闭性存在,科学史告诉我们这种封闭性难以持久。一个学科的概念、命题如果不能走出自己的学科,甚至走不出中国人所说的"一级学科"下面的子学科,不能在各子学科之间流通,就不能说这个概念是个好概念、好理论,虽然每个子学科都要特定的或许不为"外行"所理解的小概念去支撑。在这个意义上,政治学科内部的其他子学科,乃至其他社会科学学科可能知道并运用现实政治、帝国主义论、文明冲突论、天下体系等这样的专门性世界政治理论,它们无疑是世界政治学科对于世界社会科学的巨大贡献。让人费解的是,结构现实主义这样一个已经失败了的理论居然屡屡排名居高不下,只能说是一种"学术政治",是一种"内在的封闭性"(intrinsic condition for closure)而导致的"内卷化"消费,而非一种开放式知识增量的学术建设活动。世界政治学科本身的性质决定了,世界政治理论必须是一种直面人类重大问题的政策性导向的历史的或现实的经验性研究,而没必要非要搞成远离现实的、走不出小圈子的"强理论"。

  结构现实主义理论的失败根源在于其没有摆脱逻辑实证主义的歧途。按照物理学推演社会科学研究,是18—19世纪以来西方社会科学的一大传统,试图以既有经验法则、社会规律去假设、解释和预测人类的重大问题,而不去探索规律背后的深层次的社会结构,脱离了事实基础。华尔兹的结构现实主义就是无视事实的典型的逻辑实证主义。到了20世纪60年代,逻辑实证主义遭遇严重危机,因此才有库恩的"范式革命"之说,取代逻辑实证主义的是科学实存论。虽然华尔兹借用了"范式革命"的思路,但不得"范式革命"之否定逻辑实证主义之精髓,之后所催生的科学实存论意味着,社会科学不但要研究实存世界的由人的认识能力所构造的经验层次,还要研究实存世界的实现层次即变化,而理解经验层次和实现层次都离不开对社会结构的性质、内在因果机制的研究,① 这种研究和发现才是对社会科学的真正贡献。以此标准而言,华尔兹充其量是在研究可认知的经验层次,对于实存世界的变化尤其是其内在因果机制,几乎没有涉及。因此,结构现实主义理论的失败只是社会科学史上众多失败理论的个案而已。随着对科学实存论的认识的普及,到了20世纪80年代,西方社会科学关于实存层次的探索越来越多,比如政治学理论中的历史制度主义、国际政治经济学中的新葛兰西学派、国际关系理论中的社会建构学派——虽然华尔兹本人认为社会建构学派是方法而非理论,这一点也不会影响建构学派的新科学价值。

正如笔者在其他文章中所强调的那样,学者是要有"问题意识"的,但"问题意识"取决于"身份意识"。时代发展到今天,大概没几个人会否认社会科学的意识形态属性,意识形态所要表达的是集团利益乃至国家利益。流行的社会科学理论基本上是第二次世界大战之后"冷战"的产物,"冷战"就是意识形态战争,社会科学其实具有"冷战学"的身份,美国一大批社会科学学者怀着使命感参与了这场战争,政治学理论中的阿尔蒙德、罗伯特·达尔、萨托利以及华尔兹,都是"冷战学"的主角。在这个意义上,理论上的失败却是政治上的成功。但是,这是"他们的"政治成就,不应该变成"我们的"学术尺度。然而,正是这些为赢得"冷战"立下汗马功劳的政治成就,却变成了衡量中国的学术标准,人家的"政治正确""政治标准"变成了我们的"学术标准"即所谓的客观化标准,以此来衡量中国的学术水平。比较政治发展研究告诉我们,危险莫过如此。第二次世界大战之后的美国社会科学史告诉我们,那些"成就"斐然的大学者,基本上都是强大国家的国家利益的护卫者,否则就被边缘化。这意味着,国家强大才有强大的社会科学,而护卫强大国家的社会科学才被认为是"主流的"。由此给我们的启示是什么呢?试图以"普世性"否定中国的"国家

---

① 参见朱云汉《西方社会科学的困境与中国社会科学的出路》,载刘元春、杨光斌编《中国思想评论(2017)》,中国社会科学出版社2017年版,第189页。

性"而追求所谓的学术成就，其结果如何，让历史告诉未来。还不得不说，完成了政治使命的美国"冷战学"已经走向没落，中国社会科学不能把这个"落点"当作我们的"起点"，这样的立足过去的模仿式研究，不会产生什么真正的社会价值，也就不会有长久的生命力。

第二，现实主义理论的层次性及其相应的功能。现实主义理论所依赖的"历史"不但是实践性主体，还是不同面向的、不同层次的实践，这同样是本体论意义上的历史政治学中的"历史"赋予的。

几代现实主义理论，尤其是新现实主义理论所解释的是民族国家之间的关系，即大国之间的"均势"问题。现实主义理论可谓典型的国际关系理论，尤其是大国关系理论，因此现实主义理论其实是为民族国家式的大国量身定制的一种理论。而且，现实主义理论最关注的是如何达成"均势"状态，故而现实主义理论是一种政策工具，不能被当作意识形态意义上的"主义"。但因为现实主义理论太过流行，以至于有人把现实主义和自由主义、马克思主义一样当作并列的意识形态。[①] 这是范畴性错误。

称得上意识形态的是现实主义理论的"家族概念"——帝国主义，这是古典现实主义并不回避的关键词，但在去历史化的"冷战"时期变成了中性的权力均势。如前，欧洲大国在维持权力均势的同时，纷纷建立殖民帝国，竞相模仿，帝国主义成为一种流行的意识形态。各大国利用军事、贸易和文化的力量将非西方国家纳入自己的殖民体系之中，这就是典型的帝国主义世界政治。也就是说，链接西方大国与非西方世界的是帝国主义，而非现实主义，帝国主义构成了世界政治，帝国主义论称得上一种世界政治理论。

在话语不断翻新的时代，很多人认为"帝国主义"似乎有些过时。但是，这个概念确实反映了世界政治的真相。如果嫌帝国主义理论"过时"，

---

① [美]罗伯特·吉尔平：《全球政治经济学：解读国际经济秩序》，杨宇光、杨炯译，上海人民出版社2003年版，第18页。

就应该看看沃勒斯坦的世界体系理论——"资本主义世界经济体",它其实就是帝国主义理论的升级版。以资本主义为研究单位而指出的事实上依然是强权支配的世界秩序,并用"文化再生产"论述这个秩序的合理性、合法性,全世界都生活在由资本主义的文化产品所包装的世界政治之中。①

揭示真相的帝国主义理论是批判性的,对于被批判对象而言如鲠在喉,因此被马克思主义称为帝国主义的世界政治,被西方国家在政治上表述为"自由世界秩序"——自由主义的世界秩序。如前,其实它依然是"自由帝国主义"的世界秩序。

在学习理论的过程中,"结构现实主义""自由国际秩序"等铺天盖地的概念,确实一度让人眩晕。但是,中国这样的大国不可能没有理论自觉。国内学术界已经认识到国际关系理论的局限性乃至瓶颈,呼吁建设中国的国际关系理论,其中一个出路就是世界政治研究和世界政治学科的建设。②如此,曾经被我们淡化,甚至遗忘的帝国主义理论依然有很强的解释力,因为300年建立起来的世界体系并没有发生根本性变化,既定秩序的主导者自然要用经济帝国主义、文化帝国主义乃至军事帝国主义维持有利于自己的利益格局。笔者把事实上的帝国主义世界政治,论述为"世界政治体系"。③无论理论如何升级,在实践中,在我们运用现实主义理论以处理大国关系的时候,不能忘却帝国主义这种世界政治理论。

中国的国际关系研究似乎走了一个"正—反—合"的路线图。改革开放之前的中国国际问题研究,事实上奉行的是以阶级分析为基础的马克思主义的帝国主义理论,之后便是现实主义理论,现在建设世界政治学科的

---

① [美]伊曼纽尔·沃勒斯坦:《现代世界体系:中庸的自由主义的胜利(1789—1914)》(第四卷),吴英译,社会科学文献出版社2013年版。

② 杨光斌:《关于建设世界政治学科的初步思考》,《世界政治研究》2018年第1辑。

③ 杨光斌:《论世界政治体系——兼论建构自主性中国社会科学的起点》,《政治学研究》2017年第1期。

国际问题研究又需要我们"找回帝国主义理论"。

层次性理论才能反映世界政治的真相。国际问题不仅是大国之间的"均势"政治,还有大行其道的帝国主义政治;而且,大国关系是在世界政治结构下发生的,"实力政治"的另一面就是帝国主义政治,大国在奉行帝国主义政治的时候也并不会放弃实力政治。这是历史连续性所体现的"历史"的现实性存在,不变的"国家性"决定了世界政治本质的不变性。如果说"国家性"是现实主义之"体",而均势政策和强权政治则是现实主义的两个面向,现实主义理论具有一体两面性。遗憾的是,新现实主义刻意以现象性的国际关系研究代替本质性的世界政治研究,从而出现了本书一开始指出的国际关系理论过剩而世界政治理论贫困的现象。世界政治理论值得期待,世界政治学科亟须建设。

第 二 章

呼唤世界政治学

　　国内外国际关系学界显然都对国际关系学的现状不满,否则就不会有中国学者呼唤"中国气派"或者本土化的国际关系理论,国外也不会有"政治学囚笼中的国际关系学"之说。在笔者看来,如果把视野局限在国际关系学领域内进行批判和反思,很难建构起来脱颖而出的国际关系理论,新的研究议程才会带来理论创新。国际关系学本来是应用性最强的学科,但西方国际关系理论,尤其是结构现实主义理论,显然已经把理论研究和理论"创新"当作思维游戏。比如,进攻性现实主义或者防御性现实主义只不过是突出了"现实政治"的不同层面,二者之争属于典型的盲人摸象之争;而所谓的新古典现实主义,实在谈不上新意,不知道"新"在何处,充其量是把古典现实主义的命题更加技术化而已,了无新意。这事实上意味着,西方国际关系理论本身的发展已经陷于困境之中,既有的国际关系理论已经不能对认识现实中的外交政策有智识上的启示,因而一直追求预测功能的国际关系研究更是有点勉为其难。与此同时,基于国际关系学、国别政治、地区政治和信仰政治的事实性"世界政治学",已经取得了决定性成就,其教科书式的研究成果就是亨廷顿在1995年出版的、在当时整个世界的学术界和思想界引发极大争议的《文明的冲突与世界秩序的重建》(以下简称《文明的冲突》)。笔者给《文明的冲突》的定位是"21世纪头20年世界政治路线图"。当美国人还处于"冷战"胜利的大狂欢之中时,亨廷顿预言21世纪最大的趋势就是以美国为代表的西方国家的衰落。果不其然，这是因为亨廷顿对美国政治的认识太深刻了，正如其最后一本书《谁是美国人》中，认为美国出现了"国民性危机"，这回答了为什么是特朗普当选总统，同时也回答了欧洲难民危机而导致的欧洲危机。预测，正是国际关系学一直追求的，因为国际关系学忽略了国家间关系的太多的、太关键的变量，使得预测异常困难。因此，和其他学科甚至和经济学一样，在学科本身存在病理性结构问题的前提下，使国际关系学科学化的雄心壮志需要节制，量化工具的使用要格外审慎，否则量化模型得出来的结论只能离"实存"的世界（the world of being）越来越远，这样的研究进而伤害了学科本身的信誉。亨廷顿的世界政治研究甚至很少用最基本的统计学意义上的数据，他为什么能做到神预测？这确实是一个值得研究的现象，至少有世界政治学科视野上的贡献，我们将在专门章节探讨亨廷顿的"世界政治的思维框架"。

传统的国际关系学依然是重要且必要的，但其重大进展离不开其上一个层次的世界政治学科。这样说有两层含义，第一就是世界政治学科视野下的国际关系学研究。即便如此，也必须认识到，国际关系是国内政治和信仰政治的一个结果性或者现状性结构，不研究、不理解源头性或者过程性结构而只关注现状性结构，就不能认识现状性结构的本质和走向，就不可能做到"预测"，正如华尔兹的结构现实主义试图解释而不能解释现实而失败一样。第二，将国际关系学转型升级为世界政治学科。本书主要是在第二个层面谈论国际关系学与世界政治学科的关系，试图探讨世界政治学科的知识结构，包括国别政治研究、信仰政治研究、地区政治研究和作为世界政治学科知识基础的世界政治史，提出世界政治学科的学科含义就是比较政治学与国际关系学的有机融合。为了更好地认识世界政治学科的必要性、重要性乃至迫切性，首先扼要地讨论下国际关系学为什么不能与时俱进，不能做出更被需要的学科、学术和政策性贡献。

需要提前交代的是，本书是中国语境的产物，是对国内国际关系学学科布局的一种思考，因而其中很多问题的讨论是"我们的"但不一定就是"他们的"。作为新议程性质的讨论，本书将可能诱发不同看法，这正是本书抛砖引玉之初衷，没有学术争论，就没有思想的解放和学科的进步。

◇第一节 国际关系学的"时代性"与"国家性"

社会科学具有强烈的时代性特征，作为晚到的国际关系学（也称"国际政治学"）①的时代性特征更为鲜明。虽然威斯特伐利亚体系下的民族国家关系史已经有400年，但研究这一历史演化的国际政治学尚不足百年的历史。如果说爱德华·卡尔的《20年危机》奠定了国际政治学的雏形，那么汉斯·摩根索的《国家间政治》则标志着作为学科的国际政治学正式登上历史舞台，从此国际政治学具有了"美国学"的学科身份意识，有人说国际关系理论是"美国特有的社会科学"。笔者认为没有必要争论这一点，看一看中国这等大国的国际关系研究中流行的各种范式，乃至中国国际关系学的知识来源，有几个不是"美国学"？作为"美国学"的国际关系学意味着，国际关系一方面秉承了大国关系研究的威斯特伐利亚体系传统，同时美国的国际政治学还是典型的"冷战政治学"的重要组成部分，去历史、去真相的意识形态化的所谓"科学哲学"，诸如华尔兹的结构现实主义，主宰着"冷战"后半程的国际政治学。这样，国际政治学或国际关系学从一开始就有其时代性约束，何况大国关系根本不是世界政治的全部，大国关系研究事实上掩盖了世界政治的很多真相，比如，专注于中美关系研究就可能忽视世界范围内的不平等问题，局限于中美关系的思维就可能被"美

---

① "国际关系"比"国际政治"的说法更合理，因为国家之间不仅是政治关系，还有经济关系和文化关系，而且政冷经热是一种世界性现象。

国学"的几个范式即现实主义、自由制度主义所束缚而无视世界真相,甚至可能失去最基本的对公正问题的关怀。国际恐怖主义问题也不属于大国关系,甚至不是国与国之间的关系。即使研究大国关系,仅仅研究大国关系中的"政治关系"(即所谓的"国家间政治")怎么可能真正理解国家间关系?更重要的是,作为"冷战政治学"的国际政治学具有鲜明的国家身份,那就是为美国国家安全战略服务,华尔兹为此而不顾一切地为现状性结构辩护并挖空心思地去"还原化理论",即古典现实主义理论和列宁主义都一直强调的帝国主义理论,难道威斯特伐利亚体系奠定的民族国家诞生与扩张,不就是明明白白、清清楚楚的帝国主义—殖民主义逻辑吗?如此赤裸裸地蔑视历史的学说,居然就这样主导国际政治学十几年。

西方同行对国际关系学现状也很不满,比如,在中文世界里流传的英国萨塞克斯大学的贾斯汀·罗森博格的文章指出,国际关系学依然生存于政治学的囚笼里,政治学的本体论是权力,国际关系学依然没有摆脱权力的话语,因此主张以所谓的"多样性"代替权力而使得国际关系学成为一个独立的学科。[①]"多样性"是个无所不包的、不伦不类的概念,而学科是知识专业性、专门化的象征,因此"多样性"这样的提法不会对学科的转型与升级有什么助益。

应该看到,以大国关系研究为中心的国际政治学,其实质就是西方中心主义底色,因此知识甚至虚假知识的来源,是论证乃至虚构西方民族国家形成与扩张的历史,国际关系理论必然是依据特定国家的特定历史经验而量身定制的一套说法,其中掩盖乃至无视的是西方以外的"世界",既有的国际关系学科的知识资源仅限于一个极小的但曾经主宰过世界的那部分。这种知识建构的帝国主义逻辑显然与时代精神背道而驰,非西方世界的政治、经济尤其是文明,应该是我们理解以政治为核心的"世界"的知识来

---

① [英]贾斯汀·罗森博格:《政治学囚笼中的国际关系学》,宋鸥译,《史学集刊》2017年第4期。

源。仅仅在这个意义上，国际关系学应该、必须转型为世界政治学科。

改革开放之后，没有国际关系学的中国政治学科所学习、引进的就是这些在学科上存在严重时代性约束，并有着鲜明的"美国身份"的国际政治学。这并不是否定学习的过程，不学习就不懂别人在讲什么，无法对话和交流。但是，如果永远以谦逊的学生身份去对待这样一个时代性、国家性都很强烈的学科，不仅是这个学科的悲哀，甚至可能是国家的悲剧。要知道，中国不是一般的国家，不是那种只要经济发达就万事无忧的中等规模的国家，中国是一个历史悠久、广土众民的巨型规模国家，基于其自身行为的知识和政治逻辑，是世界政治的重要一环，但是中国经验在既有的国际关系理论里是缺位的。在中国的语境下，国际关系学需要转型并升级为"世界政治学科"。

要把握大大超越国际关系学的世界政治研究的学科意涵，首先要理解"世界"。这个世界是由诸多国家政治构成的，或者说各主要国家的国内政治是世界政治的主体，因此世界政治学科视野下的国际关系学必须研究国内政治，研究各主要国家的国内政治事实上就是在研究世界政治。其次是世界政治思潮对世界政治走向和国际关系的影响，世界政治的主题不再是传统的基于实力政治的战争与和平，更有诸多的"文明的冲突"，信仰和意识形态政治对世界政治的走向影响深远。最后，在知识论上的拓展，不应该仅仅局限于大国关系研究中的大国的知识即主要是西方国家的知识，非西方国家的知识和智慧都是世界政治研究的应有之义。基于这些视野上的拓展，我们会发现，世界的真问题到底是什么？如果局限于威斯特伐利亚体系下的大国关系研究而不关心世界人口中多数人的命运，时代发展到了今天，在道德上是说不过去的。所有这些意味着，即使国际关系学依然是重要的，依然在学术分工上有存在的必要和价值，但是如果没有世界政治学科的推进，大国关系研究要么就在研究假问题，要么无法深入推进研究进程，研究质量存疑，因为大国关系也只不过是前述的结果性或者表象性结果的现状性结构。

更重要的是，认识到世界政治学科的内涵和重要性，对于改进我国的国际问题研究学科群的研究生（尤其是博士生）培养，意义重大。在目前的培养体系中，国际问题领域学生的课程居然和本国政治、国别政治或比较政治存在着壁垒，政治学基础理论更是很多学生难得触碰的问题域。一般研究者很难通过阅读巨量的历史书籍而形成自己的历史哲学观，那是研究国际关系学的一种大境界。

◇第二节 何为"世界"？何为"世界政治"？

突破国际关系学那种以大国关系为核心的，其实是以西方中心主义为线索的学科，为什么是"世界政治"而非"全球政治"？全球是一个一体化概念，"全球政治"意味着有一个统一的行为规范和一致性的行为模式，显然并不存在这样的政治。而"世界政治"意味着什么呢？

"世界"是一个复数的、异质化概念。世界不是地球，一个地球多个世界。在经济意义上，不仅有发达与不发达的世界，即中国人常说的"三个世界"，这其实是"南北问题"，这是世界政治研究的核心问题而非以大国关系为线索的国际关系学的核心关怀。经济意义上的"世界"必然是不平等、不平衡的世界。有意思的是，中国国际政治学的前身其实是国际共产主义运动和民族解放运动研究，专门研究的就是世界不平等问题。但是，"华丽转身"之后的中国国际关系学，在大国关系的指挥棒下，似乎忘记了"初心"，围绕"美国学"转的中国国际关系学，有可能把美国的问题意识当成自己的问题意识，秉承美国的"现实主义理论"而解释世界，忘却了世界的根本问题是不平等、不平衡这样的事关世界绝大多数人的命运的问题。这样，在对世界的定位上，忘却了"公正世界"正是中国这样的发展中国家所要追求的，而美国的推广民主战略绝不会考虑到不平等的世界的真正的需求。所以，学科导向决定了问题意识，也决定了研究对象的真假、轻重。

更重要的是，作为复数的异质化的世界，在文明结构上，一个文明就是一个世界。世界政治是由不同文明类型构成的，而不是西方中心主义即基督教文明所构成的"普世"，而在以大国关系为基础的西方中心主义那里，只有一个世界，即所谓的基督教文明所构成的"自由世界秩序"。且不说其他诸多文明的重要性，当下对世界走向构成重大影响的至少有三大文明，基督教文明之外还有儒家文明和伊斯兰文明。理解了这一点，就明白在复数的异质化的世界所构成的世界政治中，文明的和谐也好，文明的冲突也罢，都是世界政治最重要的议程。在这个意义上，"世界政治"就是"信仰政治"；相对而言，传统的国际关系学虽然在表面上是国家之间的权力关系和利益关系，但推动权力关系的背后则是"文化帝国主义"，从19世纪到20世纪，"文化帝国主义"不断变换其形式即理论，使得非西方国家的精英阶层晕头转向，国际关系学因此而掩盖了世界的真相。

作为复数的异质化的世界意味着，在地理结构上，世界是由地区和国别构成的，或者说世界政治的单元组织是地区政治和国家政治。即使在同一个地区，如亚洲，亚洲到底为何物？只是一个地理上的说法而已，在文明结构上显然不同于具有相对同一性的欧洲、非洲和拉丁美洲，亚洲由信奉基督教文明、儒家文明、伊斯兰文明和印度教的不同国家构成，因此需要从文明意义上理解地区政治。强调地区政治和国家政治作为世界政治的主体，意义还在于突出我们关于世界政治的知识上的结构性缺失。对于中国国际问题研究者而言，对欧洲、北美洲的理解，甚至多于对亚洲本身的认识和理解，更别说对非洲和拉丁美洲的理解了。

无论是从文明结构上还是从地理结构上理解世界政治，目的都在于讨论知识论问题：我们是因为他人的重要问题而研究，还是基于主体性需要而研究？传统的国际关系学就是他人的重要问题，而以大国关系为核心的国际关系学显然不能满足我们对"一带一路"倡议的知识需求，而文明结构和地理结构上的世界政治研究，才可能满足中国的战略需求。

因此，讨论什么是"世界"，以及为什么应该是"世界政治学科"而非传统的国际政治学，就是因为"时代性"变了。作为一个文明悠久的、规模巨大的、对世界具有重大影响的，同时又处于对世界的理解严重知识短缺状态的中国，需要一场认识论上的革命，需要一场知识革命。整个中国社会科学都需要一场知识革命，而政治学科群中的国际问题研究和基础理论研究首当其冲，因为社会科学最古老的基础学科就是政治学。

明白了"世界政治"的含义，世界政治学科的建制才得以推进。世界政治学科至少有两层含义。

第一，作为"强学科"本身的世界政治研究。这意味着世界政治研究是比国际关系学更为宽广的一门学科，不但包括传统的国际关系学，还包括国内政治、信仰政治、地区政治与世界政治，概念化表述就是：财富权力转移所刺激的政治思潮诱发国内制度变迁，并由此塑造大国关系和世界秩序。世界政治学的学科逻辑即为：财富权力（国际政治经济关系）—政治思潮—比较政治—国际关系—世界秩序。在世界政治学科这里，国际关系只是结果性的。"强学科"的世界政治研究的经典成就就是前述的亨廷顿的《文明的冲突》，这种研究就很难给亨廷顿以传统的学科身份定位，我们显然不能说他是国际关系学者、美国政治学者或比较政治学者，最恰切的定位就是世界政治学者。"一体化"是"强学科"的最一般特征。"一体化"或者"一般化"研究，事实上是在回归社会科学领域细分之前的传统，正如很难说亚里士多德、马克思是什么学科的学者一样。

第二，作为"弱学科"的世界政治研究。这种定位意味着，"世界政治"至少是各分支学科不可或缺的视野。也就是说，无论是国际关系学还是国别政治、比较政治研究，都离不开世界政治的关怀。比如，亨廷顿的

"文明的冲突"当初之所以被认为是国际关系研究的"失范",就是因为一般学者没有信仰政治这种世界政治思潮的观察;再比如,很多人否认"中国模式"的存在乃至其价值,就是因为没有认识到世界范围内比较政治发展的过程乃至现状。就国际关系学而言,"弱学科"的世界政治研究,至少是国际关系研究的政治思潮和比较政治视野,做到政治思潮、比较政治学与国际关系学的一体化研究。亨廷顿的研究如此,美国很多著名的战略家的研究事实上也如此。

无论是"强学科"还是"弱学科"意义上的世界政治研究,都是一种集成式的研究议程更新。没有新的研究议程,很难有理论创新。

世界政治学科的提出还有其他内涵,如超越"美国学"的"身份意义"。中国已经接近国际舞台的中心,属于全球化的中心地带,知识供给必然是以中国为中心的,而不再是围绕特定"思想供货商"。这就意味着,中国学者不但要首先研究作为国别政治的本国政治,还有根据中国战略利益需要而有优先顺序地研究地区政治,研究影响国别政治和地区政治的信仰政治。当然,首先需要建构起作为学科基础知识的"历史学"——世界政治史。

◇第三节 作为世界政治基础的国内政治

国内政治与对外关系互为因果关系,但更多的时候对外关系是因变量而国内政治发展是自变量,因而国际关系研究首先要研究相关的国内政治。

一个妇孺皆知的常识是:外交是国内政治的延续。中国学人对此当然牢记在心。反之亦然,在全球化的"世界时间"里,国内政治要受制于外部环境,尤其是中小型国家的国内政治。问题是,中国的政治学学科界为什么出现了如此严重的分离现象?研究中国政治的不研究对外关系,充其量看看国际新闻；研究中国外交的不研究甚至不关注中国国内政治发展对国家外交政策的直接影响。看上去是学术分工现象，其实还是知识体系和狭隘的学科意识所致。众所周知，美国研究中国问题的专家，都是内政、外交一体化的研究，这当然与他们所受学科训练有关，比如，读博士至少得修两个分学科的课程，以国际关系研究为主的，必须修政治学理论专业或者比较政治专业，这种学科规范至少保证了研究者的基本知识需求。但是，在中国的政治学学科的博士生培养中，几乎都是自设篱笆墙，把自己局限在井底之下，这样的学科培养体系培养出来的学生，自然有其先天的结构性缺陷——知识体系残缺不全、视野不够宽阔，结果，即使在同一学门（政治学门）已经是常识性的研究成果，可能被另一个分支学科的研究者当作重大问题加以对待，更别提不同门类的社会学科之间的壁垒了。比如，民粹主义在政治学学科已经得到了很好的解释的问题，被经济学重量级人物当作"发现"而被广泛报道，这实在是中国学术界的悲剧。

回到正题。国际关系、国际格局的演变，一直是国内政治推动的产物，由此而形成的国际体系反过来影响着国内政治发展。也就是说，国际体系变革的根本逻辑在于国内政治的变化。在国际关系史中，19世纪欧洲列强与亚洲和非洲的关系，结果是帝国主义—殖民主义的，但这恰恰是国内政治发展的自由主义的结果，或者说那个时期的自由主义者大多是赤裸裸的自由帝国主义者，托克维尔和约翰·密尔都是。不理解欧洲国内政治的变化，就不能很好地解释中英关系史中的重要事件即鸦片战争。要知道，经过1688年光荣革命后的100多年，英国新兴阶级终于在1832年登上政治舞台，"议会主权"终于变成资产阶级的主权。这一政治结构的革命性变化，直接带来中英贸易关系的变化。从19世纪20年代开始，英国对华贸易就处于大幅度逆差状态，1832年英国宪政改革让资产阶级进入了议会，废除了东印度公司的垄断权力，用马克思在《共产党宣言》中的话说，资产阶级撕下封建主义的温情脉脉的面纱而滚滚向前，用国家机器为其商业利益开道。这是国内政治发展与国际关系史研究的关系。

刚刚结束的"冷战"以及由此带来的世界秩序的大变革,当然不是华尔兹所说的"体系"本身的问题,而是苏联国内政治的失败所致,进而促成了"冷战"后美国单一霸权体制的形成。未承想,仅仅在不到1/4世纪的时间里,世界秩序又出现了大变局,这同样是一个国家的国内政治发展的结果——中国的崛起。

因此,研究国家间政治的起点是国内政治发展;相反,如果以国际体系作为研究国际关系的起点,充其量是研究些常态性政治关系,研究些现状性结构,而现状性结构总是因为过程性结果的变化而改革,推动过程性结构变化的支点则在于国内政治发展。所以,以国际体系为国际关系研究的起点,其假设便是国内政治是静态的,不会发生变化的,这样只研究由静态的国家主体所构成的国际体系即可。其实,这就是第二次世界大战之后的美国政治学,认为宪制性问题已经解决,以至于国内政治不会再影响国际体系。国际关系研究是这样,政治学理论也是这样,因此只研究些宪政结构下面的社会行为。更要命的是,即使美国不会发生宪制性变化,其他国家也不会发生吗?何况美国国内还存在宪制性议程问题,否则怎么会有亨廷顿的"谁是美国人"之问?怎么会有特朗普当选美国总统之"黑天鹅事件"?

不研究、不理解国内政治发展,研究者的问题意识就很可能是假问题,因为问题意识的前提还有一个"身份意识"问题,而"身份意识"则来自对比较文明的理解、对比较政治发展的研究。有了比较文明和比较政治的视野,才能同情地理解一个国家的政治发展为什么应该是这样而不必非得变成"普世价值"的西式道路,世界上大多数非西方国家的政制都变成西式民主了,结果如何呢?换言之,没有对中国政治发展基于比较研究上的自信,就不能理解、更谈不上预测中国发展对世界秩序的重大影响;同样,没有对中国政治发展的深度理解,就会把很多似是而非的国际关系理论当作终极的、普世的理论,那就意味着中国不可能出现替代性的国际关系理论(这里还沿用学界通俗的说法"国际关系理论")或世界政治理论。其实,中国国内的民本思想体现在对外关系上的"天下体系",难道不就是一种替代性的世界政治理论吗?

概言之,无论是国际关系史的研究,还是现实性的国际关系的研究,以及国际关系理论的理解与发展,都需要深入国内政治发展的进程。反之,在"世界时间"里,大国尤其是中小国家(地区)受到的"世界体系"的影响也无处不在。以中国为例,计划经济时代的体制,苏联色彩很重;改革开放之后,诸多领域的制度性变迁无不受到"开放"政策的影响。因此,我们才说国内政治与对外关系互为因果。但就世界政治学科的意义而言,就我国的国际政治学现状而言,更多地要认识到国内政治发展的自变量性质,国际关系在很多时候是一种因变量。

◇第四节 政治思潮推动世界秩序的变革

我们习惯说和平与发展是世界政治的主题,其实它们是大国关系的主题,说成是世界政治的主题并不十分准确。这是典型的现实主义的命题,无论是古典现实主义还是结构现实主义。如前,以研究实力政治为基础的权力分布的现实主义,主要针对的是威斯特伐利亚体系下的主要民族国家之间的实力政治关系,不停的战争以及其间的"长和平""短和平"弥足珍贵,尤其是核战争的毁灭性,使得处于其中的各方最终求和平。但是,战争与和平并不能解释世界政治的走向,它们只是结果,不能解释世界秩序的形成过程。世界秩序是由世界政治思潮推动的,而传统的国际政治学显然是不研究政治思潮的,最多是从思潮中提炼所谓的"流派",如自由主义理论,但是作为流派的自由主义理论和作为政治思潮的自由主义对国际关系、世界政治的作用完全不在一个层面上。作为流派的自由主义理论讲的是如何推进特定制度安排的融合，如何让落后国家接受西方国家的国际制度；而作为政治思潮的自由主义则是赤裸裸的帝国主义—殖民主义，在实践中是一种典型的"进攻性现实主义"，而不是理论上的"自由制度主义"。200年来，世界秩序就是由诸种政治思潮推动而形成的，对此，国际关系理论或世界政治理论的研究者远远滞后于历史与现实，并没有与时俱进地沿着世界政治的路线图而建构起解释世界政治的理论。

一 自由主义与世界体系的形成

意识形态的"世界政治"起源于欧洲，建立了教会政体的欧洲对外就是前后十多次的对伊斯兰世界的"十字军东征"。教会政体之后的欧洲世俗政体，依然以力度不减的意识形态方式在国内外推进。几次革命，即光荣革命、美国独立战争和法国大革命，基本上使欧美在18世纪完成了国内政治经济关系的资本主义化，并形成了为这种利益关系论说的意识形态即自由主义。在国内资本主义化的同时，英法开始了对非西方国家的资本主义征服，这其实就是后来说的帝国主义和殖民主义，到1883—1885年柏林会议瓜分非洲，殖民主义达到其顶峰；在1900年镇压了中国的义和团运动之后，那些参加柏林会议的欧洲殖民主义者纷纷来到中国，准备按照瓜分非洲的模式瓜分中国。到19世纪末，世界已经完全被控制在"日不落帝国"和其他西方国家手里了，这个所谓的自由世界秩序，其实就是殖民主义体系。为了论证西方统治世界的合理性，我们所熟悉的自由主义者包括托克维尔、密尔，乃至自由主义的鼻祖洛克，其实都是帝国主义者。洛克的财富论为英国人占领美洲提供了理论依据，劳动创造财富，而美洲的印第安人不劳动，因此美洲应该归盎格鲁—萨克逊白人。托克维尔为法国在非洲的殖民主义张目并出谋划策，小密尔建立了四个等级的人种论为英国统治印度证明。所以，这一时期的世界秩序其实是"自由帝国主义"。

二 社会主义—民族自决权与世界体系的重组

社会主义思想虽然古老，但近代社会主义则是资本主义或自由主义的副产品。当国内资本主义化完成的时候，即第二次工业革命之际，催生了一个靠出卖劳动力为生的阶级，这是历史上的一种新型阶级。18—19世纪原始资本主义的残酷性催生了马克思主义领导的国际工人运动或社会主义运动，这一运动的最大成果就是催生了苏维埃共和国的诞生以及后来的社会主义阵营。因此，作为资本主义或自由主义的对冲力量的社会主义运动，形成了自由主义的"反向运动"，从而摧毁了"自由帝国主义"世界秩序，一个以人民为主体的新世界就此诞生。中国实行社会主义制度之后，中美关系出现了断崖式变化，美国所支持的蒋介石政权是资产阶级性质的，和美国的国内利益根本一致。1949年前后的中美关系，最好地说明了政治思潮、政治制度在国际关系和世界政治中的影响。

进一步撕裂"自由帝国主义"世界秩序的是在社会主义运动直接影响下的民族解放运动。虽然"民族自决权"思想起源于德国，民族主义运动也起源于德国和意大利（在拿破仑征服战争中产生），到第一次世界大战时期，随着奥斯曼帝国的解体，列宁和美国总统威尔逊的"民族自决权"思想达到新高度。但是，真正形成与"自由帝国主义"对抗性力量的民族主义运动，还是第二次世界大战之后在苏联和中国影响下的民族民主解放运动。在第二次世界大战之后的20多年的时间里，一大批亚洲、非洲国家独立，形成了完全不同于1900年的世界秩序。但是，新兴国家在形式上虽然独立了，在思想上却完全受制于人，很多新兴国家依然被困于思想的牢笼里而难以挣脱，按照宗主国的模式去建国、去制定政策，结果永远难以改变贫困的面貌。

近代世界秩序成于政治思潮，也受到新政治思潮的挑战因而进行秩序重组。然而，无论是自由主义还是社会主义，都是事关特定物质利益的意识形态，因此是可以谈判、可以妥协的，世界秩序因此是可以预期的。但是，宗教化的民族主义和对自由主义—社会主义都不满的民粹主义，则是人类遇到的新政治思潮，一种严峻的新挑战。

三　宗教民族主义—民粹主义与世界秩序的失序

民族主义是一把双刃剑，社会主义国家曾和民族主义结合解构了自由帝国主义世界秩序，到 20 世纪 80 年代，西方国家则同样利用民族主义力量解构了社会主义阵营的龙头老大苏联，又把小小的南斯拉夫一分为七。民主主义和民族主义是一对孪生兄弟，世界从帝国变为民族国家，民族国家越来越多，就拜这对"孪生兄弟"所赐，而当这对力量与宗教势力结盟时，其威力更是难以估量，这就是大中东地区的伊斯兰主义——一种宗教、民主、民族的混合体。正是因为没有意识到这一点，美国的"大中东民主计划"所引发的"阿拉伯之春"变成了"阿拉伯之冬"，不仅如此，大中东地区历经第一次世界大战后 100 年而艰难地建立起来的秩序，被彻底摧毁了，结果便是一种非国家形态的 ISIS，其对人类带来的原始式毁害让人刻骨铭心；威胁几个国家领土完整的库尔德人自治、公投建国，让大中东地区有了新动荡根源。

激进的宗教民族主义、治理失效的新自由主义，进一步带来了被称为"民粹主义"的新一轮浪潮。其实，哪里是什么笼统的"民粹主义"，在美国，民主党总统候选人桑德斯代表的是社会底层的反抗，其实是对新自由主义经济政策的反抗，因而事实上是一种社会主义运动；特朗普所代表的是对外来人恐惧的美国白人，是一种右翼民族主义，和德国的排斥土耳其的右翼势力一个性质。但是，思想懒惰的美国建制派精英以及中国的一些学人，居然都不加区分地给予因不同原因产生、有着不同诉求的反抗运动以妖魔化的"民粹主义"之名。这种不同地区、不同国家的反抗性运动，当然制约着各国的对外政策，进而影响着地区政治乃至世界政治，比如，英国脱欧公投。

从世界秩序的形成，到大重组以及今天的动荡，都意味着"信仰政治"是世界政治研究的一个过去被忽视的重要变量——虽然美国"冷战政治学"干的就是这种事。"信仰政治"绝不是现实主义的权力政治、自由制度主义所讲的利益政治所能解释的。在这个意义上，"文明"就是一种新的世界政治规范，"文明的冲突"必然是弥补乃至代替国家利益分析的一种世界政治学科的新范式。可以认为，亨廷顿的《文明的冲突》就是最为经典的世界政治研究教科书。向世界政治学科大师亨廷顿致敬！

◈ 第五节 非西方国家研究与完整的世界知识

无论是经济意义上的世界，还是文明意义上的世界，最终都只能通过地理意义上的世界体现出来。世界的不平等性和不平衡性，世界文明的多样性，都通过一个又一个的地区政治呈现出来。

我们不是没有地区政治研究，如欧洲问题研究、北美研究、东北亚研究。但就中国的学科力量分布而言，在过去40年里，绝大多数人都集中于对发达国家和发达地区的研究，看一看人大、北大、复旦三大国际关系学院的师资力量就能清晰地明白这一点。这也很正常，因为改革开放主要是对发达国家尤其是欧美的开放，要向它们学习，自然首先要研究它们，正如20世纪50年代向苏联学习而整个中国社会科学都是"苏联学"一样。

这就是社会科学的"时代性"特征。向苏联学习的时候，中国社会科学就是清一色的"苏联学";向美国学习的时候,中国社会科学几乎成为"美国学",不单是政治学,经济学和法学的美国化更严重;今天,中国开始以自己为中心了,世界很多国家如印度,开始把中国作为尺度来衡量问题了,那么,中国的社会科学尤其是政治学科该向何处去?

个人的认识是,以中国自己为中心的社会科学、政治学科的资源,首先来自本土的历史文化,比如"天下体系"就是对欧美的"民族国家"本体论的一种替代性思考,由此才能理解新中国几代领导人都讲的以"和"为中心的对外关系原则,从毛泽东时期的"和平共处五项原则"、邓小平时期的和平与发展、胡锦涛时期的和平崛起,到最新提出的"人类命运共同体"。[1] 在这个意义上,中国本身就是一个"地区问题"。这是以"我"为中心的第一个层面的地区研究。

第二个层面的地区还是发达国家所构成的发达地区,因为中国对外贸易的权重更多的还是在发达地区,因此我们要继续加强研究这些国家和地区问题。但是,需要重新阐释这些国家和地区。如果说前30年就是囫囵吞枣式的、拿来主义式的学习和认识,接下来的30年即新中国的第三个30年则需要重新建构关于"西方"的知识体系。比如,关于美国难以控枪的问题,流行的说法就是美国文化使然;关于美国政制,流行的看法就是自由民主;自由主义民主是普世价值;等等。真的是这样吗?美国奉行的法治至高无上的原则即所谓法治主义,其实是前现代原则,就美国而言是一种典型的封建制政体即亨廷顿所说的"都铎式政体",结果必然是寡头政治。就价值而言,如果认识到自由主义民主只不过是基督教的政治翻版,谁会接受基督教文明是普世价值,进而谁还会接受自由主义民主是普世价值?凡此种种,对以美国为代表的"西方",都需要"重述"——重新研究和解释以达成新的理解。

---

[1] 赵卫涛、杨光斌:《论人类命运共同体的哲学基础与历史连续性》,未刊论文。

第三个层面的地区就是本部分的重心问题即非西方国家的研究，包括东南亚、南亚、大中东地区、非洲和拉丁美洲，这些是中国"一带一路"倡议的关键地带，已经成为与中国利益攸关的地区。但是，政治学科的力量分布如何呢？京、沪外的一些大学利用地利之便有一些地区研究，比如，厦门大学、暨南大学和云南大学的东南亚研究，四川大学的南亚研究，西北大学的中东地区历史问题研究，以及新近的浙江师范大学的非洲问题研究。从"面"上看，上述地区问题都有人研究了，但力量显然还极为薄弱。看看传统的"三大国际关系学院"，北大有一个亚非拉研究所，但其人员不会超过北大国际关系学院的 1/5；人大国际关系学院的非洲研究乃至中国周边的大邻居如南亚、东南亚研究处于空白状态；复旦国际关系与公共事务学院的非西方国家研究，教师也屈指可数。这就是非西方国家政治研究的人员现状，看到这个分布，很难说中国的政治学科与中国的地位相匹配，学科建制上依然是以西方为中心的学习型和发展型，中国的政治学学科已经严重滞后于国家战略需求。

以"一带一路"倡议的研究为例。"一带一路"倡议意味着中国战略的大转向，从以西方为中心对象的战略转向以全球为对象的战略，其中高铁是走出去的"火车头"。但是，高铁项目顺利吗？以印度尼西亚雅万高铁为例，2015 年 10 月两国签署了修建合同，2016 年 2 月印度尼西亚总统出席了高铁剪彩仪式，但至今还未开工，最终可能流产。原因何在？第一是世袭的土地制度，征地难；第二是地区主义政治，印度尼西亚 70% 以上的来自不同地区的国会议员反对高铁所在地区的省份；第三是部门政治，国家企业部推动高铁项目，但是交通部、环保部、劳工部等都反对。①

这个大案例告诉了我们什么？印度尼西亚是中国的大邻居，对大邻居的研究几乎为零，才盲目签下这个难以执行的合同。要知道，1998 年东亚

---

① 刘天中：《中国高铁印尼搁浅的制度分析》，硕士学位论文，中国人民大学，2017 年。

金融海啸之后，印度尼西亚政府推出的价值230亿美元的工程项目，最终都流产了，原因和中国高铁所遭遇的难题一样，都是因为其国内的政治社会制度。"一带一路"可以理解为国际关系问题，但对地区政治、国家政治的知识空白，就根本不可能更好地推进这个国际关系。

印度尼西亚绝不是个案，很多非西方国家虽然经历了独立建国的民族解放运动，但这个革命不同于全方位变革的社会主义革命，非西方国家的土地制度还是古老的世袭制，政治制度上大多数为碎片化的，国家无法组织起来作为一个整体去行动，是亨廷顿所说的"普力夺社会"或米格代尔所说的"强社会中的弱国家"。而印度还是典型的"种姓社会"，大中东地区是"伊斯兰社会"。所有这些都意味着，不研究这些地区的社会制度，就很难推动与这些国家和地区的国际关系。

我们的学科不但要解决现实问题，更是面向未来的。就现实性和时代性而言，中国政治学科已经严重滞后；中国再往前走20年，既定知识体系下的中国社会科学（当然首先包括国际关系学），更不能满足国家的需要。而出生于20世纪80年代的新生代研究者，其知识结构遗传于上一代，其上一代必然是以西方为中心、为导向的，但是80年代新生代的竞争场域将在未来20年分胜负。也就是说，以既定知识体系为饭碗的新生代，如果不做到知识转型乃至知识革命，就无法在未来20年的中国社会科学界出类拔萃。20世纪40—60年代的学人是靠研究发达国家起家、成就其人生的，但80年代出生的新生代学人需要以研究非西方国家而制造知识增长点并在同辈中胜出。这是一点个人之见，一个建议，一种参考。

重新研究西方国家，在研究非西方国家中寻找知识的增长点，这样的研究或者学科才能构成一个完整的世界，曰真正的"世界政治学科"。

◇ 第六节 作为世界政治学科的知识基础的世界政治史

一 国际社会科学关于"世界政治史"的学科现状

世界政治史是关于世界政治体系演化的历史，但是是否有一个关于世界政治体系演化的"世界政治史"？打开图书馆文献检索，只有一本60多年前出版的《近代世界政治史》①，其内容基本上是各主要国家的重要大事描述，算不上世界政治史，可谓名不副实。国内的"国际关系史"类的教材和著作则铺天盖地，让人目不暇接，至少有10个以上的版本，既有多卷本，也有单册本。国际关系史的上层或者说知识源头还应该有世界政治史，它是我们理解世界政治尤其是发展中国家政治发展的结构性前提，没有世界政治史而陷于各种观念、理论范式去看各国政治，尤其是中国这样的发展中国家的政治道路，就如同盲人摸象，乃至南辕北辙。

西方也没有系统的关于世界政治体系演化的世界政治史。基辛格在《世界秩序》一书中甚至说"从来不存在一个真正全球性的'世界秩序'"，②这种判断显然有违世界大历史，《世界秩序》的书名也属于逻辑混乱。被称为第一个国际政治理论大师的摩根索的《国家间政治》③有点"世界政治原理"的味道，但不能算是世界政治史，讲的主要是处理国家间关

---

① 钱亦石：《近代世界政治史》，生活·读书·新知三联书店1950年版。
② [美] 亨利·基辛格：《世界秩序》，胡利平等译，中信出版社2015年版，"序言"第Ⅸ页。
③ [美] 汉斯·摩根索：《国家间政治：权力斗争与和平》，徐昕等译，北京大学出版社2012年版。

系的基本理论和基本原则,核心是如何建构"权力均衡"。2014年翻译过来的芬纳的三卷本《统治史》,① 其实是讲各国政府演化史,但国家政府间彼此是什么样的联系,或者是否存在连续性,则不是《统治史》的任务。沃勒斯坦的三卷本《现代世界体系》② 讲的是以资本主义为线索而形成的"世界体系"中的中心区、半边缘区、边缘区的演化过程,可以称为"资本主义扩张史",其中无疑与世界政治史有交叉,甚至有点"世界政治史"的味道,或者说是以资本主义为研究单元的世界政治研究,基本脉络是社会结构、国家权力和资本主义竞争力,但各主要国家政制以及文化主义上的世界政治结构却不是沃勒斯坦所重点关注的。也就是说,世界体系绝不是单线条的经济主义所能理解的,否则就不能理解为什么一些在经济上强大的国家却一夜之间蒸发了,如苏联,更不能解释为什么一些处于所谓"半边缘、边缘"地区的国家一跃成为发达国家即进入中心区。在笔者看来,沃勒斯坦事实上的世界经济体系只是世界政治体系的半个部分,非常不整全,因为世界政治体系是由经济主义、文化主义的互动所构成的制度主义式的正式或非正式的结构与体系。更重要的是,世界体系并不是锁定的,因"玩家"(players)的不同而将改变界定的世界体系,如中国的角色。

可以说,或者是因为国外没有专门的世界政治史,国内才没有。改革开放之后的中国社会科学并没有"中国",几乎完全是"拿来主义"的思想,所以有人才说中国没有"思想市场"。

二 世界政治史的学科构成与研究方法

建构一个社会体系性质的史学"新学科",无疑要冒着巨大的智识风

---

① [英] 塞缪尔·芬纳:《统治史》(三卷本),马百亮等译,华东师范大学出版社2014年版。

② [美] 伊曼纽尔·沃勒斯坦:《现代世界体系》(三卷本),庞卓恒等译,高等教育出版社2000年版。

险。这样一个题目广阔、涉及众多分支学科的"新学科",任何人都可以从任何一个学科的角度对之进行批判甚至否定。但是,这只能被当作建设"新学科"的动力。

能够称得上"史学"意义上的一门学科,必定有确定的线索把这门学科串联起来,否则就是一堆乱码而非一条线索性的"史"。这一点在后面将得到系统论述。

"世界政治史"是学科性的,具有其内在的规定性。世界政治史的学科资源是什么呢?就规范性学科而言,最高一层的无疑是世界历史或者世界文明史,无所不包;第二个层次就是世界政治史(包括世界经济史),其学科资源至少有国内政治、政治思想史和国际关系;也就是说,国际关系史等,是第三个层次的学科。笔者认为,层次最高的学科属于"元学科",是理解次要层次学科的思想与历史资源,失去第一、第二层次的视野,关于第三层次学科的知识将可能是碎片化的、没有方向性的。比如,不认识世界政治结构及其性质,就无法理解中国政治道路。但是,"元学科"不是建立在空中楼阁之中,而是提炼低层次学科的资源而来,只不过,并不是所有的第三层次的学科都能成为"元学科"的资源,这里的"时间性"即时间顺序至关重要,一旦"元学科"依据特定的资源建立起来,其他的学科资源很难进入"元学科"的结构之中,因为特定利益集团已经把持了"元学科"的话语权。这就是为什么后发国家的学者在泛滥的理论、范式面前会有无力感。尽管如此,后发国家还是得利用自己的"低层次"本土资源而推进自己的"元学科"建设,否则就永远生存在别人的话语权之中。

西方社会科学搞了一系列的国际关系史、国际关系理论,但却没有发展出一套世界政治史,为什么呢?原因很多,至少有西方很多学者不愿意面对文化主义上的"白人优越论"和经济主义上的资本主义(帝国主义—殖民主义)这两条线索的历史事实,这对讲究"政治正确"(包括种族、宗教、性别三大禁区)的西方人而言确实有些尴尬,因此才抛开世界政治本质论而搞起了形式主义的"三大主义"——结构现实主义、自由制度主义和建构主义。这些理论的逻辑起点符合历史逻辑吗？笔者认为这"三大主义"只是从既定的国际秩序或"国际制度"出发，并论证"结果性结构"（或"现状性结构"）或者制度的合理性的一些形式主义学说，而不敢对国际制度如何这样的本体论性质的问题进行追问，不涉及"来源性结构"（或"过程性结构"），或者说不问历史逻辑。所谓"过程性结构"是演化性变量，即政治演化过程中的主导性力量，研究的是结果性结构是如何发生的，属于"发生学"；"结果性结构"指演化的结构性变量，一种关于现状的结构。

西方人这样做是自然的，就是要论述现状性结构的合理性乃至合法性，让全世界人民从心理上认同并乐于接受这样的结果。但是，西方人并不愿意在"发生学"意义上追问历史逻辑的"过程性结构"。他们所不愿意面对的，正是我们所要建立的话语权的出发点。

世界政治和国内政治一样，其发展或者说演进过程必然要涉及很多的要素，除了前述的文化主义和经济主义，还有地缘政治因素等。地缘政治虽然重要，但在现代世界政治结构下，地缘政治也只是结构下的一个变量，甚至可能是一种虚假的学科（摩根索语）。确实，希特勒因为太迷信麦金德的地缘政治理论而把自己埋葬掉了。建构世界政治史，涉及的学科资源会很多。但笔者认为，考虑到前述的文化主义、经济主义和制度主义（国际秩序或国际制度）三大线索，不得不"选择性过滤"一些哪怕看起来很重要的因素或者学科，如地缘政治学，而直接寻找最密切关系的学科资源。据此，要对经济主义、文化主义和制度主义做一体化的论述，涉及的最重要的学科至少有：世界经济史（资本主义史）、各主要国家政治史、政治思想史、国际社会主义运动史和国际关系史。其中，文化主义中的种族主义必然离不开思想史的脉络，资本主义的孪生兄弟则是社会主义，这些基本关系演绎出"国际制度"。因此，世界政治史是国内政治发展形成的思想与观念，直接影响着全球政治和国际关系的基本走向的历史。前一章已经就世界政治史的学科集成性质做了阐述，这里不再论述世界政治史所涉及的分学科构成。

在笔者看来，要理解世界政治的基本结构及其走向，除了文明史和经济史这样的基本线索，至少需要对各主要国家的政府史、国际社会主义史、政治思想史、世界经济史和国际关系史这五门学科有一个集成性大综合，从而形成一种总体性的世界政治史。既有文献对世界经济史的关注较多，因此下文主要论述世界政治与其他四门学科的关系。

（1）世界政治与国际关系史。国际关系史是国家之间交往的历史，其线索清晰而明确。但是，我们能够从国际关系史中总结出全球政治总体性的发展线索吗？能够回答我们从何处来、向何处去这样的根本性问题吗？单纯的国际关系史似乎并不能回答这样的问题。在知识论意义上，既有的国际关系史告诉我们的是"实证"（the world of becoming），而非"实存"（the world of being）。国际关系理论中的"三大主义"都是典型的"实证"性质的理论，但是它们接近世界政治的真实世界即"实存"了吗？很难这样说。比如，在讲到第一次世界大战前后帝国主义争夺殖民地以及由此而导致的战争时，很多国际关系史教科书都不提霍布森和列宁的帝国主义论，而这却是最好的解释性理论；讲到"冷战"的起源时，很多国际关系史研究大讲"主义"之争、地缘政治因素，却不讲意识形态背后的种族主义（"白人优越论"）和对资本权力集团的捍卫，而这些难道不都是最重要的"实存"吗？也就是说，国际关系理论基本上是对"现状性结构"的合法性论述，在这个意义上非西方国家的学者则在帮助西方国家论证现状性结构的合理性。因此，理解国际关系中的"实存"即"过程性结构"，离不开政治思想史和各主要国家的国内政治发展，世界政治是国内政治的延伸。

（2）世界政治与国内政治史（政府史）。首先，世界政治并不是各主要国家政治的总和，但理解世界政治确实离不开国内政治（包括一个国家的经济结构和政治文化)。比如,几乎在同一时期远航的中国和西班牙,为什么一个是"到此一游"完事,一个是"先占原则"而占领"新大陆"?航海本身是一个国际关系事件,但国际关系事件的不同结果是由不同的国内政治所决定的。今天看得更清楚了,几乎所有的国际关系行为都来源于国内政治。

其次,由国内政治汇集而成的世界政治结构,在一个全球化时代,必然影响着一个国家的国内政治,尤其是对后发国家而言。对于大多数后发国家而言,其现代化道路几乎是不能选择的,都是设定好的,对错都没有办法,但是对于中国这样一个经历自主性革命而建立的新兴后发国家而言,其选择道路的自主性就更强一些。因此,从世界政治结构的形成到后发国家道路之比较,都更清楚地证明了世界政治结构之于国内政治的重要性。

(3)世界政治与政治思想史。政治思想史是基于各主要国家危机性事件的理论化结晶,由此而形成的思想也支配着一个国家的对外行为。最典型的莫过于自由主义,形成于国内政治之中,但其学说的演进路线清楚地表明,自由主义对于世界政治的作用非常显著。也正是在这个过程中,让我们更好地认识了自由主义的"普世性"———一种种族主义的傲慢而已。也就是说,理解世界政治确实离不开政治思想史。国际关系理论似乎很发达,尤其是第二次世界大战之后的美国国际关系理论,但是,理解了自由主义的民族主义性质,就能够认识到西方国际关系理论的非普世性,应该看到这些理论都是形式主义的,而不触及问题的根本,即"过程性结构"中的"白人优越论"问题。我们认为,既有的国际关系理论很难理解世界政治的本质,需要借助政治思想史的资源去理解世界政治。

(4)世界政治与社会主义史。在世界政治演化过程中,一路向前的是资本主义和西方白人,这个过程的副产品就是社会主义运动的产生,社会主义运动形成了一种对冲性力量。从资本主义国内化到全球化的过程,也催生了社会主义运动从一个地区到全球的发展。因此,理解世界政治史必然不能忽视国际社会主义运动史。遗憾的是，作为一个社会主义国家，我们的社会科学，在过去几十年里，社会主义研究的学科地位居然被大大降低，实属反常现象。

此外，世界政治史研究当然离不开民族民主运动史，民族主义起源很早，但作为一种运动，它事实上是由社会主义运动所诱发的。

在研究方法上，尽管以这些学科为基础，但世界政治史的形成必定是社会科学一体化的，而非分支学科的拼图。对于世界政治结构演化这样的社会体系性质的研究，任何单一的学科或者交叉学科的拼接都是无力的。借用沃勒斯坦的话说，"我不采用多学科的方法（multidisciplinary approach）来研究社会体系，而采用一体化（社会）学科的研究方法（unidisciplinary approach）"①。不得不说，所有取得了重大成就的问题研究或者学科性研究，都是典型的一体化研究路径。比如，新制度主义代表学者诺斯的制度变迁理论的三个支柱，其实是政治学（国家理论）、经济学（产权理论）和社会学（意识形态论）的有机组合；② 比较政治学者林德布洛姆在《政治与市场：世界的政治—经济制度》中的三个分析概念（权威、交换、训导），依然分别是政治学（权力）、经济学（市场）和社会学（文化）的一体化组合；③ 再比如，亨廷顿能在《文明的冲突》中那么准确地预见到21世纪头20年世界政治的走向，堪称21世纪头20年的"世界政治地图"，更是基于

---

① ［美］伊曼纽尔·沃勒斯坦：《现代世界体系：16世纪的资本主义农业与欧洲世界经济体的起源》（第一卷），尤来寅等译，高等教育出版社1998年版，第11页。另外，这里的"approach"翻译为"路径"更为恰切。

② ［美］道格拉斯·诺斯、［美］罗伯斯·托马斯：《西方世界的兴起》，厉以平译，华夏出版社2017年版；［美］道格拉斯·C.诺思：《经济史中的结构与变迁》，陈郁等译，上海三联书店1994年版；［美］道格拉斯·诺思：《制度、制度变迁与经济绩效》，杭行译，格致出版社2008年版。

③ ［美］查尔斯·林德布洛姆：《政治与市场：世界的政治—经济制度》，王逸舟译，上海三联书店1992年版。

社会科学一体化研究的集成式爆发。① 显然，具有"元学科"性质的世界政治史，更离不开社会科学的一体化脉络。

国际关系学是国内政治、信仰政治乃至地区政治的结果性或现状性结构，好的国际关系研究至少是世界政治学科视野下的研究，即一种"弱学科"的世界政治研究。在此基础上，才有可能进一步谈论国际关系理论创新。就世界政治学科的知识来源而言，地区研究、信仰政治研究和国别政治研究并不是最稀缺的——虽然相对于中国这样的超级大国而言既有的相关知识还谈不上有效的知识供给，但知识上的空白地带还是作为世界政治学科知识基础的世界政治史，这是我们正致力于书写的——一门学科有"史"才能"立"。世界政治史，也可能是产出原创性国际关系理论的一个路径。事实上，世界政治史是反思和建构中国自主性社会科学的历史逻辑起点。这是下一章的任务。

---

① ［美］塞缪尔·亨廷顿：《文明的冲突与世界秩序的重建》，周琪等译，新华出版社 2002 年版。

第三章

世界政治体系

我们习惯于拿外源性概念来分析中国政治经济社会，以至于政治生活中一些常见的重要问题让我们感到困惑。比如，为什么必须坚持人民民主的社会主义道路，没有这一政治发展道路又将会如何？在"普世主义"的自由主义民主看来，人民民主显然错了。又比如，为何美国提出"重返亚太战略"，常见的答案都来自现实主义国际关系理论，但是真的能够解释真相吗？如果能回答的话，又该如何理解奥巴马总统赤裸裸地说中国人不能过上美国式生活，美国人不能生活在中国人的领导之下？与此相关的诸多问题，都需要在理论上得到澄清，但是现有的社会科学，包括政治学和国际关系理论都不能给予很好的解释。眼下，"实证"（the world of the becoming）研究（量化方法）的流行，使得我们离真相（"实存"，the world of the being）越来越近了还是越来越远了？要知道实证研究是为了验证既有的命题或者体系。如果理论的逻辑起点与历史逻辑严重背离，就需要修正乃至抛弃那种理论；理论解释力与现实之间的巨大落差，也是产生新理论、新视野的节点。笔者认为，在对很多重大历史与现实问题的认知上，必须转换观察问题的视角，把一些大问题置于世界政治结构（世界政治体系）之下，必然会有不同的结论；而世界政治体系的叙述又是反思和重构自主性中国社会科学找到的新"起点"和"入口"。因此，本项研究属于建立"新结构主义政治学"的工作。当实证研究开始主导美国社会科学时，1975年当选的美国社会学会主席刘易斯·科塞在就职演说中说：科学至上主义的方法论必然导致"对重大的和根本性问题的忽视。然而，判断我们学科的最高标准将是对于我们生活于其中并在很大程度上影响我们的生活进程的社会结构的理解提供实质性启示"①。

本书所建构的世界政治体系建立在世界政治史基础之上，由起点、过程性结构和现状性结构组成。工业革命开启了现代性世界政治，而资本主义是现代性政治的最核心要素；18—19世纪，西方国家在完成国内政治资本主义化的同时，开始了全球政治的资本主义化即帝国主义—殖民主义进程，伴随这一过程的是论证殖民统治合法性的赤裸裸的种族主义即"白人优越论"（19世纪），20世纪的自由主义民主"普世价值论"的实质依然是以一种文明取代其他文明；其间虽然遭遇到社会主义和民族自决权的"反向运动"，但由资本主义和"白人优越论"构成的"过程性结构"所演绎的结果，便是不平等性霸权性的"现状性结构"即所谓的国际制度。战后西方社会科学基本上是论证"现状性结构"合理性的学说，是文化殖民主义的隐微表达。长达两个世纪的文化殖民主义极大地影响了非西方社会知识精英的世界观。但是，中国崛起了，中国规模、中国文明、中国道路、世界秩序观和发展方式都决定了，需要思考"从中国出发的世界政治体系"；相应的，这种从中国出发的"过程性结构"也正是建构自主性中国社会科学的历史逻辑"起点"。

◇ 第一节　世界政治史纲

之所以为"世界政治"，必然是各国、各地区被某种力量密切地联系而相互影响。在这个意义上，本书并不打算接受英国学派在世界历史的视野

---

① Lewis A. Coser, "Two Methods in Search of Substance", *American Sociology Review*, Vol. 40, No. 6, 1975, pp. 691–700.

下所讲的几千年以上的"国际体系",① 而是以传统的 1500 年为起点,视为"西方的兴起",也被西方人视为现代性的起点。一般认为,现代性包括但不限于:科技革命、个人权利与资本主义、现代国家(官僚制)。现代性是怎么来的?历史制度主义给了我们路径依赖的历史观,越早发生的事,其影响越深远,形成传统乃至制度锁定。也就是说,起点的制度安排决定了制度的性质与制度变迁的态势。那么,在大约 1500 年前后以及其后的 100 多年里,即在"西方的兴起"的起点性过程中,有哪些制度安排决定了后来的制度变迁的基本轨迹和制度属性呢?

一 世界政治的起点:几个关键词

(一)西方文明

西方人习惯于二分法思维方式,如传统与现代的二分。其实,即使在西方,现代性西方早就诞生于前现代的西方,正如亨廷顿这样说,"西方文明出现于 8 世纪和 9 世纪,其独特的特征在其以后的世纪中得到了发展,它直到 17 世纪和 18 世纪才开始实现现代化。西方远在现代化之前就是西方,使西方区别于其他文明的主要特征产生于西方现代化之前"②。在这个意义上,也无所谓现代西方与传统西方,或者借用黑格尔描述中国历史的话,今日之西方不过是历史上西方的一种重复再现。亨廷顿把西方文明概括为八大特征:古典遗产、天主教和新教、多元的欧洲语言、教会与国家的冲突与分离、保护财产权的法治、社会多元主义、代议机构、个人主义。这些个别因素在其他社会中也有,但这些因素的结合则是西方独有的,它们

---

① [英] 巴里·布赞、[英] 理查德·里特尔:《世界历史中的国际体系:国际关系研究的再构建》,刘德斌主译,高等教育出版社 2004 年版。
② [美] 塞缪尔·亨廷顿:《文明的冲突与世界秩序的重建》,周琪等译,新华出版社 2002 年版,第 60 页。

赋予了西方独特性。①

在西方文明诸多要素中,"西方的基督教,先是天主教,尔后是天主教和新教,从历史上说是西方文明唯一最重要的特征"②。因此,虽然一般把1648年《威斯特伐利亚和约》算作西方现代国家的起点,这至多是形式上的现代性国家,精神上的国家依然是天主教和新教,尤其是新教。宗教不但体现在对外扩张的历史进程中,还广泛而深入地渗透在今日的社会生活中,并以此为纽带而形成"文明认同",导致"文明的冲突"。

在西方文明的传统中,其中一个突出特征是"精神"的重要性。如果说中世纪是神权政治,连接中世纪和现代性政治的"精神"就是社会契约论。可以说,托马斯·阿奎那的契约论,经由洛克、霍布斯和卢梭等人的改造,成了西方现代政治的起点,为资产阶级的政治革命找到了理论依据。换句话说,现代性政治一开始就离不开政治思潮的推动,因而各种政治思潮也一直伴随着世界政治的演进。因此,政治思潮与世界政治变迁的关系,是一个值得深入研究的领域。

(二)"嗜血好战"的民族性

"西方的兴起"当然首先是人的问题,或者民族的问题,这是制度变迁的最基本的行为主体。那么,西方人是什么样的人,或者说什么样的民族性呢?全球史的奠基者麦克尼尔这样总结:"当人们把他们(指欧洲人——笔者注)与其他主要文明形态比较以后,而且只有当人们得知了科尔斯特和皮萨罗之流在美洲的几乎令人难以置信的黩武野蛮行径,得知了阿尔梅达和阿布奎基等人在印度洋上的伤天害理的挑衅侵略行为,并发现了即使如利玛窦神父那样的欧洲学者也对中国文明嗤之以鼻之后,欧洲人嗜血好战的特性才能被认识。"欧洲人"根深蒂固的鲁莽好斗的性格","使他们能

---

① [美]塞缪尔·亨廷顿:《文明的冲突与世界秩序的重建》,第60—63页。
② [美]塞缪尔·亨廷顿:《文明的冲突与世界秩序的重建》,第60页。

在约半个世纪内控制了全世界的海洋,并只用了一代人的时间就征服了美洲最发达的地区"。① 一个人的性格影响乃至决定其一生的命运,民族性必然影响乃至决定着一个国家的走向。民族性是理解世界政治的起点。

(三) 军事革命

军事革命的发生让"嗜血好战的欧洲人"如虎添翼。到 16—17 世纪,欧洲完成了一场改变人类命运的军事革命。"军事革新是由两个方面内容组成的,一是由舰船、火炮、滑膛枪、火药和要塞等要素所构成的硬件系统,二是由训练、军事工程、后勤官僚机构和各种财政体系制度等要素构成的软件系统。"② 军事革命带来的军事硬件成本是如此高昂,只有少数统治者能够承受,而其他的部落性、城邦性统治者则被摧毁或者成为属臣。结果,军事革命使得权力更加集中,缔造了国家和帝国,促进了欧洲式现代国家的兴起,并为 1750 年后欧洲各国一跃成为全球性力量奠定了基础,导致了游牧势力的终结。③

(四) 扩张性民族国家

我们一般把 1648 年的《威斯特伐利亚和约》看作欧洲式现代国家的起点,因为"三十年战争"其实是一场基督新教(加尔文教)与天主教之间的欧洲范围的宗教战争,此前还有发生在法兰西境内的三十年宗教战争。也就是说,在中世纪后期即绝对主义国家形成时期,欧洲人是以宗教认同而划分身份的。但是,"三十年战争"之后,宗教逐渐变成了私人事务,民

---

① [美] 威廉·麦克尼尔:《西方的兴起:人类共同体史》,孙岳等译,中信出版社 2018 年版,第 579 页。
② [美] 约翰·麦克尼尔、[美] 威廉·麦克尼尔:《麦克尼尔全球史:从史前到 21 世纪的人类网络》,王晋新等译,北京大学出版社 2017 年版,第 265 页。
③ [美] 约翰·麦克尼尔、[美] 威廉·麦克尼尔:《麦克尼尔全球史:从史前到 21 世纪的人类网络》,第 265—273 页。

族国家认同开始出现。更重要的是，现代国家是连绵不断的战争打出来的，正如查尔斯·梯利所说的"战争制造国家，国家发动战争"。因而，欧洲式现代国家的一个与生俱来的属性就是军国主义的扩张性，何况欧洲人天性就"嗜血好战"。"三十年战争"和后续战争的后遗症或者说连续性制度演化的结果是，"一些领主认为，既然战争很可能一直持续下去，就很有必要建立常备军队，并找出维持军费开支的方法"，为此不得不进行政治变革以征税，而征税过程就催生了官僚制。① 这样，一些领主的权力越来越大，进而演变成以普鲁士为代表的军国主义、国家主义的现代国家。考虑到狭小的欧洲领土，在"竞逐富强"的过程中，欧洲范围内的国家间战争，势必引向欧洲之外，而事实上所有的地区的大门都为扩张性国家打开了。结果在18世纪末，"欧洲变成了一个庞然大物，一个横跨大西洋、深入欧亚大平原、延展至地球背面的庞大社会。膨胀了的欧洲成为一个宏大的政治经济势力网的中心，这个网包罗了伊斯兰教、印度教世界的绝大部分，团团围住了远东这座孤堡。一句话，欧洲由此变成了西方"②。

在笔者看来，《威斯特伐利亚和约》事实上有两个后果：第一个就是众所周知的，催生了现代国家的诞生；第二个就是扩张性现代国家，奠定了世界体系。好战的民族性、扩张性现代国家，借助于通过海外贸易形成的资本主义精神，世界性网络就此编织起来，这一网络被建构为"人类共同体"或者"人类网络"。③

（五）资本主义

在历史的时间性上，资本主义无疑早于欧洲式现代国家，甚至也早于

---

① ［英］玛丽·富布卢克：《剑桥德国史》，高旖嬉译，新星出版社2017年版，第71—73页。

② ［美］威廉·麦克尼尔：《西方的兴起：人类共同体史》，第666页。

③ 这是全球史专家麦克尼尔父子的用法，威廉·麦克尼尔的书名就是《人类共同体史》，约翰·麦克尼尔的全球史著作被称为《从史前到21世纪的人类网络》。

马丁·路德的宗教改革，马克斯·韦伯的所谓新教伦理催生了资本主义的理性精神，不过是为"西方的兴起"提供的一种历史社会学的合法性叙事而已。① 事实上，远程贸易极大地催生了资本主义，但是现代国家的政体无疑更有助于作为一个组织体系的资本主义经济的拓展。现代国家与资本主义经济发展的关系已经无须赘述。卢森堡的论述值得重视，"资本主义是第一个自己不能单独存在的经济形态，它需要其他经济形态作为传导体和滋生的场所"②。资本主义史就是这么回事，离开经济帝国主义和殖民主义，作为一个组织体系的资本主义经济就难以运转。因此，当谈到资本主义这个关键词的时候，就自然会联系到帝国主义和殖民主义。

关键点的制度安排决定了制度变迁的基本方向和所形成的制度矩阵与制度属性。在西方兴起的起点上，有着西方文明基因的"嗜血好战"的欧洲人，利用科学革命和军事革命的优势工具，把扩张性国家的本性展露得淋漓尽致，从而形成了以资本主义为核心的全球化进程，建构了时至今日依然约束着人类的世界政治结构。

二 世界政治的演化：一个宏大的历史进程结构

1500年前后的"世界秩序"呈现出多中心和一个中心的鲜明分野。1500年前，有中国主导的东亚儒家文明秩序、欧洲的宗教（混战）秩序、中东商业秩序和印度秩序，但是到1500年的长期演化尤其到1850年之后，世界政治形成了，就是欧洲中心主义或者说西方主导的"自由世界秩序"。全球史奠基者威廉·麦克尼尔的两张图就是清晰的路线图（见图3—1）。

---

① 杨光斌：《历史社会学视野下的"新教理论与资本主义精神"》，《中国政治学》2018年第2辑。

② ［德］罗莎·卢森堡：《资本积累论》，彭坐舜、吴纪先译，生活·读书·新知三联书店1959年版，第376页。

世界政治的历史演化进程很难分清哪个力量在前哪个力量在后，政治—军事、经济、文化总是同步向前推进。同样，在全球化进程中，也很难分清楚是国内优先还是国外优先。但是，为了分析上的方便，也为了让更多的读者更容易理解这一宏大历史过程，在历史叙事上还是采取分层的处理办法，先国内后国外，政治—经济—文化分别处理。在研究路径上，本书本着历史社会学的逻辑，言外之意，阶级分析方法至关重要，但并不会忽视作为世界政治行为主体的国家的逻辑，而国家行为的背后是不可回避的阶级政治问题。

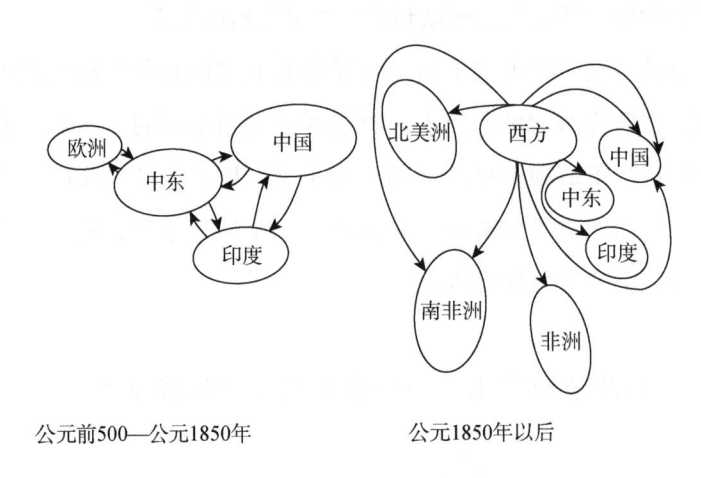

公元前500—公元1850年　　　　公元1850年以后

图 3—1　世界政治形成的路线图①

（一）世界政治演化的起点：欧美的资本主义化

17 世纪，欧洲处于"普遍危机"或者总体性危机之中，这也正如中国的"危机"之说，"危险"中有"机会"。英格兰的危机是新旧财富势力的较量，结果是 1688 年的"光荣革命"所确立的"王在法下"和"议会主权"法则。欧陆则是中世纪神权政治的危机，结果是连绵不断的宗教战争，

---

① ［美］威廉·麦克尼尔：《西方的兴起：人类共同体史》，第 744 页。

1618—1648年的"三十年战争"打出的《威斯特伐利亚和约》,成为现代民族国家的起点。英格兰和欧陆几乎同频共振的危机,最终让欧洲走出中世纪的"黑暗时代"。英国确立了现代政治的基本原则,如议会主权(后来被演化为"人民主权")、法治等,欧洲则建立了现代政治得以运转的载体——民族国家。当然,这都是马后炮式的历史叙事,或者说是事后的合法性叙事,因为当初的行为人根本不会料到后来事态的发展。比如,"议会主权"原则并不是即时性的,国王对议会的主导权持续了一个多世纪;被称为资产阶级革命的"光荣革命",当时哪里来的资产阶级?只是光荣革命150年后,1832年的宪政改革才使得资产阶级登上历史舞台;现代国家诞生后,谁输谁赢根本是个未知数,"竞逐富强"的过程很残酷,命运也不确定。

1776—1783年的美国独立战争算不上一次真正意义上的"资产阶级革命"。第一,因为当时北美大陆没有所谓的资产阶级,1787年立宪会议其实都是一帮奴隶主在讨价还价,最终确立了保护私有财产的宪法;第二,也正因为宪法的性质,独立战争充其量算是英国的第二次内战,政治—经济—文化的性质都没有发生变化,是英国政体的美国化而已。

从英国"光荣革命"到美国"革命",都如此旗帜鲜明地保护私有财产,这其实是在捍卫一种不可触碰的前现代时期的旧制度,因此亨廷顿才说美国政体是一种"都铎式政体",具有开放的但同时具有封建性质的政治制度。也就是说,英国革命和美国革命都没有与封建制脱离干系,但是1789年的法国革命堪称"大革命"———一种财产制度、政治制度和文化领域的全方位的革命。不同于保护少数人权利的英国革命和美国革命,法国大革命是在卢梭的"人民主权"理论的直接指导下发生的。在这个意义上,法国大革命所催生的大众政治,成为现代性政治的新起点。有意思的是,当时政治上最先进的国家,在发展上并不顺利,因为一直处于政治动荡之中,直到1958年戴高乐的"第五共和国"才稳定下来,其间经历了大致10

次的政治制度上的颠覆。"第三等级"推动的法国大革命是一次真正意义上的资产阶级革命，对法国的封建制形成致命一击，并进一步导致欧陆其他国家的封建制削弱乃至解体。

三次政治革命以及随后的工业革命，根本性地改变了西方的经济结构和社会结构，产生了新的阶级即资产阶级，而为这个阶级辩护的学说便是自由主义，当然也有针对法国大革命的保守主义。英国"光荣革命"时期诞生的洛克式自由主义，经由法国启蒙运动和苏格兰启蒙运动，将产生于英国的"地方知识"普遍化，即使是曾经作为欧洲旧制度救星的沙皇，也不得不在1861年进行旨在释放能量的废除农奴制的改革。但是，作为"后来者"的德国并没有盲目照搬以英国为代表的分权模式，而是建构出不同于当时的"普世价值"的知识论和认识论，在政治上实行中央集权制模式，从而很快后来居上。德国模式直接影响了远东的日本，日本通过恢复皇权即中央集权制而跻身列强。

尽管发展道路不一样，但国家治理中出现了共同的选择，那就是约束权力的"宪政工程"。到了19世纪中叶，无论实行什么样的政体——君主制、立宪君主制、共和制，欧洲都完成了资本主义化，按照芬纳在《统治史》中的说法，都完成了"宪政工程"。按照英国著名史学家霍布斯鲍姆在《资本的年代》中的说法，至少到了1875年前后，资本主义的世界进程已经完成，这当然包括最先进入资本主义的欧洲。

资本主义并不是一帆风顺的。资本主义（自由主义）在一些国家的失败，诱发了法西斯主义以及由此而来的世界大战；在落后国家的失败则催生了社会主义革命。这样，在整个20世纪，自由主义、法西斯主义和社会主义形成了竞争态势，并由此决定了人类政治的走向。

在资本主义从欧美走向全球的进程中，政治思潮起到了不可忽视的作用。我们知道，现代国家的诞生就是宗教战争的结果，之后的几次政治革命都是在社会契约论以及由社会契约论演化而来的人民主权理论下发生的。

同样，当欧洲人对外扩张的时候，也念念不忘为其扩张找到某种说辞，即合法性证明，这就是殖民扩张中的文化帝国主义。

（二）世界政治的形成：资本主义—帝国主义—殖民主义

作为一种组织体系的资本主义经济系统，必然从国内走向国外，军事帝国主义则是保护这种世界性经济体系的直接手段，必然导致1840年的中英鸦片战争。在近代世界史上，英国是为商业利益而进行战争最多的国家。这并不是说只有资本主义才会导致帝国主义，在现代国家诞生之前就有类似帝国主义的殖民活动，只不过一开始只是零星的个人冒险行为，比如哥伦布所谓的"发现新大陆"和达·伽马的亚洲之行。此为第一阶段。第二阶段是殖民行为公司化，荷兰、英国、法国等都建立了东印度公司，使得殖民行动更加有组织化。第三阶段，即只有国家诞生以后的年代，才有了帝国主义意义上的殖民主义活动，并为此而发生了帝国主义战争。威廉·麦克尼尔的《西方的兴起》把17—18世纪欧洲的对外扩张和殖民归为三类：第一类是范围最广的，继续深入北美和南美以及亚洲的印度；第二类是深入热带和亚热带地区，主要包括西印度群岛和东印度群岛；第三类是温带地区，主要包括南北美洲和欧亚大平原西部。① 在这个过程中，发生了确定英国霸权地位的英法之间的"七年战争"（1756—1763年），以及由此导致的法国支持美国的独立战争。

工业革命为殖民活动提供了方便，或者说是殖民活动的加速器。第二次工业革命时期，大致到了1875年，全球的资本主义化已经完成。全球的资本主义化催生了帝国主义的竞争，或者说帝国主义是一种可以模仿的意识形态，是当时的大国"标配"。比如，在欧美七国（英国、法国、德国、意大利、比利时、美国、俄国）中，1876年只有英国和法国占有海外殖

---

① ［美］威廉·麦克尼尔：《西方的兴起：人类共同体史》，第667—675页。

地，共 2340 万平方公里，其他五国均无海外寸土。然而到 1914 年，即在 1876 年后的 38 年里，七国占有的海外殖民地达 6735 万平方公里，其中英国为 3350 万平方公里，法国为 1060 万平方公里，德国为 290 万平方公里，意大利为 225 万平方公里，比利时为 40 万平方公里，美国为 30 万平方公里，俄国为 1740 万平方公里。①

理解帝国主义的首要经典文献应该是霍布森的《帝国主义论》和列宁的《帝国主义是资本主义的最高阶段》。"帝国"理论和事实是很早的事，比如罗马帝国，但属于典型的军事帝国主义。经济帝国主义则是资本主义的故事。列宁的逻辑是，资本主义必然导致垄断生产方式，垄断资本导致金融资本，即银行和工业的融合，进而因生产过剩而向海外输出资本，各国竞相瓜分世界，建立帝国主义的殖民体系。列宁给帝国主义的定义是："帝国主义是发展到垄断组织和金融资本的统治已经确立、资本输出具有突出意义、国际托拉斯开始瓜分世界、一些最大的资本主义国家已把世界全部领土瓜分完毕这一阶段的资本主义。"② 当今世界，仍然是列宁所界定的政治逻辑，如 2008 年世界金融危机以及为了垄断利益而发动的战争。

伴随殖民主义的是文化帝国主义。摩根索总结道："帝国主义政策永远需要意识形态，因为与现状政策相比，帝国主义永远有需要证明的负担。它必须证明，它寻求推翻的现状是应当被推翻的，在许多人心目中现存事物所具有的道义正当性，应当让位于一种要求新的权力分配的更高的道德原则。"③ 摩根索认为，文化帝国主义如果能单独成功的话，就是最成功的帝国主义政策。

---

① 郑家馨主编：《殖民主义史：非洲卷》，北京大学出版社 2000 年版，第 34—35 页；《列宁全集》第 27 卷，人民出版社 2017 年版，第 393 页。
② 《列宁选集》第 2 卷，人民出版社 2012 年版，第 651 页。
③ [美] 汉斯·摩根索：《国家间政治：权力斗争与和平》，徐昕等译，北京大学出版社 2012 年版，第 141 页。

摩根索还认为文化帝国主义从属于军事帝国主义和经济帝国主义，而且认为除罗马外，"从亚历山大到拿破仑再到希特勒的所有大帝国主义者都失败了"，但是也认识到"自第二次世界大战以来，经济帝国主义和文化帝国主义在政府的全部国际活动中所占的比例大大增加了"。① 应该说，除罗马外，一个新的成功例证就是"冷战"时期美国的文化帝国主义。客观地说，苏联不是败于军事和经济竞争，而是败于美国的文化霸权。

不同时代的文化帝国主义具有完全不同的含义，19世纪开始的"白人优越论"则有生物学的理论基础——社会达尔文主义。法国人戈宾诺在19世纪中叶的"白人优越论"已经臭名昭著，他鼓吹所有文明都是白人的杰作，中华文明也是白人的创造。这种不着调的理论居然成为希特勒种族论的直接来源。其实，这种"白人优越论"在19世纪属于西方的"主流理论"，到了19世纪末，伴随着帝国主义的全球殖民化进程，"白人责任论"已经甚嚣尘上。亨廷顿这样说："普世文明的概念是西方文明的独特产物。19世纪，'白人的责任'的思想有助于为西方扩大对非西方社会的政治经济统治作辩护。20世纪末，普世文明的概念有助于为西方对其他社会的文化统治和那些社会模仿西方的实践和体制的需要作辩护。普世主义是西方对付非西方社会的意识形态。"② 其实，早在半个世纪前，摩根索在其经典的《国家间政治》中就说过，普世主义都是民族主义的东西，或者说是"民族主义化的普世主义"。也就是说，种族主义的"白人优越论"依然在以各种形式、说辞发挥着作用。

以"白人优越论"为代表的种族主义赤裸裸地体现在殖民管理中，其中被中国人奉为"神明"的一些西方自由主义思想家，如托克维尔和约翰·密尔，都是典型的种族主义者和殖民主义者。这当然是19世纪之后的

---

① ［美］汉斯·摩根索：《国家间政治：权力斗争与和平》，第101—102页。
② ［美］塞缪尔·亨廷顿：《文明的冲突与世界秩序的重建》，周琪等译，新华出版社2002年版，第55—56页。

事,之前主要是赤裸裸的贸易掠夺,包括最血腥的奴隶贸易。由此可以说明,自由主义思想产生于资产阶级之手,是资产阶级的意识形态。

文化帝国主义的极端形式就是种族灭绝。希特勒对 600 万犹太人的大屠杀和 20 世纪 90 年代塞族人穆斯林的大屠杀,在某种意义上是文化帝国主义的一种现代版,而其原初形式就是白人殖民过程中对土著人的种族灭绝,其中澳大利亚、美国和墨西哥都是种族灭绝之后的产物。比如,1769 年,加州印第安人约为 31 万人,1860 年只剩下 3.1 万人,其中 80% 被杀于 1840—1850 年的灭绝战争中。在墨西哥,西班牙人统治导致的当地人口损失也在 90% 以上。① 要知道,第三帝国存在的 12 年也杀了欧洲 70% 的犹太人。所有这些,都是典型的种族文化灭绝,而对于文化帝国主义而言,"种族灭绝是种成就",所谓的社会达尔文主义的故事,土著人被清除了,"一个新的文明诞生了":"希特勒和希姆莱在思考他们自己的种族灭绝(途径)时都把美国的种族灭绝例子作为参考"②。

正如 18 世纪的欧洲扩张导致了英法之间的争霸战争,19—20 世纪的殖民地争夺和帝国主义扩张同样导致了争霸战争,而且规模更大、烈度更强,这就是拿破仑战争以及 20 世纪上半叶的第一次世界大战和第二次世界大战。两次世界大战都是发生在白人内部,发生在基督教文明内部。这说明,与文明相比,民族利益和国家利益占有更优先的位置。但是,当民族利益—国家利益冲突发生在不同文明圈时,则需要另当别论,或许文明认同更高于经济利益和国家利益认同。

19 世纪和 20 世纪之交是欧洲发达的顶点,也是西方衰落的开始。两次世界大战一方面是西方文明内部危机的大暴露,另一方面也催生了新兴国家和新型制度的出现,从而动摇了以资本主义经济体系为核心的西方文明

---

① 以上数据来自〔英〕迈克尔·曼《民主的阴暗面:解释种族清洗》,严春松译,中央编译出版社 2015 年版,第 95—98 页。

② 〔英〕迈克尔·曼:《民主的阴暗面:解释种族清洗》,第 123 页。

和西方文明所支配的世界政治结构。正如亨廷顿在《文明的冲突与世界秩序的重建》中所说，衰落是一个漫长的过程。其兴起经历了几个世纪，其衰落也许要经历两个世纪以上。事实上，仅仅在"冷战"结束的25年后，此时此刻，被西方人尊崇的"自由世界秩序"正处于深刻危机之中。这是后话。

（三）世界政治的重组：欧洲社会主义运动—十月革命—民族解放运动

西方的衰落而导致的世界政治结构的重组，一方面是西方内部总体性危机的结果；而另一方面，西方内部危机所诞生的社会主义运动、民族主义以及由此催生的十月革命、社会主义国家的批量产生以及随后的民族民主解放运动，也根本性地动摇了西方主导的世界政治。在这个过程中，同样离不开政治思潮的推波助澜作用，这就是改变世界政治结构的马克思主义—列宁主义和毛泽东思想。

（1）欧洲社会主义运动。欧洲资产阶级化的一个副产品就是无产阶级的诞生以及由此而催生的社会主义思潮。经历两次工业革命，到19世纪中叶，无产阶级成熟了。在这个背景下，马克思、恩格斯1847年组建了第一个无产阶级政党——共产主义者同盟，并于次年发表了《共产党宣言》。1848年的欧洲二月革命，以及1871年的巴黎公社，真正将欧洲的封建等级制改变为趋向平等的社会结构。这样，阶级政党如雨后春笋般出现了，而且这个阶级是没有财产的阶级。没有财产的阶级居然主张政治权力，这在历史上还是第一次，但是开明的小密尔则认为，既然到了这个时代，对工人阶级的社会主义诉求还是应该给予承认。①

（2）十月革命与新中国的成立。在欧洲的资产阶级化中，马克思、恩格斯领导的"第一国际"和"第二国际"让社会主义也欧洲化了，吸引了

---

① ［英］约翰·密尔：《密尔论民主与社会主义》，胡勇译，江苏人民出版社2008年版。

远在俄国的巴枯宁、普列汉诺夫、列宁等。深得《共产党宣言》《法兰西内战》精髓的布尔什维克人，在第一次世界大战中建立了真正意义上的第一个无产阶级政权。以苏联为基地，社会主义国家从一国走向多国，并在第二次世界大战之后最终形成了与资本主义阵营相抗衡的社会主义阵营。1949年中华人民共和国的成立根本性地改变了亚洲的世界政治结构，也让苏联有勇气与美国对决。

（3）民族民主解放运动。以苏联为基地的国际社会主义运动还适时地推出了民族自决权理论，中华人民共和国的出现对民族独立和解放具有标杆意义。因此，第二次世界大战之后的20年里，从南亚、东南亚到非洲，出现了人类空前的民族民主解放运动，其目标大多数是建立苏联式社会主义国家——尽管名称各异。

（4）政治伊斯兰。伊斯兰主义产生得很早，但政治伊斯兰则伴随着第二次世界大战之后的民族民主解放运动而生，其中宗教激进主义尤其值得关注。"冷战"之后，美国改造中东的"大中东民主计划"诱发的"阿拉伯之春"酿成中东秩序的坍塌，进而形成了威胁欧洲安全的难民危机。

诞生于欧洲的社会主义运动以及由此而催生的苏联、新中国及其支持下的民族解放运动，根本性地动摇了欧美以帝国主义方式而建立的殖民主义世界政治体系。世界政治进入"两极"时代。我们将看到，民族主义是一把双刃剑，既可以用来肢解帝国主义体系，也可以用来对付社会主义阵营。

（四）世界政治主导权之争：文化霸权与苏联解体

在英美支配的世界政治中，先后有来自拿破仑法国和希特勒德国的挑战，但都属于同一个西方文明内部之争。苏联—中国所重组的世界政治，不但是世界政治的主导权之争，还第一次赋予文明冲突的色彩，是思想和制度之争，"冷战"其实是一种意识形态战争，也是一种宗教化的政治斗争。因此,"冷战"虽然是"两极"之间的全面对抗,从军事安全到经济发展和文化冲突,但最重要的还是思想领域即政治思潮的故事,这是理解"冷战"的最重要线索。西方赢得"冷战",并不是赢在经济,更不是军事,而是赢在文化和意识形态。如果说种种国际制度是为了护卫资本主义经济制度,属于防守型政治,那么西方在文化上则完全采取了攻势战略,进而建构了文化霸权或者说文化帝国主义。

第二次世界大战之后形成了三套"国际制度",政治上的就是联合国,这是两大阵营都可以使用的舞台;军事上的就是北约与华约以及确保相互摧毁的核武器;经济上的就是由国际复兴开发银行和 IMF 所构成的布雷顿森林体系以及制裁社会主义国家的巴黎统筹委员会。应该说,无论是军事组织还是经济组织,都具有护卫性、防御性而非进攻性,是凯恩斯等人对西方两次世界大战教训的应对之策,以防止西方白人之间战事再起。这也就意味着,资本主义的根本问题依旧存在,周期性危机难以避免。事实上,当社会主义阵营在 20 世纪六七十年代陷于危机之中时,比如,中国的"文化大革命"和苏联的社会停滞危机,西方国家也同样深陷危机之中。法国的"五月风暴"、意大利的"红色旅"以及美国的黑人革命—反越战运动,都意味着资本主义政治的合法性危机(哈贝马斯的界定)。但是一个面临合法性危机的政权体系为什么最终赢得了"冷战"?

到"冷战"时期,历经社会主义运动和民族主义运动,"白人优越论"早已被抛入垃圾桶,但是捍卫"白人优越论"的理论只不过是改头换面而已,那就是直接来自基督教文明的、作为"普世价值"的自由主义民主理论。面对经济帝国主义和"白人优越论"的羞辱,殖民地国家的精英和大众曾同仇敌忾,但面对变换了形式的自由主义民主,非西方国家的很多精英则臣服了,苏联因此不战而败。因此,对"冷战"胜利贡献最大的是意识形态。

战后美国社会科学的最大成就是将自由主义社会科学化,自由主义成为政治学、经济学和社会学的指导思想,由此实现了自由主义进教材、进课堂、进头脑。就政治学而言,最大的成就是将自由和民主这两条道上跑的车拧在一起,可谓一场"变形金刚"游戏,形成所谓的以竞争性选举为核心的自由主义民主理论,并以此改造合法性概念,即所谓的选举授权才有合法性。[①] 经过几代人的努力,这一套理论体系到20世纪80年代最终成型,并成为竞争对手即苏联领导人的思想样板。1987年戈尔巴乔夫在《改革与新思维》中提出的"公开化、透明化、民主化"就是自由主义民主的翻版,并以所谓总统制取代总书记制,结果两三年的时间就搞垮了苏共,从而也肢解了苏联。

在肢解苏联的过程中,在美国等国际力量的直接促使下,发生了被亨廷顿称为"第三波"的民主化浪潮,从伊比利亚半岛到东亚、从东欧到南美,社会主义国家、美国所谓的"威权主义国家"纷纷转型,70个左右的国家转向所谓自由主义民主,大有福山所说的"历史的终结"之势,即所谓自由民主是人类最终的也是最好的制度形式。

1991年苏联解体后,世界政治形成了所谓"美国治下的和平",美国一枝独秀,"霸权稳定论"甚嚣尘上。然而,进步史观害死人,历史并不是直线式一路向前,转型国家出现了"民主回潮"。比起进步史观,道家史观[②]更符合历史真相,正所谓"反者道之动"——这是一种最具智慧的制度变迁观。

三 大变革中的世界政治：自由世界秩序的危机与中国的崛起

历史无常,仅仅在"冷战"结束后的20年,世界政治就由一家独大的

[①] 杨光斌:《合法性概念的滥用与重述》,《政治学研究》2016年第1期。
[②] 赵鼎新:《时间、时间性与智慧：历史社会学的真谛》,《社会学评论》2019年第1期。

"美国治下的和平",变为西方人发明的一个新词:"G2"——"中美国"。

可以说,美国衰于新自由主义。1980 年开始的新自由主义(撒切尔—里根主义)让美国和西方国家暂时性地度过了危机,但新自由主义倡导的私有化、市场化、全球化以及文化多元主义,最终导致美国国内的极大不平等和实业的大转移,移民纷至沓来。2008 年金融危机是美国政治经济危机的一次总体性爆发,进而引发了民族矛盾、种族矛盾和事实性阶级矛盾,这些危机制造了一个特朗普总统,谁也不能说产生"特朗普总统"的制度就是好制度。特朗普执政之后的一系列政策,进一步把美国从"灯塔"的道德高地上拉下来;不仅如此,其一系列单边主义行为,还直接破坏着第二次世界大战后美国主导建立起来的以"国际制度"为载体的"自由世界秩序"。也就是说,"自由世界秩序"的建设者现在变成了秩序的破坏者,"自由世界秩序"内部首先出现了危机。

与此同时,被输出的"自由世界秩序"也危机重重。乌克兰颜色革命导致了乌克兰内战和分裂;"阿拉伯之春"演变为"阿拉伯之冬";产生了治理理论的非洲如今治理依然无效;很多转型国家的民主成为"无效的民主";老牌民主国家也因移民问题(所谓的难民)而民怨沸腾,极右政党纷纷登上政治舞台。这一切都说明,"自由世界秩序"正处于深刻的危机之中,为此西方主流媒体给予了无数的报道,发表了无数的研究报告。

与此同时,中国模式出现了,中国模式的核心就是民主集中制政体。在政体不变的前提下,政府—市场关系、中央—地方关系、国家—社会关系都发生了结构性调整,各个领域都既有民主又有集中,走了一条"坚持方向、混合至上"的治理模式。[①] 中国和其他新兴国家一道,借助全球化之东风,在既定的世界政治体系中逆势而上。根据 IMF 2017 年的数据,作为世界第二大经济体的中国的 GDP,已经占美国 GDP 的 67%。这一数据意味

[①] 参见杨光斌《中国政治认识论》,中国社会科学出版社 2018 年版。

着，世界政治经济发生了颠覆性的结构性变化。

从世界政治史的视角来看，中国崛起的最大意义在于，用党的十九大报告中的话说，中国的发展模式为那些既希望加快发展又希望保持自身独立性的发展中国家提供了一条可资借鉴的道路，中国道路终结了"历史终结论"。这是西方人真正担心的"中国威胁论"所在，因此才引发美国副总统彭斯的"新冷战宣言"。①

世界政治向何处去？这将取决于中国和美国两国的大博弈。在过去400年或者300年里，"西方的兴起"所建立的所谓"自由世界秩序"，充满着制度变迁起点中的一些独特性质，也就是本着西方文明基因的嗜血好战的民族性和扩张性现代国家，把资本主义野蛮地推向全世界，其中必然导致帝国主义的殖民主义行为，并因此引发一次又一次的战争。在资本主义全球化的一路狂奔过程中，引发了牵制性力量的"反向运动"，也就是国际社会主义运动和民族民主解放运动。"双向运动"构成了世界政治演化的基本线索，其中"反向运动"能否重塑世界秩序，建立一个新世界秩序，或者回到1500年之前的多中心主义？到21世纪中叶应该会有答案。

◇第二节　世界政治体系的性质

有了现代性，才有堪称"世界"的政治史，之前基本上是地区政治史。因此，理解世界政治史的前提是理解"现代性"。现代性政治就是基于科学革命和资本主义经济（个人权利）推动的民族国家的形成和大众民主政治的到来，其中的主宰者300年来一直是盎格鲁—撒克逊白人。这样，现代性政治的基本要素就是科学技术、西方文明（基督教文明）、资本主义（个人

---

① 杨光斌：《中美关系进入"新阶段"》，《环球时报》2018年10月16日第14版。

权利)、民族国家和大众民主。现代性不等于"西方性",但现代性起源于西方并由西方主宰的事实,决定了现代性政治中充满了"西方性"。更重要的是,现代性也是冲突性政治,即资本主义(个人权利)与大众民主之间的与生俱来的冲突。资本主义讲究的是个人能力的个人权利,以市场自由为基础;大众民主讲的是弱者的大众平等,从而构成了自由与平等之间的张力。大众民主的变种是民族主义、政治伊斯兰和民粹主义,因而,现代性冲突又表现为民主"诸神"之间的冲突,即自由主义民主与社会主义民主、自由主义民主与民族主义民主和伊斯兰主义民主之间的冲突。① 这样,要把握世界政治的基本脉络真是难上加难,但是并非无章可循。

笔者初步的看法是,既然现代性起源于资本主义,而资本主义又起源于西方(西欧),这就决定了"主体"的优先性以及事实上演绎而来的种族主义,说白了就是"白人优越论",西方人把西方在现代性上的优先性论述为人种的优越论,这是几百年来世界史的一个不容忽视也不可无视的事实。与此相关,"白人优越论"的根源就是资本主义所带来的经济优越感,因而另外一条主线索就是资本主义——这是现代性之所以被称为现代性的最重要因素,资本主义的意识形态是自由主义,资本主义(自由主义)的"最高阶段"就是帝国主义及其所实行的殖民主义。资本主义推动了种族主义,并由此而演化为资本主义和白人主宰的世界政治体系的基本结构与制度。沃勒斯坦的世界体系理论讲的是资本主义扩张所形成的"中心—外围"结构,这与南美洲流行的"依附理论"讲的都是一样的道理,关键词都是资本主义。笔者认为,抓住了"资本主义",只是抓住了理解世界体系的一条线索,另一条线索就是"西方"或者说"白人"。因为现代化②起源于欧洲,欧洲是所谓现代民族国家的发源地,而国家的起源一方面是战争的产

---

① 杨光斌:《民主与世界政治冲突》,《学术界》2014年第8期。
② 这里只按传统的现代化理论的说法而定义现代化。其实,很多事实表明,中国的官僚制和世俗化政治就具有现代性,至少到宋代,中国已经很现代了。

物,另一方面则是贸易及资本主义。有了现代性秩序即民族国家的西方白人,适时地建立起来各种以国际法为主体的"世界秩序",构成了所谓的世界体系。这里的世界体系不单是经济资本主义的,在政治上也由白人所主宰,因此世界体系实质上应该是世界政治体系。世界政治体系既包括为了保护体系制定者的各种"国际制度"(international regimes),也包括"立法者"所处的非正式的世界结构或世界秩序。既有的国际关系理论比如英国学派把全球化的起点推到5000年前,更多的人将哥伦布发现"新大陆"作为全球化的起点,本书则定在1700年,即工业革命即将启动的"关键时刻",从此,物理意义上的"地球"成为一个政治意义上的"世界"。再次强调,世界政治体系的三个关键词是"资本主义""白人"(尤其是盎格鲁—撒克逊人)和"国际制度"。

就这样,资本主义的经济优势(包括后来的帝国主义—殖民主义)所带来文化上的种族主义,以及由此最终形成的所谓"国际制度",就是我们理解的能够被称得上"世界政治体系"的"世界政治史"的三大线索,其中经济主义和文化主义是历史逻辑的"过程性结构","国际制度"是"现状性结构"。而且,文化主义和经济主义从来不是二元化的,而是互相证成,文化主义为经济主义证明(提供合法性),经济主义强化"白人优越论",并以此构成了白人主宰的国际秩序或"国际制度"。19世纪是这样,20世纪是这样,21世纪初的世界政治的基本结构和性质依然如此。

(1)资本主义的过程性结构。在经济主义的过程结构上,18世纪是西方国内资本主义化的过程,标志性事件有美国独立战争、法国大革命、英国第一次工业革命;国内政治的资本主义化的副产品则是社会主义运动在欧洲的诞生,世界政治产生了新的政治主体。19世纪则是全球的资本主义化,即通过帝国主义而建立起来的殖民体系,这一过程的标志是19世纪80年代欧洲列强对非洲的大瓜分。帝国主义—殖民主义的副产品是民族自决权运动,新兴国家加入世界政治体系之中。不能忽视的是,帝国主义不但引发了西方与非西方国家之间的战争,还直接导致白人之间的你死我活即两次世界大战。战争是资本主义化的帝国主义演绎的世界政治的最重要的主题。两次世界大战并没有消灭资本主义,催生了社会主义阵营,但资本主义经济依然具有主宰性,其中布雷顿森林体系就是代表。

(2)种族主义的过程性结构。在文化主义的过程性结构上,伴随着白人资本主义统治全球,在社会达尔文主义的支持下,"白人优越论"盛行。摩根索这样说:"帝国主义政策永远需要意识形态,因为与现状政策相比,帝国主义永远有需要证明的负担。它必须证明,它寻求推翻的现状是应当被推翻的,在许多人心目中现存事物所具有的道义正当性,应当让位于一种要求新的权力分配的更高的道德原则。"① 摩根索认为,文化帝国主义如果能单独成功的话,就是最成功的帝国主义政策。

西方政治思想史上很多著名的人物都有种族主义色彩。比如,中国人所崇拜的自由主义大师约翰·密尔之父詹姆斯·密尔作为东印度公司的最高职位的官员审查员主管印度事务十几年,写下了著名的《英属印度史》,其中将人种划分为最高级的西方白人、次等的亚洲黄种人、只会从事体力劳动的黑人和高级动物的人种,为英国统治印度和其他殖民地寻找理论借口即所谓的殖民统治的合法化。密尔论述道,处在最高端的则是以英国人为代表的欧洲,适合做统治者,就像英国人对印度的统治那样,"外国人统治"的极大优势在于,它可以比任何甚至是最优异的本土统治者更快地带动一个民族"走过若干发展阶段",并且可以"清除发展的障碍"。② 在1857年印度大暴动之后,密尔宣布放弃自己的《论自由》,认为他所说的自

---

① [美]汉斯·摩根索:《国家间政治:权力斗争与和平》,徐昕等译,北京大学出版社 2012 年版,第 141 页。

② John Stuart Mill, *Utilitarianism, Liberty, Representative Government*, 转引自 [美]托马斯·梅特卡夫《新编剑桥印度史:英国统治者的意识形态》,李东云译,云南出版集团公司 2015 年版,第 33—35 页。

由并不适合所有民族。① 其实在其著名的《代议制政府》中,密尔也同样说虽然代议制政府是最好的政府形式,但它并不适合所有民族,只是英国人的政府形式。自由主义理论家是这样,更别提当时的政治人物了。英国历史上一个著名的首相迪斯雷利在1872年首次提出英国要成为一个"赢得世界尊重"的"伟大的国家——一个帝国"。② 德国皇帝威廉二世对前往中国镇压义和团的士兵做了所谓的"匈奴人演讲"(Hun Speech):

> 不要予以宽恕,不要战俘。谁要落入你们手中就让他倒在你们的剑下!正如匈奴人……远在1000年之前就给他们自己筑就了令世人至今仍深感敬佩的伟名,你们也要为德国这个名字创建出这样的伟业,这样的伟业在中国1000年以后仍将被铭记,使得再也没有中国佬……敢于正视德国人。③

"匈奴人演讲"的流行版本就是:杀、杀、杀,杀得中国人再也不敢抬起头来!这是何等丧心病狂的"白人优越论"。

值得指出的是,19世纪流行的"白人优越论"因为民族自决权运动而失去了道德上的合法性,但是它转而被包装成自由主义民主。"白人优越论"和自由主义民主的内在联系是基督教文明,其中的逻辑关系将在后面论述。面对经济帝国主义和"白人优越论"的羞辱,殖民地国家的精英和大众曾同仇敌忾,但面对变换了形式的自由主义民主,非西方国家的很多精英臣服了,苏联因此不战而败。

需要指出的是,在经济主义和文化主义的"过程性结构"中,都是一种

---

① [美] 托马斯·梅特卡夫:《新编剑桥印度史:英国统治者的意识形态》,第57页。
② [美] 托马斯·梅特卡夫:《新编剑桥印度史:英国统治者的意识形态》,第58页。
③ 转引自[荷兰] H. L. 韦瑟林《欧洲殖民帝国(1815—1919)》,夏岩等译,中国社会科学出版社2012年版,第119页。

波兰尼所说"双向运动",① 资本主义的副产品是社会主义,二者之间相互博弈;"白人优越论"的副产品是民族自决权,二者之间相互博弈。资本主义与社会主义之间、"白人优越论"与民族自决权之间的"双向运动",酿成了世界政治中的扩张与战争等"主题",而这些"主题"故事又以各种"主义"推动着,包括自由主义、帝国主义、法西斯主义、共产主义、民族主义等。

这样,可以初步给能够称得上"世界政治体系"的"(近代)世界政治史"一个简单的界定:世界政治史是由资本主义驱动的"白人优越论"进而所建构的白人主宰的国际制度与国家关系演化的历史,其中既包括国内政治制度的演化,也离不开国内政治演化所催生的思想观念对全球性秩序的影响。

(3)作为现状性结构的国际制度。这里的"国际制度"不但包括国际关系理论所说的正式的国际组织和地区性组织诸如联合国、世行、IMF、WTO、欧盟、东盟、北美自由贸易区等,也包括约束这些组织的国际法和各种规范与道德(非正式制度),更包括这些正式与非正式组织背后的政治结构,比如,20世纪上半叶的"无政府状态"、"冷战"时期的两极结构、"冷战"后20年的美国单一霸权结构、今天的中美关系结构。世界政治结构才是"国际制度"之锚,国际制度的性质依赖于政治结构,没有政治结构视野的国际制度研究也只能跟着西方人打转转。

(4)世界政治体系的性质:不平等与霸权。图3—2告诉我们世界政治体系的性质。首先,过程性结构的性质,无论是资本主义还是"白人优越论",都是典型的扩张性或为扩张鸣锣开道的历史与理论,具有经济和文化上的双重不平等性。资本主义扩张所形成的世界体系,自然是沃勒斯坦所说的中心区、半边缘区和边缘区,很多后发国家只能作为依附型国家而存在。其次,更重要的是,文化主义霸权的过程性结构,结果是话语霸权,

---

① [英]卡尔·波兰尼:《大转型:我们时代的政治经济起源》,冯钢、刘阳译,浙江人民出版社2007年版。

```
                        过程性结构
                           ↓
                    资本主义与社会主义        结果性结构
                                              ↓
┌────────┐   ┌────────┐  扩张—战争（自由主义、帝国主义、  ┌────────┐
│ 基督教 │ → │ 西方人 │--法西斯主义、共产主义）----------→│"国际制度"│
│ 文明   │   │  与   │                                 │        │
│        │   │ 现代性 │                                 │        │
└────────┘   └────────┘                                 └────────┘
                    "白人优越论"与民族自决权
                           ↑
                        过程性结构
```

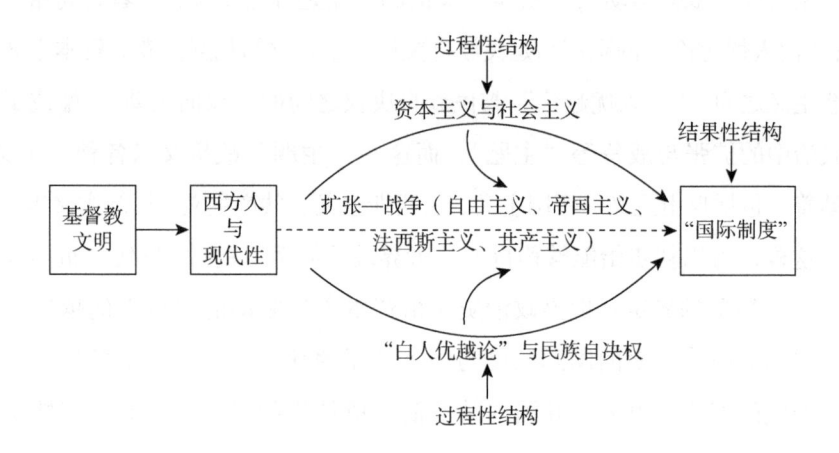

图 3—2　世界政治体系及其演化

把自己的利益说成是"普世主义"的，而非西方国家社会科学的空白或者滞后性，又使得非西方国家学者信以为真，这是一种最成功的殖民主义。后发国家的知识分子曾极力反抗经济帝国主义，也反抗那种赤裸裸的种族主义的"白人优越论"；但是当这种固有的殖民主义以"普世价值"的面目而出现的时候，非西方国家的很多读书人臣服了，成为"观念战士"，以西方的观念来看待本国的一切，包括政治选择。然而，300年世界经济史告诉我们，没有哪个大国是按照所谓"主流理论"而跻身"列强"。

过程性结构的不平等性必然是结果性结构即现状性结构的不平等性，即霸权性，也就是说，不平等的扩张性过程所形成的国际制度，必然是霸权性质的。"霸权稳定论"的实质由此可见一斑。霸权性制度才是稳定的，并可以相互依存，这就是看起来很讲究和平主义的自由制度主义的内在逻辑。

（5）世界政治体系的意义。弄清楚了"过程性结构"的扩张性质和"现状性结构"的霸权—不平等性质，即世界政治史中的资本主义与"白人优越论"（"行为主体"）所进行的扩张、战争、贸易等（"时代主题"）而演绎出的国际制度（"结果"），有助于生存于其中的中国人理解自己选择的政治道路，以及政治过程中时常出现的爱国主义情绪（不能随意地称为民族主义）。大致可以说，美国社会科学基本上是为维护这种"过程性结构"的不平等和"现状性结构"的霸权而展开的论述。遗憾的是，生活在这一"意义之网"（世界政治结构）中的中国人，因为闭关锁国所导致的学术停顿，在社会科学上必然是"拿来主义"的做法，进而其思维方式也被改变。

◇第三节 世界政治体系下的理论建构：以政治学理论与国际关系理论研究为例

人类政治思想源远流长，但社会科学体系的形成则是第二次世界大战之后，尤其是"冷战"的产物，美国社会科学尤其是政治学，又被称为"冷战政治学"。至少在表面上看，"冷战"起源于意识形态之争，因此"冷战"不单是两大阵营的军事、经济对抗，更是文化和意识形态对抗，世界仿佛回到中世纪的宗教战争状态。[①] 在这种语境下，美国各有关部门联动，形成了政府、基金会和大学的"三体运动"，建设以"自由"为核心的社会科学，以抵消当时来势凶猛的世界社会主义运动，捍卫资本主义过程性结构所建构的国际制度。中央情报局在建构美国社会科学中起到了重要作用。中央情报局1947年成立伊始就在社会精英中广泛网罗人员，其中包括情报人员、政治战略家、大公司和哈佛大学、耶鲁大学、宾夕法尼亚大学、普林斯顿大学等"常春藤联盟"各大学的校友。他们身负双重重任，既为世界注射防疫针，以防感染共产主义，同时又为美国外交政策在海外获得利益铺平道路。结果是结成一张高度严密的大网，网络中的成员与中央情报

---

① 杨光斌：《意识形态与冷战的起源》，《教学与研究》2000年第3期。

局合作，为推行其理念并肩战斗。① 可以说，中国学界所熟悉的所有美国社会科学家，更别说政治学家和国际问题专家，几乎均为美国中央情报局或美国其他政府部门服务过。

中央情报局赞助了大量政论性刊物和文化刊物，② 中央情报局其实就是美国的"宣传部"＋"安全部"。美国"冷战"设计者之一乔治·坎南（George Kennan）用了个好听一点的词——"文化部"，他说："美国没有文化部，中央情报局有责任来填补这个空缺。"③ 美国表面上反对搞宣传，实际上搞起宣传来比谁都更重视、更在行、更不择手段。比如，《动物农庄》是反共电影的代表作，而这部片子实际上是由中央情报局导演和资助的。为了激起观众强烈的反共情绪，电影对结局做了重大改编，代表腐败资本主义的农场主不见了，只留下面目可憎的代表共产主义的"猪"。

1950年3月，中央情报局政策计划参谋部部长保罗·尼采拟定了一项国家安全委员会指令，这项指令事实上是建构美国社会科学的"最高指导文件"："无论从实践上还是意识形态上考虑，都让我们得出如下结论：我们别无选择，唯一的办法就是通过建设性地实施'自由'这个理念来证明其优越性。"而诠释、传播自由理念自然是政治学家擅长的专业，在这一过程中，大学教师特别是政治学系的教师承担了许多中央情报局"心理战"的工作，研究经费也根据这项指令在1950年3400万美元的基础上增加了四倍。④ 按照1950年7月10日发布的国家安全委员会指令，"宣传"一词的

---

① ［英］弗朗西斯·斯托纳·桑德斯：《文化冷战与中央情报局》，曹大鹏译，国际文化出版公司2002年版，第1—2页。

② 包括著名的《撞击》《评论》《新领袖》《党人评论》《肯友评论》《哈德逊评论》《塞万尼评论》《诗歌》《思想史杂志》《转型》《审查》《代达罗斯》。直接注入经费是一种资助方式，另外中央情报局还让"文化自由大会"免费为各国知识精英订阅这些刊物，间接资助它们。

③ 转引自王绍光《美国中央情报局及其文化冷战》，观察者网，2011年7月12日，https：//www.guancha.cn/indexnews/2011_07_12_58624.shtml。

④ ［英］弗朗西斯·斯托纳·桑德斯：《文化冷战与中央情报局》，第105页。

定义是，"任何以影响特定群体的思想和行动为目的的新闻、专题讨论或有组织的努力和运动"，均可称为宣传工作，核心是"心理战"。"心理战"被定义为："一个国家有计划地利用宣传或'非战'的活动来沟通思想、交流情况，以求影响外国群体的观点、感情和行为，其目的是有助于国家达到其既定目标。"在同一指令中，又进一步为"最有效的宣传"下了这样一个定义："宣传对象按照你所指定的方向走，而他却以为这个方向是他自己选定的。"这些定义在政府的文件中随处可见，白纸黑字，是无可争辩的。这就是美国战后文化外交的基本理论。①

　　研究表明，美国社会科学其实是"心理战"的一个重要组成部分，因此可以被称为"冷战社会科学"，政治学更是典型的"冷战政治学"。说到底，"冷战政治学"就是为了维护不平等性的过程性结构和霸权性的现状性结构，其核心是被论述为"普世主义"的自由主义民主，"普世主义"是19世纪"白人优越论"的一种更加隐微的政治表达。理解在国际社会科学界居主导地位的美国社会科学的性质，必须了解这一世界政治体系背景，否则就难以理解为什么一个文化沙漠的国度，第二次世界大战后十几年内就搞出了一个又一个研究范式，一跃成为思想集散地和文化输出国。这里看看既定世界政治体系下的政治学理论和国际关系理论研究。

一　政治学理论：从结构功能主义到转型学

　　第二次世界大战后的美国政治学大致分为两个阶段，从20世纪50—70年代的现代化研究，到20世纪80年代至21世纪初的民主化研究，看起来是两个主题（现代化和民主化），其实就是一个主题，那就是"西方化"，研究非西方国家如何变成西方国家，而且这两个阶段的指导思想都是自由

---

① ［英］弗朗西斯·斯托纳·桑德斯：《文化冷战与中央情报局》，"前言"第5页。

主义民主——一种维护不平等性过程性结构的学说,在经济主义上维护资本主义的优势,在文化主义上以"普世价值"的面目维护事实上的"白人优越论"。

现代化研究的主导性范式是阿尔蒙德在1955年就搞出来的结构功能主义。据此,非西方国家只要具备了西方国家所具有的七种政治功能,包括政治社会化、政治录用、政治沟通、利益表达、利益综合、政策制定与政策执行,政治结构也就现代化了。① 这完全是非历史的政治设计,甚至变成了美国国务院对发展中国家的政策手册。10年之后,发展中国家非但没有实现现代化,发展不但没有带来民主,反而出现了"政治衰败"。② 这样,现代化理论才随着发展中国家的政治衰败而慢慢衰败。

到了20世纪80年代,取代现代化理论的是民主转型学。③ 西方政治学相信,不管非西方国家的政体是什么样的,终点都是美国式的自由主义民主。到了21世纪初,美国主流学者终于发出"转型范式的终结",因为绝大多数转型国家的现状都不符合转型学的预设:转型范式由五个核心假设界定着,第一个假设是其他四个的总纲,即任何一个摆脱独裁统治的国家都被认为是在向民主过渡;第二个假设是,民主化倾向于按照一个有序的过程展开;第三个假设,即相信选举具有决定性的重要性;第四个假设是构成转型国家基础条件的经济水平、政治历史、制度遗产、民族构成、社会文化传统或其他结构性特性,在民主转型的开始或结果中都不是主要因素;第五个假设是,构成第三波的民主化转型是建立在一个团结一致、运转正常的国家之中。"但

---

① [美]加布里埃尔·阿尔蒙德等:《当代比较政治学:世界视野》(第八版),杨红伟等译,上海人民出版社2010年版,第45页。

② [美]塞缪尔·亨廷顿:《变化社会中的政治秩序》,王冠华等译,上海人民出版社2008年版。

③ [美]吉列尔莫·奥唐纳、[意]菲利普·施密特:《威权统治的转型:关于不确定民主的试探性结论》,新星出版社2012年版;[美]塞缪尔·亨廷顿:《第三波:二十世纪后期民主化浪潮》,刘军宁译,上海三联书店1998年版。

是现实越来越清晰地表明模型已不再与其相符。被美国国会和援助人员们坚持称为是转型的许多国家，并没有向民主转型，那些所谓正在展开民主转型的国家，许多都没有沿着模型前进。坚持使用已经失去生命的范式，只会拖延民主援助领域的前进、让政策制定者误入歧途。现在是时候认识到，转型范式已经失去生命力，应该寻找一个更好的透镜了。"①

从现代化研究范式到民主化研究范式，最终为什么都失效了？看起来很科学的实证主义为什么失灵？前提就在于，这些范式对西方国家本身的结构的认知都存在巨大的偏差，比如，结构功能主义只是对本国政治结构的抽象，但是这种结构是怎么来的，完全不在阿尔蒙德等人的考量之内，结果发展中国家即便是移植来这些"结构"，依然是政治衰败。更不可思议的是民主转型学，美国民主研究最有代表性的学者罗伯特·达尔，关于民主政体定义的七个要素中，四个有关"自由"，三个有关"选举"，然而主宰"自由""选举"的资本权力居然不在其考量之内。在这种对"现状性结构"认知的巨大偏差的前提下，实证主义研究意味着什么呢？其结果可能就是离"实存"越来越远。这就是转型范式失效的原因。70年来两大范式都失效了，与之有密切联系的西方治理理论的命运又将如何？西方人谈治理必然是社会中心主义或个人权利主义的，这种范式在"强社会中的弱国家"行得通吗？20年前世界银行给出了南撒哈拉沙漠国家九国"投资人民"的治理方案，结果这些国家并没有因此而走向良政善治。

改革开放之后恢复的中国政治学，受影响最大的先是阿尔蒙德的结构功能主义，接着就是跟着西方政治学的节拍而研究民主转型与巩固，中国政治学的"拿来主义"的味道很重，很多研究主题都是假问题。学科的非自主性，必然导致在重大思想上的问题意识殖民化现象，比如把自由主义民主视为"普世价值"，以自由主义民主为尺度来衡量中国的对错。在笔者

---

① [美]托马斯·卡罗瑟斯：《转型范式的终结》，《比较政治评论》2014年第1辑。

看来，自由主义民主就是典型的基督教文明的现代政治转化，和"白人优越论"一脉相承。一种文明的价值怎么可以代替其他文明的价值？自由主义民主在非西方发展中国家的糟糕实践不正是否定了所谓的"普世价值"吗？

简单地说，自由主义民主首先是一套价值原则，是资本主义民主的替代性说法。① 其次，自由主义民主是一套制度体系。自由主义是民主之锚，即民主是实现自由主义的一种制度安排。如果说自由主义的核心是个人权利、财产权和法治，那么被改造的"民主"就是选举式民主或竞争性选举，即基于多元主义的多党竞争。

自由主义民主的关键要素都来自基督教文明。从中世纪到现在，基督教文明一直作为西方文明的基础和主线，直接塑造了西方以政治制度为核心的政治文明。不理解基督教文明就无法理解西方的制度文明。基督教文明的特征有哪些？公认的一些关键性要素包括：基督教义促成的个人主义、古希腊哲学的古典资源、由基督教而来的天主教和新教、狭小区域内的多样化语言、二元化的宗教与政权关系、作为古罗马遗产的法治、包括修道院—修士会—行会以及后来的协会与社团的社会多元主义势力、由多元势力而导致的代议机构等。这些要素可能也会单独地存在于其他文明当中，但是它们的综合却是西方所独有的，这正是西方之所以为西方的"西方性"。

明白了基督教文明的构成，再看看自由主义民主的要素，比如，个人主义、保护财产权的宪政、多元主义以及源自多元势力的党争民主，我们不难发现，自由民主与基督教文明的很多要素具有高度的重合性。近代以来，尤其是"两极"竞争的"冷战"时期形成的自由主义民主，其理论底色其实就是基督教文明，自由主义民主是基督教文明的一种现代政治表达，一种政治基督教。换句话说，基督教文明是自由主义民主的观念基础和制

---

① 参见曾毅、杨光斌《西方如何建构民主话语权：自由主义民主的理论逻辑》，《国际政治研究》2016年第2期。

度基础。事实上,"冷战"时期的很多著名学者都是怀着这种基督教情怀来建构自由主义民主的。阿尔蒙德1966年在就任美国政治学会主席的演说中,直接引用《圣经》中的救世主义故事而谈自由主义民主学说的责任。

那么,来源于一种文明体系的制度文明为何变成了"普世价值""普世制度"?这不能不归功于西方强大的物质文明。世界文明包括物质文明、精神文明和制度文明,强大的物质文明自然会助推其精神文明和制度文明的传播。如果说19世纪伴随帝国主义—殖民主义扩张而传播的是赤裸裸的种族主义的"白人优越论",那么20世纪伴随着赢得"冷战"胜利而制造出的是"普世价值"的"历史终结论",即以西方文明而终结其他政治文明。对此,美国国际关系理论大师汉斯·摩根索在《国家间政治》中说"普世主义"都是"民族主义化"的,[①] 塞缪尔·亨廷顿在《文明的冲突》中也不承认有所谓"普世价值",认为那只不过是强势民族的价值体系而已,都是民族主义性质的强加于人的价值体系,在文明冲突的世界中,西方文化的普世观念是错误的、非道德的,在实践上必然是有害的。[②]

二 国际关系理论研究

根据Google学术,国际关系研究被引证最高的前11位著作中,除了两本"一般理论"作品上榜,只有两本"过程性结构"的作品被高度重视,即亨廷顿的《文明的冲突与世界秩序的重建》和沃勒斯坦的《现代世界体系》,其他7本引用次数最多的居然都是"现状性结构"作品。具体信息参见表3—1。

[①] [美]汉斯·摩根索:《国家间政治:权力斗争与和平》,第267—268页。
[②] [美]塞缪尔·亨廷顿:《文明的冲突与世界秩序的重建》,周琪等译,新华出版社2002年版,第55—63页。

表3—1　　　　　　国际关系经典著作被引用次数排名

排名	作者	著作	性质	他引次数
1	Robert Axelrod	The Evolution of Cooperation	一般理论	34534
2	Samuel Huntington	The Clash of Civilization	过程性结构	18128
3	Francis Fukuyama	The End of History	现状性结构	15707
4	Kenneth Waltz	Theory of International Politics	现状性结构	14643
5	Thomas Schelling	The Strategy of Conflict	一般理论	14116
6	Immanuel Wallerstein	The Modern World System	过程性结构	13095
7	Robert Keobert	After Hegemony	现状性结构	10269
8	Alexander Wendt	Social theory of International Politics	现状性结构	7520
9	Keohane and Joseph Nye	Power and Interdependence	现状性结构	6389
10	Joseph Nye	Soft Power	现状性结构	6048
11	John Mearsheimer	The Tragedy of Great Politics	现状性结构	5513

资料来源：根据"海国图智·国关前沿通讯"微信号2016年8月5日的文章《国际关系经典著作被引用次数排名》整理。

这些"经典"到底都在讲什么问题？有多少著作是在探讨世界政治的真问题——世界政治体系的过程与来源？改革开放之后，没有自己的社会科学而又善于学习的中国学术界，必然要向美国人学习，这是可以理解的一个绕不开的过程。今天，我们需要认识到，美国人围绕"现状性结构"的"三大主义"，只不过是修饰"现状性结构"下的种种形式主义作品，而形式主义背后的实质即历史逻辑的"过程性结构"的资本主义和"白人优越论"，则以"普世主义"的形式而表现出来，理论逻辑起点与历史逻辑严重脱节。不但如此，美国很多国际关系学者都在研究假问题——这是形式主义极端化的问题，比如福山的《历史的终结与最后之人》的引用率是如此之高。

具体而言，传统的讲究权力均势的现实主义主要基于欧陆政治的俾斯麦式战略，主要是为理解一个地区的政治而产生的理论。① "冷战"之后，这种权力均势又从一个地区拓展至全球，现实主义需要升级，于是便出现了华尔兹的结构现实主义。② 这一理论的底版来自美国—苏联两极之下的"北约"—"华约"结构，因而是一种静态的结构主义理论，但是，苏联解体给这种理论以致命打击，"一极"突然坍塌了，"结构均势"荡然无存，这无疑是理论的重大失败，于是结构现实主义又被演绎为进攻性现实主义。③ 这其实是解释后"冷战"时期美国的单极霸权结构。可以说，现实主义理论的不同版本就是基于"欧陆均势—全球均势—单极霸权"现状性结构的写照。

同理，自由制度主义是对世界银行—IMF—WTO 乃至巴黎统筹委员会的"相互依存"的制度主义表述，④ 是维护白人资本主义主导现状的理论表述；但是，当中国起来之后，这种既有的制度比如 IMF 受到挑战，美国又搞起了 TPP 和 TTIP。由此我们不能不追问，谁和谁之间的"相互依存"？是不是只能他国依存于美国？如果西方国家依存于中国，自由制度主义还管用吗？强调"共享信念"的建构主义，认为人类关系结构来自观念而非利益，⑤ 那么共享观念是怎么发生的或者说从何而来呢？建构主义忽视了或者故意漠视了本书所说的"过程性结构"，其理论来源和现实主义—自由制度主义一

---

① ［美］汉斯·摩根索：《国家间政治：权力斗争与和平》，徐昕等译，北京大学出版社 2012 年版。

② ［美］肯尼思·华尔兹：《国际政治理论》，信强译，上海人民出版社 2003 年版。

③ ［美］约翰·米尔斯海默：《大国政治的悲剧》，王义桅、唐小松译，上海人民出版社 2003 年版。

④ ［美］罗伯特·基欧汉：《霸权之后：世界政治经济中的合作与纷争》，苏长和等译，上海人民出版社 2001 年版；［美］罗伯特·吉尔平：《全球政治经济学：解读国际经济秩序》，杨宇光、杨炯译，上海人民出版社 2003 年版。

⑤ ［美］亚历山大·温特：《国际政治的社会理论》，秦亚青译，上海人民出版社 2000 年版。

样，都是基于认同"现状性结构"的观念而发挥"施动者"的作用。

权力现实主义（包括结构现实主义和进攻性现实主义）和自由制度主义之间可通约吗？回答是肯定的，让我们以"建构主义"的视野看这些理论之间的关系。二者都是讲"国际制度"，只不过前者在讲事实性或非正式制度，比如20世纪头50年的群雄并起的无政府国际结构，"冷战"时期的"两极"国际结构，以及后"冷战"时期的"单极"霸权结构。在这些非正式制度之下，是各种正式制度，大家都得遵守这些制度即所谓的相互依存。也就是说，二者关注的"制度面"不同而已，而连接这两者的就是吉尔平的"霸权稳定论"，这里的霸权不单指主导性的霸权结构，还意味着在正式制度中居支配地位。无论如何，都是在讲如何保持支配地位即霸权，而这正是扩张性的过程性结构的产物。

不得不说，美国国际关系学界为捍卫自己的国家利益立下了汗马功劳，是在用非常学术化的方式或者深奥的道理来维护既有政治秩序，以至于变成了所谓的"软权力"而控制非西方国家的学术界和思想界，让非西方国家的思想界自动地维护美国主导的"国际制度"。这就是美国"打赢了一场没有硝烟的战争"（尼克松语）的根本原因。可以这样说，美国学者是在以学术形式搞政治，而非西方国家的学者把美国政治当成了学术，并以美国政治（为捍卫政治而建构的各种研究范式）为标准来衡量这些国家的学术水平。

以"世界政治体系"的视野来看，一些言论更像美国学者之言而非出自中国学者之口，比如宣称中国利益就是美国利益，美国利益更是中国利益，中国利益的实现有赖于美国。如果美国也这样想倒是好事，问题是这种想法完全有违世界政治体系。"专业人士"一般都是"观念人士"，即饱学之士。但"学"从何来？大概基本上是"拿来主义"的西方社会科学，而且是"实证"意义而非"实存"意义的社会科学（包括国际关系理论），而"实证理论"与"实存"之间则有着巨大的张力，即既有的国际关系理论并不涉及"过程性结构"而只论证"现状性结构"。中国学术界受"现状性结构"的知识影响太重了,以至于有些专业人士关于国际问题的判断并不比没有受过专业理论训练的人士更接近真相,没有接受专业理论教育的人士会依赖强大的直觉去感知问题。比如,20世纪80年代初我国战略家宦乡先生提出决定中国改革开放战略的"和平与发展"世界主题的判断,他相信那些形式主义的国际关系理论吗?今天,美国在"重返亚太"的过程中在东海纵容日本与中国争夺战略主动权、在南海支持菲律宾搞"南海仲裁"、在东北亚部署"萨德导弹",形成对中国的战略性遏制,又该如何去理解前述的"高见"?美国在"三海齐动",反映了世界政治体系中的"实存"结构,同样不是米尔斯海默的所谓"进攻性现实主义"所能解释的。

第四节 从中国再出发的世界政治体系与重构中国社会科学的"起点"

中国学界终于普遍地认识到得有自己的本土化理论,不能再跟风了。为了建构自己的理论体系,前提是得搞清楚所谓的"经典"属性,是"过程性结构"还是"现状性结构"意义上的"经典",这样才有可能摆脱既有的学科思维方式而创建中国自己的政治学理论、国际关系理论,尤其是世界政治理论。道理在于,因为后面要讲到的"中国人来了"(新来源性结构),既定的"现状性结构"必将发生变革,产生新的现状性结构。弄清楚"新过程性结构"所将导致的"新现状性结构",才可能找到理论创新的出发点,否则"中国学派"的良好意愿就无从落地,可谓"老虎吃天,无处下口",出现诸如处理好古今关系、中外关系之类的泛泛之谈。和政治学中的自由主义民主理论已经没有拓展的空间一样,国际关系中的"三大主义"也没有多少理论创新的余地,在既定的空间内做点修补并不是理论创新,更谈不上"中国学派","中国学派"的起点是新议程和新路径,只能在"发生学"意义上做文章。比如,当美国人说美国不能生活在中国人的统治之下,其实是在维护既有的结果性结构的"国际制度";当中国领导人说打造"人类命运共同体"的时候,意味着既有的"国际制度"并不能形成公正的国际秩序,需要重构,而亚投行就是重构国际秩序的开端。

"从中国再出发的世界政治体系",首先要论述的是"中国"。

第一,要从历史文化上的"文明基因共同体"(中华文明基体论)的视角看当代中国。在日本学者沟口雄三看来,中国有其独自的历史现实和历史展开,这体现于漫长的不同时代的种种现象的缓慢而连续性变化,所以中国的现代应该在现代、近代、前近代的关联中来把握。① 在中国漫长的历史长河中,支撑连续性的因素即"基因"有哪些?在我们看来,中华民族的"基因"至少包括:不变的语言文字与华夏民族;国家大一统思想和治国的民本思想;行政体制的郡县制、官僚制和选贤任能;文化上的包容与中庸之道;社会生活的自由与自治,以及家庭伦理本位;等等。这些"基因"代代相传于、内化于生活在固定疆域内的华夏民族血液中,因而构成了延绵几千年的中国文明共同体,从而可以称中国为"中华文明基体",即由文明基因而构成的一个共同体。② 因为中华文明是世界上唯一的未曾中断而延续至今的强大文明世界,由此可见其生命力以及其对现时代中国的影响。

第二,要理解共产党革命的遗产。中国作为一个现代国家,是由政党领导来完成的。孙中山的国民党并不能完成"以党领军、以党建国"的历史使命,但共产党完成了。现代社会科学的基本脉络来自各主要国家的现

---

① [日]沟口雄三:《作为方法的中国》,孙军悦译,生活·读书·新知三联书店 2011 年版,第 111 页。

② 杨光斌:《中华文明基体论——理解中国前途的认识论》,《人民论坛》2016 年第 15 期。

代国家建设道路,因而才有了以英国—美国经验为基础的社会中心主义、以法国—德国经验为基础的国家中心主义,这两个"主义"显然不能解释中国等很多后发国家的现代化历程,中国和俄国的经验给了我们一个"政党中心主义"的历史版本。① 当然,中国政党也不同于俄国政党,中国共产党是以自己的民本主义为血脉的一种新型政治集团。显然,很难以社会中心主义或个人权利标准来衡量中国的现代国家建设。

第三,中国的治理模式。中国发展到今天,其制度必然有着世界政治意义。但是,"中国"即中国治理模式到底为何?有不小的争论,笔者认为就是有将近百年历史的民主集中制政体,其中分为革命时期的1.0版、计划经济时期的2.0版和改革开放以来的3.0版。②

这些是理解新体系的"原点"。从"原点"出发,中国影响世界的经济主义方式就是列宁主张的"国家资本主义"或者今天学术界所用的词——"发展型国家",其核心就是国家主义。没有国家主义支配下的产业政策,后发国家别指望摆脱依附国的地位,没有"举国体制",就不可能有高铁网和各种领先世界的高科技项目,也不可能建成国际金融市场上的独立的结算系统——而这只能依靠中国银行、中国工商银行这样的国有企业去不计成本地在各国建网点。这与欧美的基于个人主义的资本主义形成了"双向运动"。中国的"举国体制"在科技发展以及由此而推动的经济发展中的作用需要得到学术界的重视。

与"白人优越论"的种族主义的排斥性文化不同,中国奉行的是"天下观"之下的"和而不同",这又与300年来的"白人优越论"和事实上的

---

① 杨光斌:《制度变迁的路径及其理论意义:社会中心论—国家中心论—政党中心论》,载杨光斌《政治变迁中的国家与制度》,中央编译出版社2011年版,第182—243页。

② 参见杨光斌、乔哲青《作为中国模式的民主集中制政体》,《政治学研究》2015年第6期。

白人至上主义形成"双向运动",实质上是民本主义的儒家文明与个人主义的基督教文明之间的"双向运动",超越了表面上的社会主义与资本主义的"双向运动"。

以国家为中心的经济主义和"天下体系"的文化主义所塑造的世界政治主题必然是以治理为核心的合作主义,这又与300年来流行的西方扩张主义形成了"双向运动"。

三重"双向运动"最终的走向可能是"新现状性结构"的新型国际制度,但不再是哪一种单一种族和文化所主导的国际制度,而是由重大利益攸关方共同主导的国际秩序(包括国际制度和国际政治结构),或许就是中国人所说的"人类命运共同体"(见图3—3)。

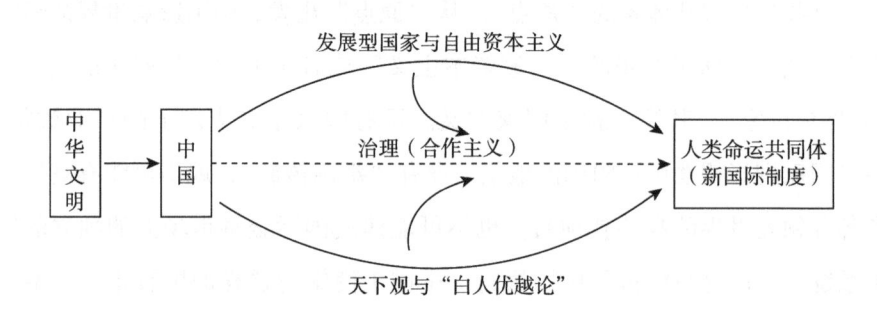

中华文明 → 中国 ⋯治理(合作主义)⋯→ 人类命运共同体(新国际制度)
发展型国家与自由资本主义
天下观与"白人优越论"

图3—3 从中国再出发的世界政治体系

值得指出的是,不同于西方在"蛮荒之地"之上的扩张性进取而建立的"世界政治体系",中国必须从既定的世界政治结构和世界政治体系出发,因而其过程性结构的表现形式完全不同,必然具有渐进性的和平主义合作主义,而不是革命性的替换战略,因此我们才屡次强调不挑战现存秩序。但是,结果性结构很可能是替代性的,对此美国人毫不讳言:中国是美国历史上未曾遇到的最大挑战。

这样,建构新世界政治体系的"中国方案"一开始就面临重重挑战。西方到20世纪才遭遇到国际社会主义运动和民族自决权的重大对冲,而

"从中国再出发的世界政治体系"一开始就遭遇"阻击战",比如,针对"一带一路""亚投行"之势而搞出的TPP和TTIP,当然更重大的限制性因素还是西方人主导的国际法、国际规范、国际制度等正式或非正式的约束机制。对此,中国人绝不可能像西方人那样鲁莽地开疆拓土。如何在既定的结构中"搏出位",既需要政治勇气(战略决断性行动),也需要政治艺术(策略性行动),还需要政治定力。新世界政治体系非一代人乃至两代人的功业,需要久久为功,是一个积量变为质变的"长周期",而中国的规模意味着,量变就有质变的性质。

在走向新世界政治体系的进程中,中国社会科学应该设置自己的研究议程即研究主题。就国际关系理论而言,如前,为了维护第二次世界大战之后的格局,即依然是资本主义经济和西方白人主导的世界政治结构,出现了各式各样的"国际制度",为此在国际关系理论上演绎出所谓的新范式:结构现实主义、自由制度主义和建构主义。但是,当"中国人来了"之后,这些范式的价值就应该得到反省,中国人不应该止步于这些所谓的"科学范式"。一个可能性假设是,以中国人为主导的或者合作博弈而形成的新国际秩序(国际制度),其"过程性结构"的性质与过去300年的"过程性结构"有着很大的不同。这是中国人建构"中国学派"的国际关系理论的出发点。

就政治学理论而言,"冷战"时期的世界政治,说到底就是两大制度之争——资本主义制度与社会主义制度,结果西方"打赢了没有硝烟的战争"。围绕这个主题,西方社会科学(不单单是政治学)的研究范式是"转型学"——非西方国家如何转型为自由主义民主的研究路径。但是,"阿拉伯之春"变成"阿拉伯之冬"以及自由民主在很多非西方国家的失败,比如,乌克兰式的国家分裂和很多国家的长期动荡与无效治理,迫使美国主流学者宣布"转型范式的终结"。

西方赢得了与苏联的制度竞争,但走向西方制度的非西方国家并没有因此而走向善治，西方国家在治理上麻烦重重，出现了"否决型政体"，相反中国的治理成就受到关注。制度重要，但到底什么制度有助于治理？治理关乎政治的本质，政治形式重要，但那更多的是读书人的焦点，百姓关注的是政治的实质——良善的治理，这是自政治学诞生之后便不变的使命。谁赢得善治，谁才最终赢得制度之争。西方的治理理论基本上都是"社会中心主义"的，所以其治理方案在非西方国家处处碰壁，因为很多非西方国家本身就是"强社会中的弱国家"，① 去国家化的治理方案根本行不通。所以说，国际社会科学中并不存在统一性的治理理论。比较而言，在诸多主题中，中国最有可能在治理上提供研究范式，一是因为现在还没有统一性的治理理论，二是因为中国人的治理传统在历史文化中很发达，可谓治理思想的富矿。笔者认为，治理理论的核心是国家治理能力问题，所以中国提出"国家治理体系与治理能力的现代化"抓住了问题的关键，国家治理现代化应该引领世界政治话语。② 根据中国的治理经验而建构一般性的国家治理能力理论，其中至少包括关于国家—社会关系的体制吸纳力、关于国家权力关系之间的制度整合能力以及作为政治产品的政策执行力，据此可以比较研究不同国家的治理能力，为比较政治学贡献自己的研究视角乃至研究范式。③

社会科学是特定国家特定历史的经验总结，理论逻辑必须符合历史逻辑。研究发现，第二次世界大战之后流行的国际社会科学，尤其是美国政治学，流行的"实证主义"不但掩盖了应有的历史逻辑即过程性结构，"实

---

① 参见［美］乔尔·米格代尔《强社会与弱国家：第三世界的国家社会关系及国家能力》，张长东等译，江苏人民出版社 2012 年版。
② 杨光斌：《"国家治理体系和治理能力现代化"的世界政治意义》，《政治学研究》2014 年第 2 期。
③ 杨光斌：《关于国家治理能力的一般理论——探索世界政治（比较政治）研究的新范式》，《教学与研究》2017 年第 1 期。

证"的都是既定的现状性结构下的政治关系，而且对"现状性结构"的认知本身就存在选择性偏差，这样的实证主义研究就会离作为"实存"的真相越来越远，因此第二次世界大战后70多年来美国比较政治学的主宰性范式才一次又一次失效，教训不可谓不深刻。在笔者看来，第二次世界大战之后形成的构成政治学理论基础的关键词，如自由、民主、法治、公民社会、合法性，都需要在过程性结构的研究中重新认识（即"重述"），其意义将会完全不一样。更重要的是，"现状性结构"正在发生变化，"中国人来了"，那些为现状性结构量身定做的实证主义方法论的适用性也必须受到质疑。并不武断地说，善于学习的中国人从"拿来"各种"主义"和概念，再到今天"拿来"各种实证主义方法，很多都是非自主性行为，并不清楚为何而"主义"、为何而"实证"。学习是重要的，但是前提错位下的学习必然南橘北枳。中国社会科学需要从新的历史逻辑出发，即需要"从中国出发的世界政治体系"，建构一套反映新的过程性结构和现状性结构的学说。这是一项任重且道远的世代工程。

第 四 章

世界政治的研究范式

在社会科学脉络上,"创新"并不是库恩所说的"范式革命"意义上的横空出世,"创新"并不是没有知识基础的突发奇想,社会科学作为时代性的产物,对既有理论体系的大修大补或对既有知识的集成式综合,可能做到"创新"与"突破"。试图"创新""突破"的理论探索最终可能是失败工程,其实谁也不能保证为了"创新"与"突破"的研究工作一定会成功,正如我们常说失败是成功之母,但都会致力于成功的方向去努力。笔者认为,就社会科学而言,要做到理论的创新,首先需要提出新的研究议程,并寻求相应的"研究单元",该研究单元对于约束我们的社会结构的理解有着实质性的启示。在中国的语境中,"世界政治学"称得上一种新的研究议程——虽然20世纪中国老一辈政治家对于世界政治的认识至少不逊于现时代。本书旨在寻求恰切的关于世界政治的研究单元。

◇◇ 第一节 "世界政治"与"世界政治学"

在国际社会科学中,"世界政治"虽然还称不上一门类似"国际关系学"的标准学科,但有意识地区别于国际关系学的"世界政治"之说,即有专门指向、特定意义的"世界政治"研究并不是新鲜事物。亨廷顿在《文明的冲突与世界秩序的重建》的序言中这样说,"人们正在寻求并迫切地需要一个关于世界政治的思维框架"①。罗西瑙甚至给"世界政治"一个专门的界定，它"包括各个从事跨国活动的地区、国家、各种国际关系、社会运动以及私营组织等内容的全方位概念"②。在亨廷顿和罗西瑙这里，"世界政治"就是"世界秩序""全球秩序""全球治理"的代名词，事实上基欧汉也是在全球治理意义上使用世界政治概念。

在中国，"世界政治"的说法并不少见，但学科意义上的"世界政治"则是新近的情况，一些学者正有意识地推动作为一门新兴学科的世界政治学的形成。王缉思教授早就呼吁以"世界政治"取代传统的"国际关系"或"国际政治"之说，笔者也提出国际关系研究需要转型并升级为世界政治学科。③ 为推动世界政治学科的形成，中国人民大学国际关系学院创办了《世界政治研究》，创刊号上发表了笔者的《关于建设世界政治学科的初步思考》，第二期发表了王缉思教授的《世界政治潮流与美国的历史作用》，明确提出"世界政治学"。④ 最近，王缉思教授出版了其多年的研究结晶——《世界政治的终极目标：安全、财富、信仰、公正、自由》一书，特别从价值层面研究世界政治，这无疑不是传统的国际关系研究所关心的，必将是推动世界政治学的扛鼎之作。⑤ 我们相信，国内将会有更多的学者自觉地涉足世界政治研究。

然而，一个学科之所以为一个学科，必须有其特定禀赋的理论，本书试图厘清世界政治理论的基本轮廓，以使国内的世界政治研究有更明确的

---

① ［美］塞缪尔·亨廷顿：《文明的冲突与世界秩序的重建》，周琪等译，新华出版社2002年版，"中文版序言"第1页。
② ［美］詹姆斯·罗西瑙主编：《没有政府的治理：世界政治中的秩序与变革》，张胜军等译，江西人民出版社2001年版，第13页。
③ 杨光斌：《世界政治研究亟待"转型升级"》，《光明日报》2017年8月16日第11版。
④ 参见《世界政治研究》2018年第1、2辑。
⑤ 王缉思：《世界政治的终极目标：安全、财富、信仰、公正、自由》，中信出版社2018年版。

指向性、目的性。

世界政治是分层的。如果从世界政治的国际关系层次看美国副总统彭斯对中国的否定性、攻击性演讲，是无法深入理解中美关系走向的，仅仅因为中国没有"美国化"而恼羞成怒，这种现象在国际关系史上非常不正常，因而非一般人所能理解。但是，只要对世界政治的演化有基本的认知，便能够理解美国政府的焦虑感甚至恐惧感，几百年来形成的世界秩序正处于危机之中，美国是这一秩序的"核心国家"。30多年来，中国的国际关系层面的研究很丰富，但对世界政治的元层次少有研究，中国亟待补课。

世界政治理论的层次性是由世界政治主体的层次性所决定的，不同的行为主体必然导致不同的行为理论。世界政治的第一个层次应该是历史过程所形成的"深层结构"（deep structure），是一种宏观历史性结构并由相关的单元层次组合而成的现状性结构，因此"深层结构"兼具历史性结构和现状性结构两种特征。在我们看来，虽然称之为"深层结构"，但结构本身在某种程度上也是一种行为主体，正如历史就是当下的行为者这样的历史观，"深层结构"无时无刻不在约束着行为者的行为并时刻充当着行为主体的角色。这种"深层结构"被从不同的角度解释出来，有的称之为"世界体系"，如沃勒斯坦；有的称之为"国际体系"，如布赞等；有的称之为"世界秩序"，如亨廷顿；有的称之为"世界政治体系"或世界政治史，如笔者的研究。

第二个层次便是由地区政治、国别政治和国家间关系为主体的"单元层次"，流行的国际关系理论基本上是世界政治的第二个层次的理论。但是，华尔兹的结构现实主义理论则努力以"体系理论"的面目出现，因为其核心也是"实力政治"，即那种研究国家间关系的经典理论，因此其"体系理论"其实还是单元层次的国际关系理论。更重要的是，所有的"体系理论"都不可能是"去历史化"的，因为世界政治理论或国际关系理论是应用性、政策性很强的学科，"先验"的空间很小，试图"建构理论"而去经验化、去历史化的"体系理论"不可能是一种真正的世界体系理论,因而也必然失败。①

世界政治的第三个层次应该算是非国家性的公司和非政府组织,可以称之为"次单元层次",它们对世界政治的影响已经无处不在。把公司和非政府组织列为"非国家性"无疑具有可争论性,即使是跨国公司,其背后也有国家身份,而很多"非政府组织"其实就是有关国家组织或资助起来的。但是,为了分析上的方便,世界政治理论界已经把"次单元层次"作为专门的研究领域,比如所谓"无统治的治理"所倡导的"全球治理"。

无论是单元层次还是次单元层次,都是在宏观历史过程所形成的"深层结构"下互动,因此首先需要对作为世界政治本身的"深层结构"做深入的研究。诚如1975年美国社会学学会主席刘易斯·科塞在就职演说中指出,衡量社会科学研究的最高标准是对束缚着并影响着我们行为的社会结构的认识有实质性揭示。很遗憾,尽管国际学术界对这一"深层结构"有不同视野的探讨,但在中国理论界还是一片待开发的无主地。相反,中国国际关系理论界已经对"单元层次"和"次单元层次"有了较多的投入,成果汗牛充栋。但是,如果不对束缚着并时刻影响着单元层次和次单元层次的"深层结构"做出好的解释和基本理解,"单元层次"和"次单元层次"的研究则可能迷失方向而不自知,或者盲人摸象而对世界形成碎片化理解。比如,如果不理解宏观历史结构,就不能把握目前进行的"中美贸易摩擦"的性质,或者说仅仅在国际关系层面,根本没法理解中美关系的走向。因此,本书提出"世界政治理论的层次性",只是为了提请读者关注国际关系理论背后的"元理论"到底是什么。鉴于国内学术界对国际关系理论的充分理解,本部分并不打算平衡地论及"单元层次"和"次单元层次"的理论,而是着力于世界政治的深层结构论述,因而本部分在结构上

---

① 杨光斌:《重新解释现实主义国际政治理论——历史本体论、国家性假设与弱理论禀赋》,《中国人民大学学报》2018年第4期。

显得并不那么平衡。

◇◇第二节 世界政治的研究单位与理论解释

对于人类是怎么来的这个宏大历史结构问题，传统的国际关系理论似乎并不关心。学界普遍同意这样的说法：国际关系理论是专属于美国的社会科学。美国几代国际关系理论家们，关心的都是如何维护既定的以美国为中心的世界秩序和大国关系，关心的是现状性结构，为此建构了一个又一个理论，如现实主义、自由制度主义和建构主义，而对于怎么来的这样的历时性结构则并不关心。换句话说，美国国际关系学界事实上没有关于世界政治或世界秩序的理论，华尔兹自称结构现实主义理论是"体系理论"，这不是事实，只是把苏联—美国两国单元层次的关系当作世界体系，所以随着苏联的解体而改变的美—俄关系，结构现实主义的"体系理论"也就不复存在。这并不意味着不存在关于世界政治或者世界秩序的"体系理论"，事实上19世纪末到20世纪六七十年代的"帝国主义论"，就是当时最好的世界政治理论，至今仍然有着强大的解释力，在很多发展中国家依然是主流理论。明显不同于美国传统的英国国际关系研究，很重视世界历史视野的国际体系研究，但以历史为名而祛除了国际体系形成的价值，国际体系形成中的主角（国家）俨然成为一个没有民族性、价值性的中性角色。① 笔者认为，好的"体系理论"还是来自新世界史或者全球史脉络的研究。

和任何理论建构一样，能够称得上关于世界政治的"体系理论"的，必须有其特定的"分析单元""研究单位"或者解释变量。正如沃勒斯坦这

---

① 参见［英］巴里·布赞、［英］理查德·里特尔《世界历史中的国际体系：国际关系研究的再构建》，刘德斌主译，高等教育出版社2004年版，第215—306页。

样说:"我们时代的许多有关重大理论的争论,在某种意义上可归结为选择研究单位的争论。这是当代社会科学的重大探索。"① 也正是在这个意义上,沃勒斯坦的世界体系理论是一种好的世界政治理论,其分析单元或研究单位是资本主义;亨廷顿的"文明的冲突"也是一种世界政治理论,分析单元是"文明范式";笔者提出的世界政治体系理论当然也是一种世界政治理论,其分析单元是政治权力——作为经济权力、军事权力和意识形态权力互动的结果。在某种意义上,英国学派的"国际社会理论"也是一种世界政治理论,但其价值承诺太过显著,比如,以规则和价值为导向的国际社会,其实是自由主义民主的国际社会,这可以视为指向未来的而非历史性、现实性的理论,因此本书不予涉及。因为"帝国主义论"已经是一种耳熟能详的理论,本书就不再专门阐述,但是一个令人遗憾的学术现象也是政治现象是,因为中国过度引入作为美国社会科学的国际关系理论,大有淡忘"帝国主义论"的现象。

由于"文明范式"和政治权力单元的世界秩序研究已有专论,② 不做重点分析,只是介绍其内在的逻辑关系,这里重点分析以资本主义为研究单位的世界体系理论。

一 世界体系理论

沃勒斯坦的四卷本《现代世界体系》,其书名就是其世界政治的理论即世界体系理论,历时30多年得以完成。正如作者所言,正是因为资本主义

---

① [美]伊曼纽尔·沃勒斯坦:《现代世界体系:16世纪的资本主义农业与欧洲世界经济体的起源》(第一卷),尤来寅等译,高等教育出版社1998年版,第1页。
② 参见杨光斌《"文明范式"与国际政治研究的转型升级:变革中世界秩序的时间性与政治思潮》(未刊论文);杨光斌《论世界政治体系——兼论建构自主性中国社会科学的起点》,《政治学研究》2017年第1期。

的出现，才形成不同于以往的"世界经济体"，这是现代世界的一个发明——"资本主义世界经济体"，其中政治力量是用来保障垄断权力。① 沃勒斯坦以资本主义为研究单位，其世界体系理论的核心假设是，世界经济体是由中心、半边缘和边缘地带构成，其中，构成要素包括：第一，世界体系在地理规模上是一个不断扩张的过程，即半边缘和边缘地区的范围不断扩大，直到中心地带的权力延伸到地球的每一个角落；第二，世界经济体的不同区域生产不同产品，由此分工而导致的劳动力管理方式也是多样化的；第三，中心国家之所以成为资本主义经济体的诸中心，是因为有相应强大的国家机器的建立。②

根据沃勒斯坦所说，现代世界体系的序幕在1450—1640年间拉开，在这个"长时段"中，"资本主义世界经济体创立起来了"③。这是局限于欧洲的"世界经济体"，中心地带是以意大利北部各城市为中心的基督教地中海体系和欧洲北部、西北部的佛兰德斯—汉萨商业网，到1640年时欧洲的世界经济体中心地区有英格兰、尼德兰和法国北部。附属于这个综合体的，包括东埃尔比亚、波兰、其他东欧地区和另一边的大西洋岛屿和部分大陆。④ 每个地带都有自己的劳动组织方式，诸如奴隶制、封建制、雇佣劳动和自我经营，这是与这个地带的经济地位相适应的，其中边缘区是奴隶制和封建制，中心区是雇佣劳动和自我经营，半边缘区是分成制。在当时的世界经济体下，每个区域有着不同的劳动控制方式，否则就不能保障剩余

---

① ［美］伊曼纽尔·沃勒斯坦：《现代世界体系：16世纪的资本主义农业与欧洲世界经济体的起源》（第一卷），第13页。

② ［美］伊曼纽尔·沃勒斯坦：《现代世界体系：16世纪的资本主义农业与欧洲世界经济体的起源》（第一卷），第29页。

③ ［美］伊曼纽尔·沃勒斯坦：《现代世界体系：16世纪的资本主义农业与欧洲世界经济体的起源》（第一卷），第80页。

④ ［美］伊曼纽尔·沃勒斯坦：《现代世界体系：16世纪的资本主义农业与欧洲世界经济体的起源》（第一卷），第81、113页。

产品流入西欧以保证其资本主义制度的生存。① 经过200年的演化,"资本主义时代"出现了,并初步形成了脆弱的世界经济体,这个形式直到17世纪和18世纪才得到巩固。②

中心地区是如何脱颖而出的?这是沃勒斯坦的世界体系理论最为关注的部分。关于国家与资本主义经济的关系,不同的叙事方式给出了完全不同的画面。根据西方政治思想史的叙事,自由主义一直是去国家化的,至多把国家视为"守夜人"的中性乃至被动的角色,这些说法体现在古典自由主义经济学并进而成为新自由主义经济学的"圣经",这对非西方国家学术界的国家观影响很大也很负面,因为思想史的叙述基本上是"去历史"的。但是,根据历史社会学的叙事,资本主义的兴起正是因为绝对权力与国家统治能力的提升,强国家能力才有中心地带的出现。这种"现象学"方法上的研究也只有西方学者自身能做得到。沃勒斯坦这样指出:"绝对王权在西欧的兴起与欧洲世界经济体的出现,显然是同时发生的。"绝对主义国家的兴起,既是资本主义兴起的结果,也是其原因。因为若没有资本主义的兴起,扩大化的国家机构就得不到经济上的保障;但是国家机构本身也是新资本主义体系的主要经济基础和政治保障。沃勒斯坦还借用布罗代尔的话说,"不管其愿望如何,(国家乃是)本世纪最大的企业家"。沃勒斯坦相信,在16—18世纪的现代世界体系形成之初,"国家在欧洲世界经济体中起着经济中心的作用"③。

那么,国家到底如何发挥着作用呢?16世纪基本上都是君主制,国王主要运用四种机制巩固其统治:官僚化、垄断武装、创立法统、所属臣民

---

① [美]伊曼纽尔·沃勒斯坦:《现代世界体系:16世纪的资本主义农业与欧洲世界经济体的起源》(第一卷),第98—99、109页。

② [美]伊曼纽尔·沃勒斯坦:《现代世界体系:16世纪的资本主义农业与欧洲世界经济体的起源》(第一卷),第128页。

③ [美]伊曼纽尔·沃勒斯坦:《现代世界体系:16世纪的资本主义农业与欧洲世界经济体的起源》(第一卷),第173页。

均等化。① 与中国的官僚机构相比，欧洲那时的官僚制是很初步的，很弱小，但却是一个质的飞跃，因为"它将要从根本上改变从政规则，确保今后经济方针的决策，非经国家机构，不得轻易制定。这就意味着，所有阶层的人才的精力都必须大部转向政治王国的确立"②。官僚制的形成，意味着得有专门的财力去供养专职公职人员，这只有少数政治王国能够做得到。但是，国王可以用官僚机构去征税以供养国家公职人员，在这个过程中形成了更强大的强制能力。

具有强制能力的国家才能养活已经发生了军事革命的军队，因为养活军队的成本极为高昂，从而最终形成武装垄断，即合法性地垄断了暴力机器，中世纪后期的封建制演变为绝对主义国家。绝对权力并不是"绝对的"，只不过相对于分散的封建制权力形成了中央集权化权力而已。③ 在世界经济体中，中心国家之所以为中心，是因为其中央集权化最甚。④

中央集权化的国家对于中心地带的形成起到了什么作用？在"延长的"16世纪，英国兴起圈地运动，大量农民失地，导致大量流浪汉和农民暴动，社会矛盾激化。16世纪末几个济贫法的出台，解决了这个社会问题。济贫法对于经济转型的关系是模糊的，但却避免了发生政治叛乱，形成的政治稳定绝对有助于资本主义发展。⑤ 与此同时，国家采取了亲资本主义的立场，鼓励土地贵族的资本主义化，并为此出台重商主义的保护新兴阶级的

---

① ［美］伊曼纽尔·沃勒斯坦：《现代世界体系：16世纪的资本主义农业与欧洲世界经济体的起源》（第一卷），第176页。

② ［美］伊曼纽尔·沃勒斯坦：《现代世界体系：16世纪的资本主义农业与欧洲世界经济体的起源》（第一卷），第176页。

③ ［美］伊曼纽尔·沃勒斯坦：《现代世界体系：16世纪的资本主义农业与欧洲世界经济体的起源》（第一卷），第182页。

④ ［美］伊曼纽尔·沃勒斯坦：《现代世界体系：16世纪的资本主义农业与欧洲世界经济体的起源》（第一卷），第194页。

⑤ ［美］伊曼纽尔·沃勒斯坦：《现代世界体系：16世纪的资本主义农业与欧洲世界经济体的起源》（第一卷），第318—319页。

立法，最著名的就是 1651 年的《航海法》。重商主义其实就是国家主义，因此不同经济体的强弱之争其实就是国家之间的竞争。

西方的兴起事实上是一个又一个国家建设的故事，有了近代意义上的国家才有资本主义的兴起以及由此而来的西方的兴起。英国是这样，比英国更早称霸的国家荷兰同样如此。传统的研究认为荷兰没有重商主义政策，因而国家是衰弱的。沃勒斯坦的研究得出了相反的结论："我们如果不直接考察国家所起的作用，就不能完满地阐明荷兰称霸的历史……17 世纪时，荷兰是欧洲唯一具有足够的内外实力的国家，它极少需要重商主义政策。"① 荷兰政府的作用主要体现在制定保护产业的渔业政策，成立事实性国有化的荷兰东印度公司以推进与殖民地的贸易。荷兰之所以能称霸海上，是荷兰舰队控制了海洋，这是军事强国的标志。② 结论是，"我们可以坚信，国家是荷兰资产阶级用来巩固他们一开始就在生产领域内赢得并继而将其扩大到商业和金融业的经济霸权的必要工具。那些争夺中心和半边缘权势的国家，在后来摧毁这个霸权的过程中同样成了重要的工具"③。

中心区的斗争是惨烈的。"由于荷兰是事实上的霸主，因此，促进英国商业的发展只有两种可能的途径：一是对英国商人提供支持；二是国家对外国商人加以抑制。"英国 1651 年的《航海法》打响了第一枪：凡进口英国的商品必须用英国船只或者生产国（即第一港口国）的船只载运，这样做就是为了削弱荷兰的贩运和转口贸易，有历史学家认为这是英国国家建

---

① ［美］伊曼纽尔·沃勒斯坦：《现代世界体系：重商主义与欧洲世界经济体的巩固》（第二卷），吕丹等译，高等教育出版社 1998 年版，第 63 页。
② ［美］伊曼纽尔·沃勒斯坦：《现代世界体系：重商主义与欧洲世界经济体的巩固》（第二卷），第 64、67 页。
③ ［美］伊曼纽尔·沃勒斯坦：《现代世界体系：重商主义与欧洲世界经济体的巩固》（第二卷），第 68 页。

设的一个重要方面。①

17世纪末荷兰退居二线，英国海军大大超过荷兰，英国和法国开始了长达一个多世纪的争霸历程，直到1815年英国彻底胜利。为什么是英国而不是法国？传统的说法有两个。第一，英国正在走向自由主义、国会主权和进步，而法国则延续贵族政治、封建主义和"旧制度"；② 第二，英国的税负比法国轻。③ 这两个解释都被否定了，18世纪英国胜出是因为《航海法》导致英国拥有更多的海外贸易和殖民地，因而带来更多的财富，④ 更是海军强大的结果，因此"这远不是自由主义的胜利，而是强大国家政府的胜利，而它的强大又是必然结果"⑤；在税负上，英国甚至比法国更重。⑥

那么，根本原因是什么呢？"18世纪时，英国比法国强大，而且正是法国政府的削弱，而不是它的强大推动了1789年的革命运动。"⑦ 沃勒斯坦解释道，在世界体系中，有产者—生产者希望国家代表他们履行两个重要职能：实行重商主义以限制进口、扩大出口，从而维护他们在市场中的利益，他们并不关心国家的干预是积极的还是消极的。因此，强有力的政府未必就是拥有最广泛的国家机器的政府，也不是拥有最专断决策权的政府。据

---

① [美] 伊曼纽尔·沃勒斯坦：《现代世界体系：重商主义与欧洲世界经济体的巩固》（第二卷），第98页。

② [美] 伊曼纽尔·沃勒斯坦：《现代世界体系：重商主义与欧洲世界经济体的巩固》（第二卷），第111页。

③ [美] 伊曼纽尔·沃勒斯坦：《现代世界体系：重商主义与欧洲世界经济体的巩固》（第二卷），第119页。

④ [美] 伊曼纽尔·沃勒斯坦：《现代世界体系：重商主义与欧洲世界经济体的巩固》（第二卷），第118页。

⑤ [美] 伊曼纽尔·沃勒斯坦：《现代世界体系：重商主义与欧洲世界经济体的巩固》（第二卷），第352页。

⑥ [美] 伊曼纽尔·沃勒斯坦：《现代世界体系：重商主义与欧洲世界经济体的巩固》（第二卷），第120页。

⑦ [美] 伊曼纽尔·沃勒斯坦：《现代世界体系：重商主义与欧洲世界经济体的巩固》（第二卷），第128页。

此，沃勒斯坦提出衡量强大国家的五种标准：第一，国家政策能直接帮助本国企业在世界市场上的竞争的程度（重商主义）；第二，国家能够影响其他国家的竞争能力的程度（军事实力）；第三，国家有足够的财政能力以调动其资源实施国家战略的程度（政府财政）；第四，有效的官僚制度；第五，政治统治平衡国内各阶级、利益集团的能力。其中，最后一个是关于阶级斗争的政治学，是实现其他标准的关键。这些标准都是政治的而非经济的，因为它们不产生效益。"最终政治和经济标准是相互联系的，因为生产效益能够加强国家力量，而且国家力量的加强通过市场以外的手段进一步增强了效益。"①

沃勒斯坦所要否定的就是古典自由主义历史观，其把资产阶级革命看作追求一个弱政府的漫长的历史过程，这被视为人类自由进步的同义词，"我把国家的现代史看作是一种长期的追求，以建立强大的国家机构来保护世界经济体中的一些所有者—生产者的利益，反对另外一些所有者—生产者，当然还反对工人"②。到18世纪中期，英格兰在世界经济体中的金融中心地位逐步提高，法国的地位则逐步下降，原因就在于政府能力，而不是所谓保护个人权利的自由主义弱政府观。"我们的观点：政府的力量取决于掌权者在多大程度上能够使自己的意志胜过国内外其他人的意志。按照这样一个标准，我们认为，英国政府到18世纪早期已明显地超过法国政府。真正强大的政府很少需要炫耀铁拳。"③

如果说强国家是中心国家之间胜负的关键，那么，强国家又是如何来的呢？首先，与经济组织无关，"英法两国在1600年至1750年间生产组织

---

① [美]伊曼纽尔·沃勒斯坦：《现代世界体系：重商主义与欧洲世界经济体的巩固》（第二卷），第128—129页。
② [美]伊曼纽尔·沃勒斯坦：《现代世界体系：重商主义与欧洲世界经济体的巩固》（第二卷），第129页。
③ [美]伊曼纽尔·沃勒斯坦：《现代世界体系：重商主义与欧洲世界经济体的巩固》（第二卷），第363页。

和价值体系上没有什么显著的不同",而是有更多的相似性。① 其次,关于价值体系,启蒙思想在法国占据主导地位,早在1680—1715年期间,而不是法国大革命乃至百科全书派活动之时。② 甚至,"在法国,资本主义价值观得到了更为广泛的传播(企业家支配权的神圣性);在英国,则与之相反,传统的价值观有更大的坚韧性(原租户续租的权利)"③。最后,关于与政治制度的相关性,"并不是因为英国比法国更民主,而是因为从某种角度来看民主较少"④。

沃勒斯坦没有拘泥于老套的解释,即所谓的现代性议会主权对决法国的君主主权,而是认为这种差别来自阶级结构即社会结构,这种"细微差异"是答案,才使得英国在1763年以后在经济生产效率和管理方面大大超过对手。在英国革命20年之后,公开的社会冲突结束了,作为一个社会阶级的资产阶级赢得了城市权利。因此,英国与法国的区别在于社会结构而非政治制度。⑤ 在同一时期的法国,是一种"强制性休战状态",巴黎之外的西部地区、南部地区以及东北部地区在法律上和经济上都处于"中心"之外,分裂的社会结构所导致的政治结构处于紧张状态,最终导致法国在18世纪末仍未能完成统一,而英国16世纪开始就是一个巩固的国家。⑥ 确

---

① [美]伊曼纽尔·沃勒斯坦:《现代世界体系:重商主义与欧洲世界经济体的巩固》(第二卷),第367页。

② [美]伊曼纽尔·沃勒斯坦:《现代世界体系:重商主义与欧洲世界经济体的巩固》(第二卷),第367页。

③ [美]伊曼纽尔·沃勒斯坦:《现代世界体系:资本主义世界经济大扩张的第二个时代(18世纪30年代—19世纪40年代)》(第三卷),孙立田等译,高等教育出版社2000年版,第85页。

④ [美]伊曼纽尔·沃勒斯坦:《现代世界体系:重商主义与欧洲世界经济体的巩固》(第二卷),第365页。

⑤ [美]伊曼纽尔·沃勒斯坦:《现代世界体系:重商主义与欧洲世界经济体的巩固》(第二卷),第134—136页。

⑥ [美]伊曼纽尔·沃勒斯坦:《现代世界体系:重商主义与欧洲世界经济体的巩固》(第二卷),第138—139、366—367页。

实，正是由于社会结构的约束，即使在大革命之后的法国，代议制、人民主权都没有保证法国超过英国。

1763年后英国在世界经济体中所积累起来的从属于它的优势地位，在18世纪80年代以后进一步增强了，到1815年已近确定无疑的事实，巩固了英国的中心地位。在沃勒斯坦看来，法国大革命事实上是"追赶"英国进程中的一个关键事件。众所周知，法国革命又刺激了作为现代国家的德国的诞生。这样，18世纪末的伟大革命，即所谓的工业革命、法国革命和美洲居民之独立，没有一个是对资本主义体系的根本挑战，反而标志着这一体系的进一步巩固与确立。①

在考察老中心地带（西班牙—葡萄牙）的衰落和新中心国家（荷兰以及其后的英国）兴起与欧洲经济体形成过程之后，沃勒斯坦指出，"世界体系是一个社会体系，它具有范围、结构、成员集团、合理规则和凝聚力。世界体系的生命力由冲突的各种力量构成"②。不同于现代以前，以资本主义为主体的世界体系具有一定的稳定性；而且已经有500年历史的世界体系未转化成世界帝国，其秘密就在于资本主义经济组织的政治方面，即多个政治体系，资本主义把多个政治体系串联起来。③"除了一个资本主义世界体系外，并不存在各种各样的资本主义国家，并且，为了成为资本主义世界体系的一部分，就必须加入世界体系的生产网络或商品交换的链条之中（哪怕是最低限度的），并置身于一个加入国际体系的国家内，而国际体系

---

① ［美］伊曼纽尔·沃勒斯坦：《现代世界体系：资本主义世界经济大扩张的第二个时代（18世纪30年代—19世纪40年代）》（第三卷），第329页。
② ［美］伊曼纽尔·沃勒斯坦：《现代世界体系：16世纪的资本主义农业与欧洲世界经济体的起源》（第一卷），第460页。
③ ［美］伊曼纽尔·沃勒斯坦：《现代世界体系：16世纪的资本主义农业与欧洲世界经济体的起源》（第一卷），第461—462页。

则成为资本主义世界经济体的上层政治建筑。"①

世界经济体系的形成过程告诉我们，政治与经济的关系完全不同于古典的资本主义意识形态的说法——所谓资本主义是一个以国家不干预经济事务为基础的制度，相反，"资本主义是建立在政治实体使经济收益分配到'私人'手里的同时，又不断关注经济损失的基础之上的"②。在西方兴起之初，中心区的出现是因为这类国家创立了强有力的国家机器，而在边缘区，要么根本不存在国家，要么国家的自主程度很低。也就是说，国家结构的强弱决定了一个国家在世界体系中所处的位置。③ 中心区—半边缘区—边缘区之间是不平衡的，市场力量更多的是强化而不是削弱这些不平衡，因为世界经济体中不存在一个统一的中央政权。但既定的结构并不是锁定的，从长时段看，"优秀分子的循环出现很可能是不可避免的，这意味着在一定时期中某个占统治地位的国家往往迟早要被另外一个国家取而代之"④。

但是，至少到目前为止，人类还是生存在以资本主义为线索而构成的世界体系中，中心地区从一国到整个西欧，再转移到美国。事实上，到1914年，中庸的自由主义在欧洲取得了胜利，以英国为例，作为中心地带的中心国家，至少到1848年，英国的胜利主要源自国家的作用，具体而言，第一，重商主义的政府保护；第二，英国产业政策的操纵；第三，英国企业家在自由贸易上立场并不明确；第四，在贸易保护主义的最后时期，产

---

① ［美］伊曼纽尔·沃勒斯坦：《现代世界体系：资本主义世界经济大扩张的第二个时代（18世纪30年代—19世纪40年代）》（第三卷），第237页。
② ［美］伊曼纽尔·沃勒斯坦：《现代世界体系：16世纪的资本主义农业与欧洲世界经济体的起源》（第一卷），第462页。
③ ［美］伊曼纽尔·沃勒斯坦：《现代世界体系：16世纪的资本主义农业与欧洲世界经济体的起源》（第一卷），第464、470—471页。
④ ［美］伊曼纽尔·沃勒斯坦：《现代世界体系：16世纪的资本主义农业与欧洲世界经济体的起源》（第一卷），第464页。

生了极坏的影响。①

在以资本主义为中心的世界体系形成的历史进程中,作为资本主义的意识形态的自由主义的总方针从来不是反对国家干预的,甚至不是主张所谓的守夜人式的国家的,"自由主义一直是披着个人主义羊皮的强政府意识形态"②。英国能够成为中心国家的根源在于此,后来德国能够后来居上同样如此,没有统一政权就没有德国的赶超。比较而言,一直受制于分裂社会结构的法国,看上去实行的是无比强大的中央集权制,但政府能力一直受到限制,因此一直未能成为英国、德国式的国家,虽然拿破仑的法国曾逞一时之勇。

19世纪欧洲的胜利导致一个全新知识部门的创设:历史性的社会科学。"19世纪产生的社会科学是将有关社会体系是如何运作的、尤其是现代世界体系是如何运作的研究予以系统化、组织化和服务于官僚统治。"③ 但是,直到20世纪上半叶,95%的社会科学学术研究仅仅集中于五个国家——英国、法国、美国、德国和意大利,而且它们也主要是研究这五个国家。剩下的5%大多是研究欧洲其他地区以及在很小程度上研究拉美。④ 也就是说,社会科学首先是一种地方知识。在这个过程中,以"价值中立"为名,作为社会科学的自由主义被"建构"得面目全非,以至于思想史上自由主义意识形态所说的国家完全有违历史的本来面目,即沃勒斯坦所揭示的国家在中心地区—半边缘地区—边缘地区的作用不同而导致结局不同。不但西

---

① [美] 伊曼纽尔·沃勒斯坦:《现代世界体系:中庸的自由主义的胜利(1789—1914)》(第四卷),吴英译,社会科学文献出版社2013年版,第45页。

② [美] 伊曼纽尔·沃勒斯坦:《现代世界体系:中庸的自由主义的胜利(1789—1914)》(第四卷),第19页。

③ [美] 伊曼纽尔·沃勒斯坦:《现代世界体系:中庸的自由主义的胜利(1789—1914)》(第四卷),第274页。

④ [美] 伊曼纽尔·沃勒斯坦:《现代世界体系:中庸的自由主义的胜利(1789—1914)》(第四卷),第310页。

方国家自身的真实历史被掩盖了，非西方国家的历史更加被妖魔化了，比如中国，曾经长期受到欧洲人赞美的一个古老的、富裕的远方文明的形象被颠倒过来，以至于黑格尔有什么"中国没有历史""中国没有参与历史创造"之类的无稽之谈。①

可以说，世界体系的影响是巨大的，因为沃勒斯坦历史地解释了现代世界的形成及其约束人类行为乃至思维方式的社会体系结构。因此，世界体系理论不但在英语世界的国际关系理论界影响巨大，他引率一直排名前十，对包括世界经济史、世界历史在内的国际社会科学都产生了深远影响。应该说，没有什么理论体系比世界体系更宏大了，但是宏大中又不失微观透视，正是以微观分析建构起宏大历史进程。如前，资本主义的贸易和市场扩张能力，取决于现代国家的形成以及在此基础上的国家能力，因此，各国企业竞争的背后是国家能力的竞争；国家能力的差异源于难以改变的社会结构或阶级结构。可见，世界体系理论是典型的历史社会学路径下的产物。

国内外关于世界体系理论的研究很多，没有必要系统给予总结。很多读者都将世界体系理论视为"经济中心主义"的作品，这显然未能理解沃勒斯坦关于资本主义成长的逻辑。与资本主义直接相关的是政治即国家的作用，与资本主义间接相关的则是社会结构。由于四卷本的世界体系理论的主题宏大，论证过程跳跃性大，引证的文献太过宽广，以至于一般读者很容易陷入文献的汪洋大海之中而理不出头绪来。另外，就作者的写作意图而言，既然是论证资本主义所构成的世界体系，在作者看来与这一主题没有太直接相关的分析单位，比如，作为意识形态的文化权利，并不是其分析的重点，虽然在第四卷中重点分析了关于现代世界体系理论化总结的社会科学体系的出现。但是，社会科学体系的论述并不能解释在既定的世

---

① ［美］伊曼纽尔·沃勒斯坦：《现代世界体系：中庸的自由主义的胜利（1789—1914）》（第四卷），第316—317页。

界体系下人类冲突的文化原因，毕竟，文化权力是世界政治的一个重要组成部分。在某种意义上，亨廷顿的"文明范式"是一种修补。

二 文明范式

沃勒斯坦已经提出其中心区—半边缘区—边缘区所构成的世界体系理论，其他人的关于世界政治或世界秩序的研究，就很难跳出世界体系理论设定的基本架构，几乎所有其他关于世界政治（世界秩序）的研究都或明或暗地在这一框架下展开，不管是什么流派和什么话语体系，其中包括亨廷顿的"文明范式"下的世界秩序研究。

对于什么是"文明范式"以及为什么要用"文明范式"来研究世界秩序，在下一章将详细论述，这里就不再赘述了。"冷战"后，历史并不像福山所断言的那样终结了，还有"文明的冲突"影响着世界秩序的重建。为什么会发生"文明的冲突"？在亨廷顿看来，是因为现代化进程而导致的不平等，迫使处于不平等地位的人群加强种族、民族、宗教等"文明认同"，导致本土文化的复兴；基于本土文化复兴的文明认同，刺激了固有的憎恨情感，从而导致文明之间的冲突。[①]

这里，亨廷顿以自由主义话语体系下的"现代化"置换了马克思主义话语体系下的"资本主义"。"现代化"无疑是一个更去价值化的概念，但是熟悉现代化理论背景的人都知道，第二次世界大战之后的现代化研究其实就是将自由主义以及自由主义民主全球化的过程，而自由主义则是资产阶级的意识形态，几乎是"资本主义"的同义词。也就是说，现代化进程中导致的不平等，其实就是沃勒斯坦所说的资本主义的世界体系中的不平等，半边缘区尤其是边缘区处于不平等的地位。

[①] ［美］塞缪尔·亨廷顿：《文明的冲突与世界秩序的重建》，周琪等译，新华出版社 2002 年版，第 63—71 页。

作为国际关系研究的替代性研究范式或升级版研究范式，"文明范式"准确地预测到 21 世纪头 20 年的几乎所有重大事项。不仅如此，1/4 世纪后，亨廷顿的战略思想变成了美国的对华政策，特朗普政府公然提出美国要对中国准备一场"文明的冲突"。① 以种族主义思维来制定对外政策，必然会引发轩然大波。其实，在 2018 年中美贸易摩擦爆发之初，笔者就断言，以"文明的冲突"为旗帜而动员西方国家对付一个 300 年来第一个非西方的强大国家，将是其必然选择，因为"对于'白人优越论者'而言，除非中国不再是中国人的中国，除非中国不再是儒家文明的中国，除非中国和过去一样陷于贫穷落后状态，否则，中国的发展必然被视为根本性威胁，中美之间必然存在'文明的冲突'"②。

这就促使我们探究，为什么文明范式具有如此强大的预测功能？根源或许就在于文明范式是一种解释世界真相（the world of being）的世界政治视野的思维框架。"文明范式"的贡献在于，和世界体系理论一样，都属于历时性、过程性结构的深入研究，而不是对现状性结构的简单描述。亨廷顿在《文明的冲突》中给了人们三种分析路径。

第一，文化权力（也可以称为"文明"）取决于财富权力。也就是说，没有强大的财富权力支撑，就不可能形成文明的中心国家而发挥更大的作用。在这一点上，亨廷顿坚持的是"经济决定论"。再次重申，这其实就是世界体系理论的基本脉络。

第二，文明作用的"时间性"。现状性世界政治结构乃至于未来的世界政治走向，都可以从过去的世界历史中找到"路径依赖"，或者说现状性结

---

① 《美国务院以"文明较量"为依据制定对华策略　美学者：将失"道德高地"》，观察者网，2019 年 5 月 5 日，https：//www. guancha. cn/internation/2019_05_05_ 500345. shtml。

② 杨光斌：《历史残酷，看中美关系不可浪漫无度》，观察者网，2018 年 8 月 26 日，https：//user. guancha. cn/main/content? id = 34794。

构乃是历史性过程性结构的一种或明或暗的延续性变迁的结果,现状性结构与过程性结构的关系是否能被发现,取决于人们的感悟能力。对于亨廷顿而言,公元1500年前的"世界"是多中心的,有欧洲秩序、阿拉伯秩序、东亚秩序和南亚秩序,其中欧洲基督教文明和阿拉伯秩序中的伊斯兰文明是与生俱来的冤家,两大文明之间的冲突延续千年而不绝,甚至在"本土化复兴"浪潮中加剧;而中国的规模决定了,只要中国政治稳定,回到2000年前的东亚霸权秩序是必然的。因此,虽然有基督教文明与伊斯兰文明的激烈冲突,但伊斯兰文明不足以动摇基督教文明,因为伊斯兰文明中没有强大的"核心国家"去挑战基督教文明的核心国家即美国,但是中国作为儒家文明的核心国家则可能是美国的最大威胁。在这个意义上,中美关系不是简单的大国关系,而是决定着世界政治秩序的文明型关系。

第三,政治思潮与世界秩序的走向。传统的规范性国际关系研究乃至世界政治研究,关注的都是以经济利益为核心的国家安全、国家利益问题,因此当亨廷顿提出"文明范式"的时候,很多人认为亨廷顿"有失规范"。在"文明范式"提出20多年之后,人们不得不承认,政治思潮攸关国家安全与国家利益,政治思潮直接影响乃至塑造着世界秩序。我们知道,20世纪的世界政治其实就是各种意识形态的大较量的产物,在亨廷顿看来,"冷战"之后,比一般性意识形态更难以调和的政治思潮,即以宗教为核心的文明,将取代"冷战"时期的自由主义与马克思主义之间的冲突——何况二者之间有诸多通约之处,但宗教具有一元论特性,宗教之间很难沟通。现在,各种政治思潮,诸如原教旨主义宗教、宗教民族主义、民粹主义,正在无时无刻地影响着各国的国内政治,进而影响着世界政治的走向。比如,特朗普为迎合民粹主义而公然倡导的民族主义,对第二次世界大战后由美国牵头建立的"自由世界秩序"构成重大挑战,使得国际体系出现漏洞。

三 世界政治体系理论

历史社会学中的一种主要分析性概念就是阶级,这一点体现在世界体系理论中的"资本主义"一词上,但这并不必然意味着世界体系理论是马克思主义的,至多是具有马克思主义色彩的历史社会学研究。"文明范式"则是一种力图去马克思主义化的自由保守主义作品,如前,"现代化"是自由主义的,而文明分析则是典型的文化保守主义的。也就是说,在几个流行的世界政治理论中,经典的马克思主义事实上是不在场的。事实上,在世界政治研究的学术史上,马克思主义的解释曾是最有影响力的,那就是众所周知的"帝国主义论"——这一概念一度被结构现实主义解构而在西方国际关系理论中的地位有所下降。[①] 但是,这并不意味着世界政治结构中不再有帝国主义以及相关性概念诸如资本主义、殖民主义、文化优越论等的地位,因此,本书所指的"世界政治体系理论"是一种马克思主义世界政治理论。

"世界政治体系"的研究单位是"政治权力"(即国家权力),这是迈克尔·曼意义上的政治权力——作为国家权力的代表。为什么要用"国家权力"作为分析单位呢?

第一,在笔者看来,无论是以"资本主义"(一种事实性经济权力)为基础的世界体系理论,还是以"文明范式"(一种事实性意识形态权力)为基础的世界秩序理论,虽然有各自的解释能力以及由此而传递出的特定智慧的思维方式,但是,总有不能历史性、现实性地体现世界政治真相的遗憾,对于世界政治的演化史以及现状性结构,并不能让更多读者明白究竟。

第二,虽然称为"世界政治",世界政治秩序说到底是各个时期的"核

[①] 参见杨光斌《重新解释现实主义国际政治理论——历史本体论、国家性假设与弱理论禀赋》,《中国人民大学学报》2018 年第 4 期。

心国家"即沃勒斯坦所说的"中心国家"所推动的,没有足够强大的国家权力或国家实力,称不上所谓的"中心国家",因此,研究世界政治的起点还是在核心国家的关键点上形成的"国家"。同时,中心国家对外扩张的过程,必然是全方位的,综合地运用经济权力、文化权力、军事权力乃至政治权力,也就是说,任何单一的线索,如经济主义、"文明范式",都不可能清晰地勾画出世界政治演化的轨迹。

第三,用"政治权力"作为分析单位,背后体现的是国家权力原理,即一方面政治权力代表国家权力,同时政治权力也是其他权力互动的结果。这样,作为权力结构的世界政治的演化过程,就可以通过经济权力、意识形态权力和军事权力的互动而得到清晰的解释。

对于中国人的"世界政治体系"研究而言,世界政治结构并没有终结,依然在演化进程中,要回答的就是"从中国出发的新世界秩序"。其演化过程是什么样的,结果性结构又是什么样的,都是值得研究的大话题,这也必将是国际社会科学界持续关注的一个绕不开的问题。

事实上,大约自 2016 年开始,即以特朗普当选美国总统为标志,世界政治进入了"新阶段",出现了民族主义、民粹主义和各种极端政治思潮。①但是,进入"新阶段"的根源是什么呢?说到底还是财富权力的转移。1840 年,东西方的工业产业各占 50%;1980 年,西方贡献了 90%,非西方只有 10%;但是到 2010 年,西方减少到 60%,非西方增加到 40%。这个趋势还在发生变化。这意味着,过去西方靠财富解决了固有社会矛盾,如果财富不再,资本主义社会固有的社会矛盾将再起。

我们相信,马克思主义世界政治研究的发现最接近真相,世界政治结构依然是西方中心主义的或者说是西方核心国家所主宰的,具有不平等性和霸权性,而且长期的霸权制度所塑造的"文化霸权",使得世界政治的多

---

① 王缉思:《世界政治进入新阶段》,《中国国际战略评论》2018 年第 1 期。

元价值被单一化（所谓普世价值）乃至被合法化，从而使得世界政治结构具有了国内政治结构的性质，即以意识形态权力将既定的世界政治结构合法化。"文化霸权"使得很多人成为技术主义者而忘记了世界政治的本质和真相。在我们看来，虽然社会科学的术语、概念层出不穷，花样翻新，比如现实主义的"权力均势"、自由主义的制度主义，但世界政治结构的本质依旧不变，那就是帝国主义导致的不平等与霸权。"从中国出发的新世界秩序"，比如中国人倡导的"人类命运共同体"，所要改变的就是等级性、霸权性的世界秩序。

◇第三节 单元层次的理论解释

国家间关系和非政府单元的社会行动单元（包括非政府组织和跨国公司）是在世界政治的"深层结构"之中发生的，必然受这个如影随形的结构的约束，而且次级单元的行为也强化了既定的"深层结构"，因此理解以国家为研究单元的国际关系和以社会为研究单元的所谓的"全球治理"（所谓的"无统治的治理"），前提是理解世界政治元层次即"深层结构"，否则，无论是国际关系理论研究还是以"全球治理"为名的社会单元行动的研究，都可能迷失方向，甚至有损自己的利益阵地而不自觉。事实上，中国人因为没有自己的世界政治理论或者忽视对既有的世界政治理论的研究，以致把次级单元行为即国际关系理论的研究当作终极目的。然而，正如学界都承认的，国际关系学是美国特有的社会科学。

作为美国特有的社会科学的国际关系理论研究，主导性的理论无外乎现实主义、自由制度主义和建构主义。建构主义类似一种哲学工作方法，如同"现象学"不被看作哲学理论一样，建构主义的适用范围很广，虽然温特的建构主义是用来分析国家间关系的。因此，这里主要集中讨论现实主义理论和自由制度主义理论。

一 关于现实主义国际政治理论

国家间关系无疑早于世界政治，因此作为观察国家间关系的最古老的视角无疑是现实主义，但是作为一种国际关系理论的现实主义理论不过是百年的事，前后是爱德华·卡尔的《20 年危机》、汉斯·摩根索的《国家间政治》、肯尼思·华尔兹的《国际政治理论》和米尔斯海默的《大国政治的悲剧》。作为时代性作品，卡尔描述的是帝国主义政治的基本特征；摩根索研究的是帝国主义政治的基本规律；而"冷战"时期的华尔兹则是力图"祛帝国主义化"，这一结构现实主义理论被学界视为防御性现实主义；而"冷战"后的米尔斯海默则是在呼唤新帝国主义，被学界称为进攻性现实主义。笔者给现实主义国际政治理论的新解释是，现实主义理论的历史本体论是帝国主义，其帝国主义本质是基于民族国家的"国家性"即扩张性而形成的，现实主义应该是一种弱理论而强政策的理论。①

结构现实主义的理论基础是结构功能主义，而结构功能主义是行为主义革命的产物。行为主义的一大特征就是去价值化，体现在华尔兹的理论中则是致力于"祛帝国主义"。这样，卡尔和摩根索的古典现实主义理论的本体论即帝国主义，到结构现实主义—新现实主义这里之后被消解，出现的只是现实主义、防御性现实主义、进攻性现实主义，仿佛所有国家的外交政策都是不同形式的现实主义体现而已。

如果这样看现实主义理论，历史和现实都被遮蔽了。众所周知，作为国际关系理论的现实主义，无论是卡尔的还是摩根索的，乃至于华尔兹的，其历史背景都是西方国际关系史，尤其是拿破仑战争之后的欧洲的国际关

---

① 参见杨光斌《重新解释现实主义国际政治理论——历史本体论、国家性假设与弱理论禀赋》，《中国人民大学学报》2018 年第 4 期。

系史。这是一部什么样的历史呢？用理论表述，就是基于"实力政治"而实现的"均势政治"。确实，1815年《维也纳和约》的一个重大目的，就是几个欧洲大国联合制约法国，即奥地利—俄国—普鲁士之间协约以对抗曾经不可一世的法国，以防法国再度扩张。在这个过程中，奥地利的梅特涅的保守主义起到了很大作用。再之后，到19世纪的最后20年，就是俾斯麦的统一战争之后德国所奉行的基于实力政治的均势政治，俾斯麦执政时期形成的德意志、奥地利和意大利的三国同盟，以及为此而产生的法国、俄罗斯和英国之间的《三国协约》，欧洲出现了协约国与同盟国之间的平衡。梅特涅—俾斯麦的均势外交直接影响了后来的基辛格的大外交，也是现实主义国际关系理论的历史基础。

然而，这只是欧洲大国历史的一个面向，即大国之间如何以实力而实现均势。要知道，1815年之后，欧洲大国的历史还有另外一个重大面向，那就是帝国主义下的殖民主义扩张。

首先，普鲁士就是不断扩张的产物，直到1871年的所谓统一战争，这场战争是普鲁士对非普鲁士的德意志邦国进行的扩张和殖民。[①] 可见，德国式"民族国家"的国家性就是"实力政治"的扩张和侵略。这是现实主义理论的"国家性"基础，对于不同国家的"国家性"而言，虽然都讲"实力政治"，但意义却可能完全不同。对于扩张性的国家而言，所谓的"实力政治"即强权政治；而对于弱小国家或者文明型国家而言，"实力政治"则可能就是平衡手段。

其次，更重要的是，1815年是欧洲殖民主义史的转折点。殖民主义活动历史悠久，最早是个人冒险行为，后来是国家公司的贸易垄断行为，比如欧洲各国的东印度公司，也有"发现""新大陆"行为，比如在美洲。但到1815年之后，欧洲列强则开始出现抢占、瓜分殖民地的高潮，虽然后来

---

① ［英］玛丽·富布卢克：《剑桥德国史》，高旖嬉译，新星出版社2017年版，第120页。

的非欧洲的美国、日本也加入"列强",直到19世纪第一次世界大战之后的《巴黎和约》,世界仍然可以被称为"欧洲殖民帝国"。[①] 在这一历史过程中,中国是帝国主义政治、殖民主义政治的受害者,沦为半殖民地社会,列强在中国的存在导致中国统一只是形式上的,实际上则是分裂状的。

可见,在国际关系理论上,1815年有两重意义:一是大国之间的实力政治而导致的大国之间的稳定性均势;二是大国的"实力政治"导致的对弱小国家的强权政治即帝国主义—殖民主义政治。也就是说,作为现实主义理论核心的"实力政治"概念事实上有双重含义,对大国要维持稳定性现状,从19世纪的欧洲政治到20世纪的"冷战"政治,都是如此;对力量不对称的弱小国家,则是毫不留情的强权政治——所谓的"强权即公理"。何况,"实力政治"对于不同国家性的国家而言,意义并不相同。这是19世纪的政治,依然是21世纪的政治。美国、法国对卡扎菲的利比亚政治的颠覆,就是典型的帝国主义强权政治,动辄对叙利亚的轰炸就是典型的帝国主义政治;但是,对于已经在政治上站起来的中国,似乎只能实行"均势政治"。

或许因为中国已经站起来、富起来、强起来的这个被视为理所当然的"公共产品",很多学人似乎既忘记了中国自己与很多非西方国家被"实力政治"所欺凌的历史,也似乎对依然被欺凌的很多发展中国家无感,只对中国已经成为事实性大国这个事实感兴趣,自然对"实力政治"的一个面向即"均势政治"而青睐有加。即便如此,中国作为一个大国是什么性质的大国?它是儒家文明的大国和社会主义制度的大国,这些特性和事实,决定了很难为长期主宰世界秩序的基督教文明的核心国家所接受,"实力政治"中的帝国主义面向不时会暴露出来,如目前中美贸易摩擦中的美国政府的霸凌行为。

---

① 参见 [荷兰] H. L. 韦瑟林《欧洲殖民帝国(1815—1919)》,夏岩等译,中国社会科学出版社2012年版。

总而言之，自行为主义政治学之后，包括国际关系理论在内的美国社会科学的一大特征就是以科学化为名而去价值化，实现所谓的"价值中立"，其实背后都是自己的国家利益和价值观。明白了这一点，作为精致的形式主义概念，诸如结构现实主义，无疑只是体现欧美历史和现实政策中的一个面向，另一个重大面向则被遮蔽了。对于西方人而言，这样做是很自然的，即为了自己行为的合理化乃至合法化的证明。遗憾的是，如果作为"实力政治"的受害者的中国遗忘了其帝国主义、殖民主义的面向，那就只能随着人家的节拍而强化人家行为的合法性。18—19世纪形成于欧洲的国际政治法则依然没有成为永远的历史，欧美在21世纪初"阿拉伯之春"的中东动荡中的行为并不比19世纪更文明。

另外，必须指出的是，虽然"现实主义"也被称为"主义"，但不属于意识形态意义上的"主义"。世俗化意识形态只有自由主义、社会主义和保守主义。现实主义是一种工具理性，其"实力政治"可以为各家各派所用，马克思主义和自由主义都可以用"实力政治"以达成自己的目的，马克思主义和自由主义也当然都以国家为行为主体，并不能说国家只是现实主义的行为主体。罗伯特·吉尔平把现实主义和马克思主义、自由主义相提并论而视为意识形态，并认为现实主义的行动者是国家，马克思主义的行动者是阶级，自由主义的行动者是社会或者个人。[①] 这种区分显然误把工具理性的现实主义当作目的理性的意识形态，对不同"主义"的行动者的区分更是不符合国际政治现实的。

二 关于自由制度主义的"家族概念"

笔者同意学界这样的看法，自由制度主义不是一种独立的理论，而是

---

① [美]罗伯特·吉尔平：《全球政治经济学：解读国际经济秩序》，杨宇光、杨炯译，上海人民出版社2003年版，第13—18页。

现实主义理论的一种衍生品。很简单，具有"实力政治"而维持现状的国家，并非总得以战争、殖民等传统手段，而可以通过文化同化、制度吸纳来维护自己的霸权地位，所谓的"霸权稳定论"。在这个意义上，自由制度主义其实是以"国际制度"工具而进行"霸权护持"。随之而来的问题就是，当现实主义的"实力政治"的霸权政治动摇之后，围绕霸权而建立的"制度"命运如何？这是当下正在发生的事，是检验自由制度主义理论的好机会。在笔者看来，自由制度主义理论是一个"家族概念"，包括新自由制度主义、历史终结论、民主和平论、软实力等概念。

（1）新自由制度主义。现实主义理论的"实力政治"推论，有霸权才能维持各国之间的合作，否则各国就会处于纷争状态。对此，新自由制度主义的建立者基欧汉反其道而行之，认为霸权之后，因为国际机制的存在，各国之间的合作依然是可能的。① 这是20世纪80年代初的想法，和80年代流行的保罗·肯尼迪的《大国的兴衰》一样，预言美国的霸权即将衰落。在后来中文版的序言中，基欧汉承认，关于美国霸权衰落的预言错了，因为"冷战"后美国是一家独大，其国际机制维持合作的理论没有得到检验。但是，"冷战"结束之后，自由制度主义大放异彩，"美国治下的和平"乐观主义意味着，美国主导的国际机制必将起着"历史终结"的作用。

在基欧汉的《霸权之后：世界政治经济中的合作与纷争》出版之前，基欧汉和约瑟夫·奈就提出基于国际机制的"相互依赖"理论。"冷战"之后，基于当时的全球化浪潮，基欧汉和约瑟夫·奈又在"相互依赖"的基础上提出全球主义治理，他们开出的"药方"包括：国家接受外在标准以增强竞争力；强国或者国家集团采取单边行动，以影响域外的国家、企业、非政府组织等行为体；吸纳公民社会以管理全

---

① ［美］罗伯特·基欧汉：《霸权之后：世界政治经济中的合作与纷争》，苏长和等译，上海人民出版社2001年版。

球化。① 和亨廷顿的"文明的冲突"一样，这些理论其实是为美国在"冷战"之后的国家安全战略出谋划策，至少是提供理论蓝图。这种试图影响域外国家的"药方"，看上去是推行自由主义的"普世价值"，其实深刻地体现了实力政治乃至于强权政治的历史本色。整个 90 年代乃至到奥巴马政府时期，美国政府似乎也在按照这种"路线图"推行其大外交，给世界的影响是，美国更多地采取"实力政治"的单边主义而非基于国际组织的"相互依赖"。

现实政策给理论的回应是，理论上的自由主义只不过是推行实力政治、强权政治的修饰符；理论对现实政策的作用是，美国不能搞赤裸裸的霸权政治。也正是因为如此，即自由制度主义理论其实是放大了霸权政治中的某个方面，比如，霸权政治也需要合作基础上的相互依存，自由制度主义才不被真正的现实主义者所接受。笔者的看法是，自由制度主义只不过是现实主义理论的一种与时俱进的变种而已，"冷战"之后，并非作为意识形态的现实主义要戴上自由主义的帽子而行实力政治、强权政治之实。当美国作为唯一霸权国家时可以无视"国际组织"，也无所谓"相互依赖"，那么"霸权之后"呢？2008 年金融危机是一个标志性事件，那就是对美国这个核心国家所支撑的"自由世界秩序"的危机，其实就是美国霸权稳定论的危机。这一危机在 2016 年特朗普当选为美国总统之后彻底爆发出来，具体表现就是美国不愿意再作为霸主而支撑国际秩序，甚至退出了第二次世界大战后由其领导建立的一系列"国际机制"，② 转而以传统的双边关系代

---

① 参见［美］罗伯特·基欧汉、［美］约瑟夫·奈《权力与相互依赖》，门洪华译，北京大学出版社 2002 年版。

② 美国拒绝签署国际协议或退出的事例并不新鲜，比如拒绝签署其曾经力推的《联合国海洋法公约》。特朗普政府上台以来，退出的国际机制包括：联合国教科文组织、联合国国际法庭、《国际刑事法院规约》、《跨太平洋战略经济伙伴关系协定》(TPP)、《巴黎气候协议》、《伊核协议》、联合国人权理事会、《维也纳外交关系公约》、万国邮政联盟、《中导条约》。

替多边机制，通过强加于人的贸易战，意图"让美国再伟大"。

对于美国退出国际机制的现象，不同的人会有不同的解读。在笔者看来，第二次世界大战之后的国际机制是由领导型国家建立起来的，这证明了现实主义的"霸权稳定论"；曾经的领导型国家退出国际机制，无疑将大大降低国际机制的效益和价值，也就是对自由制度主义的事实性打击。人们不得不问，没有领导型国家支持的国际机制，到底会发挥什么样的作用？国际机制会自动发挥让当事国合作的功能？都值得观察。比如，美国退出了《伊核协议》，就等于废除了这个"国际机制"；"美国第一"旗帜下的贸易战，事实上就破坏了 WTO 的固有职能；美国退出了 TPP，就等于让这个国际组织作废了……所有这些都意味着，国际机制的存在离不开享有"实力政治"的大国，没有领导型大国的参与或支持，很多国际机制就会名存实亡。

当然，在世界历史演化的进程中，人类是有学习能力的，无论是通过多边机制还是传统的双边机制，历经若干次残酷战争之后，国家之间的合作大于冲突的可能性并非不存在，但是这种合作已经不是有形的机制强制性约束的结果，而是基于学习能力而获得的利益型合作的需要。或者说，新型的合作是基于各国利益最大化的需要而形成的一种进化论式的游戏规则，而不是国际机制的强制性约束。毕竟，19—20 世纪的世界政治告诉人们，冲突的代价之大让人类难以承受，合作尤其是大国之间的合作成为一种不得已的必然性选择。因此，即使美国不断地退出各种国际机制，很多国际机制可能名存实亡，但国家最终还是会选择以合作的方式达成自己的目的，但这显然已经不是自由制度主义所讲的"国际机制"的作用，而是人类生存性常识起作用了。同时，也要看到，在多中心主义的国际秩序中，这种合作也不再是"霸权稳定论"下的产物。说到底，国际合作是人类学习能力的一个标志性演化，这是世界政治演化的结晶。这种既非基于"实力政治"的现实主义的，也非基于自由主义的"国际机制"的合作，可以称为"理性合作主义",这已经不是什么理论或者意识形态,就是生存智慧,一种生活常识,没有必要非要把这种基于生存智慧的常识性合作搞成复杂化理论。

(2) 其他理论化概念。自由制度主义理论的核心是基欧汉的以"国际机制"的研究单位的国际制度主义学派。其实,"冷战"之后,伴随着自由主义的大胜利,相关性国际关系理论的概念影响也很大,诸如福山的"历史终结论"、民主和平论、"软实力"。

"历史终结论"假设,苏联的失败意味着,美国式政治制度是人类历史上最后的也是最好的制度形式。这对自由主义的国际关系理论是一种哲学论证,因此福山的《历史的终结及其最后之人》曾长期是英语世界的国际关系理论研究引用最高的著作之一。"历史终结论"已经终结,这是福山本人的主张。

与此相关,"历史终结论"催生了"民主和平论"——自由民主国家之间无战争,只有全世界实现了自由主义民主,世界才能实现"永久的和平"。[①] 这是20世纪90年代美国国际关系学界争论的最为意识形态化的国际关系理论,其政策影响力不可低估,美国政府不惜以战争手段在大中东推广民主,结果大中东历经百年建立起来的地区秩序被摧毁。"民主和平论"似乎已经偃旗息鼓。

无论是"历史终结论"还是"民主和平论",都源自美国这个"灯塔国"。美国为什么是人们向往的"灯塔国"?是因为其政治文化和政治制度所构成的吸引人的"软实力"。"软实力"加不可替代的国家实力,美国"注定要领导世界"。[②] "软实力"其实意味着,美国价值就是普世价值,美

---

① Michael E. Brown, Sean M. Lynn-Jones and Steven E. Miller, eds., *Debating the Democratic Peace*, Cambridge: The MIT Press, 1996.

② Joseph S. Nye, Jr., *Bound to Lead: The Changing Nature of American Power*, New York: Basic Books, 1990.

国制度就是普世制度，和"历史终结论""民主和平论"如出一辙。但是，特朗普政府明确宣布放弃"价值观外交"。

自由制度主义理论在国际关系学界流行了20年左右，即从"冷战"结束到2010年前后。今天看来，自由制度主义太过乐观了，其旗下的一些关键词已经随着世界秩序的变化不再有生命力。这一乐观主义情绪不但催生了很多关于国际关系的概念，还直接助推了看上去凌驾于国家间政治之上的"全球治理"理论，但其主体却是"国家"的下位概念，诸如社会组织、跨国公司等。

◇ 第四节 次单元层次的理论解释

全球治理理论是国际关系理论趋向世界政治理论的一个方向性领域，更多的还是属于国际关系学的范畴。如果说现实主义的研究单位是国家，新自由制度主义的研究单位是国际机制，全球治理理论的一个主要研究单元则是个体化的公民社会①——虽然全球治理的主体包括国家、国际制度、公司和非政府组织。就此而言，把公民社会作为全球治理的研究单元的代表性著作无疑是美国学者罗西瑙主编的《没有政府的治理：世界政治中的秩序与变革》。

顾名思义，"没有政府的治理"就是去政府化、去统治化，主张的是非政府力量的权力和行动能力，因此和新自由制度主义一样，是一种典型的自由主义外交理论。为什么这样呢？罗西瑙认为："没有政府的治理这一概念尤其有助于世界政治的研究，因为在人类活动的这一领域明显缺乏某种中央权威，尽管同样明显的是，在全球事务中通常也存有一定程度的秩序

---

① [美] 詹姆斯·罗西瑙主编：《没有政府的治理：世界政治中的秩序与变革》，第319页。

和制度性安排。"①"冷战"之后，不但不存在中央权威，"两极"体系也解体了，国家的作用虽然依然重要，"但是它对于世界政治进程的参与不过是一种不同的较少支配性的方式，因此最终的解释是基本的体系变动已经发生"②。

全球秩序是如何构成的呢？抽象地看，不论如何看待全球秩序的模式，三个层次是必不可少的：第一个层次是观念的主观层次，包括精神状态、信仰体系、共同价值等，观念可以建构秩序，比如"冷战"事实上是一种"假想"的结果；第二个层次是利益层次，也是行为的或客观的层次，这是因利益需要而不断重复的行为达成的行为模型；第三个层次是集团的国际机制，属于正式和组织化内容。③ 但是，新秩序是如何出现的呢？或者说"冷战"是如何结束的呢？在罗西瑙等人看来，观念的变化导致了微观主体的变化，即作为宏观结构基础的公民社会的出现改变了苏联、东欧的国内政治，进而改变了世界秩序；进而，自由主义外交理论甚至得出这样极端的判断，"将国际体系理解为治理体系也有助于领悟：外交政策的客体（和主体）并非国家而是个人"。"没有微观政治层面公民间协调一致的变革，宏观政治层面出现的新秩序的巨大变动就无从谈起。""冷战"结束意味着"在理论上和功能上把个人理解为世界政治转型过程的中心与这一转型本身是相一致的"，因此"个人应当成为分析研究的组成部分"。④

为什么要把个人作为研究单位？第一，国家能力和传统社会组织的衰

---

① ［美］詹姆斯·罗西瑙主编：《没有政府的治理：世界政治中的秩序与变革》，第7页。

② ［美］詹姆斯·罗西瑙主编：《没有政府的治理：世界政治中的秩序与变革》，第23页。

③ ［美］詹姆斯·罗西瑙主编：《没有政府的治理：世界政治中的秩序与变革》，第14—15页。

④ ［美］詹姆斯·罗西瑙主编：《没有政府的治理：世界政治中的秩序与变革》，第310、317、318—319页。

竭，导致个人通过集体行动发挥作用的潜能增长；第二，全球化通信、旅游、移民的互动，增强了个人的行动能力；第三，全球性议程（如污染、艾滋病、恐怖主义等）越来越多地影响个人福利和安全；第四，信息技术革命使得微观行为产生了宏观层面的影响；第五，在社会抗争中形成的公民能力深刻地改变或减少了有组织的领导权在动员大众中所起的作用。[1] 结果，公民表现出强大的力量，公民行为处处都表现得不同以往，"微观层面翻天覆地的行动古今皆有，但当今的行动在迅捷性、自发性、广泛性和持久性方面的表现都如此不同以往，这使得二者的差别似乎是质的差别而非量的差别"。"全球化世界中的公民权不同于崇尚领土原则世界中的公民权。"[2]

可以认为，如此推崇公民权之于全球治理的重要性，也可以视为"历史终结论"的一种大狂欢式的理论。这种理论虽然成了后来的各种"颜色革命"的指南，但是"颜色革命"之后还是主权秩序问题，把公民权超越于主权秩序之上，无疑和人权高于主权一脉相承。狂欢过后是"逆全球化"，结果各种极端思潮，包括民族主义、民粹主义风起云涌，针对的就是这种基于个人权利至上的全球化浪潮。这些意味着，基于个人权利的研究单元的全球治理理论是短命的，虽然世界秩序的变化可能使之复活。国家治理和全球治理的复杂性告诉我们，任何乐观主义的治理理论都是肤浅的，肤浅的理论必然是没有生命力的。

◇第五节　推进世界政治理论研究

作为一种纲要式的理论检视，虽然可能遗漏很多重要观点，但是笔者

---

[1]　[美]詹姆斯·罗西瑙主编：《没有政府的治理：世界政治中的秩序与变革》，第320页。

[2]　[美]詹姆斯·罗西瑙主编：《没有政府的治理：世界政治中的秩序与变革》，第321、331页。

应该大致厘清了世界政治理论的基本逻辑基础上的理论层次，那就是作为历史进程中形成的世界秩序这个"深层结构"、作为世界政治理论的中观层次的国际关系理论以及在既定"深层结构"下发生的非政府组织的行为取向。本项研究至少有以下几点发现。

第一，世界政治研究范式之间的关系。"实证主义哲学"（the becoming）流行以来，具有宏大企图心的学者一直按照自己的观念去解释世界，世界尤其是世界政治成了观念的竞技场。但是，只要承认现代世界政治的起点在1500年左右，世界因"资本主义"而变成"世界政治"，就应该承认，只有马克思主义世界政治观才揭示了世界政治的真相（the being）。以"资本主义"为研究单位的世界体系理论，无疑是最接近世界政治真相的世界政治理论，其他种类的世界政治理论，比如，亨廷顿的"文明范式"下的世界秩序研究和笔者政治权力研究单位下的世界政治体系理论，都离不开沃勒斯坦的理论原型。在这个意义上，真理是"一元"的。但是，对于世界政治这样的最为深层的历史结构的认知，其历时性、多面向性的复杂性，决定了需要不同层面、不同面向的研究范式去发掘世界政治的真相，因此，没有一种范式能够回答所有问题，这也就意味着不同范式的存在价值。

不同的研究范式都承认，世界政治是一种不平等的、等级制乃至霸权性质的结构，只不过世界体系理论客观地描述了它，因为历史社会学是发现理论和检验理论的一种路径；而"文明范式"则是寻求维护既定结构之道，因为亨廷顿说到底是文化右翼的保守主义；世界政治体系理论则是在描述的基础上寻求改变之道，即从中国出发的世界秩序是什么性质和什么样式的，因为中国政治学既离不开马克思主义世界观方法论的指导，又对未来的关乎中国自己命运的世界政治走向情有独钟。

第二，不同层次的研究单位的理论关系与现实关系。首先应该明确的是，关于世界政治的不同层次的研究单元，事实上属于一种"家族式概念群集"。不同的研究单元回答不同层面的问题，但是，这些研究单元之间是紧密相连的。就知识社会学而言，单元层次和次单元层次的研究单位都是为了验证或证伪既定的结构层次的研究单位，结构层次的研究单位是"元命题"。在缺少结构层次的理论的前提下，比如，全球史（世界政治史事实上是一种全球史）、新世界史、世界文明史，试图在某个单元层次或次单元层次上取得理论突破，难度是可以想象的。另外，即使在单元层次，也是由若干姊妹领域构成，比如，作为国际关系理论基础的比较政治研究和区域国别研究，在区域国别研究严重匮乏的条件下，中国人理解的国际关系到底是什么样的呢？在现实中，对外政策的困难源于对对象国认知的空白。很难想象这种状况的区域国别研究能不对国际关系理论研究造成致命影响。

在实践层面的世界政治中，如果单元层次的规模过于巨大，诸如当下的中国和美国、"冷战"时期的美国和苏联，单元层次的行为往往直接代表着结构层次，或者说结构层次的真相通过单元层次的行为而体现出来。比如，美国要对中国开展一场"文明的冲突"，这首先是单元层次的国际关系，但也代表着结构层次的世界政治。

总之，认知世界政治的结构层次，是研究国际关系理论和全球治理理论的前提。不得不说，从政治斗争中走出来的中国老一代政治家，对于世界政治的认识有着天然的敏感性，能准确地把握问题的本质。1964年设立的三大国际政治系的布局就是事实性世界政治研究，人大的研究苏联东欧和国际共产主义运动，北大的研究亚非拉和民族解放运动，复旦的研究西方的资本主义政治，结合起来就是整体性的世界政治研究。也正是这种整体性的把握，20世纪80年代初期虽然还没有国际关系理论，但是中国政府却能准确地把握世界政治大趋势，提出和平与发展是时代的主题，从而可以大胆地搞改革开放。因为可以理解的原因，改革开放之后的国际政治研究都转向了西方研究，学习乃至全盘移植了国际关系理论，如前所言，而国际关系学是美国独有的社会科学。也就是说，中国的国际政治研究基本上是学习、阐释美国的国际关系理论，中国既有的世界政治研究被丢失了。一个开放性话题是，虽然研究者批量增加，但是判断国家安全战略问题的能力，到底是提升了还是下降了？

西方国际关系理论，尤其是美国的国际关系理论基本上与历史进程中的世界政治结构无涉，或者说去历史化是美国国际关系理论的一个方向，因为历史中的国际关系都是强权政治。战后初期，最初的摩根索的世界政治理论还能体现世界政治的本质即帝国主义问题。这并不利于美国的对外政策，因为美国本身就是帝国主义的代表。伴随着政治学的行为主义革命即所谓的去价值化，基于结构功能主义的华尔兹的结构现实主义的一大目的，就是"去帝国主义"，以一般性的"实力政治""均势"等置换了作为历史本体论的帝国主义。进攻性现实主义其实就是呼唤"新帝国"，和结构现实主义一样，扩张的国家性被掩饰起来了，以致把中国这样一个文明型国家也当作西方式的具有与生俱来的扩张性的民族国家去对待。[①] 长期学习的结果是，中国学者也容易把中国当作美国去看待，把"实力政治""均势"等当作终极价值。其实，即使中国对外政策中有"实力政治"原则，至多是一种工具理性，而非价值理性，中国的终极价值是天下观，体现为"人类命运共同体"。相反，"实力政治"不但是西式民族国家的工具理论，也是其价值理论——背后不能忽视的帝国主义，或者说所谓的体现着不平等的霸权性质的"自由世界秩序"。

认识现实主义理论离不开世界政治结构，把握自由制度主义更离不开世界政治结构。如前，自由制度主义不是一种独立的理论，或者说"国际机制"并不能作为理论的本体论而存在，国际机制是"实力政治"博弈的一种结果性现状。但是，当实力政治背后的世界政治结构发生变化之后，"国际机制"本身的价值就被动摇了，正如特朗普政权对美国建立起来的世

---

① 参见杨光斌《重新解释现实主义国际政治理论——历史本体论、国家性假设与弱理论禀赋》，《中国人民大学学报》2018年第4期。

界秩序的破坏。因此，笔者才这样说，自由制度主义是现实主义理论的一种与时俱进的变种。

认知以个体为研究单元的全球治理理论，更需要理解世界政治结构。所谓公民社会的力量改变着有关国家的国内政治并进而改变世界秩序，比如东欧剧变、苏联解体以及其后的各种"颜色革命"，事实上在强化着并没被言明的历史进程的世界政治结构——以美国为核心国家的自由世界秩序。

这些作为认识论的国际关系理论虽然问题重重，但一定要认识到，世界秩序的一个重要构成部分就是主观性的观念，或者说政治思潮。就欧洲范围的"世界政治"而言，中世纪就是观念的世代，近代的起源就是观念上的革命即文艺复兴，近代更是各种意识形态竞相登场。因此，各种观念直接或间接地影响着世界政治的结构，作为观念的国际关系理论只不过是对西方历史的国际关系或者世界政治的一种"实证化"认知，在此过程中可能有意或者无意地误读了"真相"，即前述的世界政治演化的结构。因此，认知作为美国的社会科学的国际关系理论的前提是理解世界政治史。

第三，如何改进世界政治结构。世界政治研究是出理论的领域，但是这种研究并不需要为理论而理论，世界政治毕竟是现实性很强的大问题。要改进世界政治的不平等结构，至少需要三种力量：新型核心国家、新型观念和新型国际机制（最后一章将专门阐述）。新型核心国家是改进世界政治结构的前提，这取决于规模足够大的中国的未来；如果中国能初步实现社会主义现代化强国，其固有的"天下为公"的人类命运共同体观念，必然为世界秩序注入新鲜血液；但是中国离不开国际机制去推动新秩序的形成。

本书批判性地涉及了一些概念的本质属性，如国际机制、全球治理等，但并不意味我们要简单地拒斥这些概念和理论，批判的目的是改进人类所处的世界政治结构。与中国是在全球化浪潮以及既定的不平等的世界政治结构发展起来的一样，比如，中国加入 IMF、WTO 等多边机制，发展起来的中国同样可以借用、利用既有的机制乃至概念，为我所用，以改进既有的不平等的世界政治结构。打个比方，这些既有的多边机制正如一座房屋，房屋换主人是常有的事，美国可以不住甚至可以转让产权，但房屋依然有价值，依然会有新主人。再者，如果需要更多的新房屋，即旧的多边机制不能包容新兴国家，建立新的多边机制势在必行，这就是"亚投行"的诞生。无论是旧机制，还是新多边机制，说到底都不过是制度性平台，这些制度本身不会起作用，不会自动地起约束作用，到底发挥什么样的作用，取决于时代性的主导性国家，取决于这个国家的政治理念和政策。国际政治是国内政治的延续，在国内奉行民本思想的中国，在世界政治上必然是以"和"为主的天下观，事实上"人类命运共同体"就是一种新世界秩序观，这是一个让世界政治结构更平等、更公正的世界秩序。在建设这个新世界的过程中，我们当然首先要量力而行即所谓的"实力政治"，讲究审慎是美德，但是也要运用多边机制去推动自己的政治理念。因此，笔者主张重新认识国际关系理论，并不是为了简单地否定既有的理论概念，而是为我所用，在改造既有理论中达成一种新的世界秩序。

第 五 章

"文明范式"与世界政治的思维框架

我们在上一章引出观念之于世界秩序形成的重要性，而1996年亨廷顿出版的《文明的冲突与世界秩序的重建》（以下简称《文明的冲突》）则是专门研究观念与世界秩序的关系，结果成为自第二次世界大战以来最富有争议的一本书。在西方，以卡赞斯坦为代表的国际关系学界从"文明"的定义上争议，赞成者认为文明就是质性的不变量，反对者如卡赞斯坦认为文明是一种"话语文明"即流行中的、变化中的文明。① 显然，卡赞斯坦太理想主义了，因为文明就是那么顽固。在西方，也有人从政治上批判这本书，说它是"自我预言的实现"，不说出来还没事，一说出来就成为现实了，这不，后来的ISIS研究了《文明的冲突》。这种说法显然属于中国人说的唯心主义。中国学术界也参与了争论，哲学界有人说亨廷顿的文明概念有问题，这显然是关公战秦琼，把亨廷顿的大战略研究当作哲学概念去讨论。有人说国际关系的范式本来是围绕国家利益的，因此亨廷顿的研究属于"失范"即范式错误。也有政治性评论，干脆说亨廷顿"胡说八道"。但是，已故的中国社会科学院美国研究所所长李慎之先生敏锐地发现，这是"白人优势下的恐惧"，可谓一针见血。凡此种种，不胜枚举。

20多年过去，人们似乎已经穷尽了《文明的冲突》的优点与问题，该

---

① ［美］卡赞斯坦主编：《世界政治中的文明：多元多维的视角》，秦亚青等译，上海人民出版社2012年版。

说的似乎都已经说完了,似乎没有讨论的空间了。争论过后,该冷静下来问问,亨廷顿为什么能准确地预测世界政治走向。我们认为,思想进步应该基于学科规范上的研究,在现代社会,没有学科规范意义上的思想争论,很多时候是没有头绪的,不会给人以明确的方向感。本章绕开既有的争论,本着学科建设的思路重新"发现"亨廷顿的文明范式。

第一节 "关于世界政治的思维框架"

中国学术界似乎对亨廷顿能准确地"预言"21世纪世界政治走向而大感兴趣,但不得其解,为什么亨廷顿能做到"预言家"的角色呢?要知道,社会科学主要是研究过去,即基于过去的经验而发现理论,很少人敢预言未来;即使预言了,其准确率如同中彩票一样不靠谱,但是,《文明的冲突》确实做到了"绘制21世纪头20年的世界政治路线图"。这到底是因为什么呢?

在1997年写的"中文版序言"中,亨廷顿这样自问自答:"为什么我的文章在世界上引起了这么大的兴趣并刺激了这么多的讨论,为什么我的著作至今已经被翻译成22种不同的文字,并具有相应的影响?我认为,答案是,人们正在寻求并迫切地需要一个关于世界政治的思维框架",这是一种不同于长期以来以大国关系研究为主的国际关系研究范式,"人们需要一个新的框架来理解世界政治,而'文明的冲突'模式似乎满足了这一需要"。[①] 亨廷顿的这段话并没有引起人们的关注,在笔者看来,这段话意味着,"文明的冲突"是一种替代传统的国际关系研究的"关于世界政治的思维框架",换言之,有了"世界政治的思维框架"才能更好地理解世界政治

---

① [美] 塞缪尔·亨廷顿:《文明的冲突与世界秩序的重建》,周琪等译,新华出版社2002年版,"中文版序言"第1—2页。

走向乃至于国际关系变化。

进而,作为"世界政治的思维框架"的"文明范式"是如何形成的?细读文本,我们发现,在方法论上,亨廷顿秉承的是典型的时间进程之维,即关键时刻形成的重大事件(诸如文明)具有当下乃至未来的作用,理解当下和未来的世界秩序需要在历史连续性的时间进程中寻找,过去—现在—未来是一种连续性存在;在时间进程中,历史不但给人们观念上的启示即分析问题的情景性,还是一种本体论意义上的事实性存在乃至实践。在学科范畴上,这是典型的历史政治学之维。本章将在历史政治学的视野下发掘作为"世界政治的思维框架"的"文明范式"及其学科意义。

"世界政治的思维框架"其实就是世界政治学科问题,笔者认为,《文明的冲突》是一本关于世界政治学科的里程碑式的研究成就,为国际关系研究的转型与升级提供了一个范本,因此本部分主要是发掘亨廷顿的学科建设贡献。在谈论其学科思想之前,让我们首先领教一下亨廷顿的"大预言",在直观意义上感受一下世界政治学科的魅力。

◇◇第二节 世界政治路线图

亨廷顿如同1968年发表其"逆天"之作《变革社会中的政治秩序》而反对当时的发展主义乐观方程式一样,《文明的冲突》针对的仍然是乐观主义,这次主要是"历史终结论",其中的一系列大胆"预言"如石破天惊,精准地描绘了即将发生的大事和世界政治的走向,其"大预言"包括但不限于如下。

一 预言1:西方的衰落与中国的挑战

这个判断可是发生在"冷战"刚刚结束的"美国必胜"大狂欢之际。

他这样说:"权力正在长期以来占支配地位的西方向非西方的各文明转移。全球政治已变成了多极的、多文明的。"① 亨廷顿指出西方权力的两幅图景:第一幅图景是:"西方处于压倒一切的、成功的、几乎是完全的支配地位";第二幅图景是:"那是一个衰落的文明,相对于其他文明而言,西方在世界政治、经济和军事领域的实力正在下降。西方在冷战中获胜带来的不是胜利,而是衰竭。"② "文明间的均势,也发生了一些逐步的、无情的、也是根本的变化……最重要的权力增长正在并将继续发生在亚洲文明之中,中国正逐渐成为最有可能在全球影响方面向西方挑战的国家。"③ 当然,西方的衰落是一个漫长的过程,也不是直线型的,在不同的领域呈现不同的频次。④

比较而言,提出"历史终结论"的福山看到的只是当下西方权力的一面,而亨廷顿看到的是大历史中西方权力的复杂性。难得的是,亨廷顿看到了第二次世界大战之后民族解放运动以及社会主义国家的兴起,这其实已经解构了西方的殖民主义体系,那时的西方才是真正的全球性支配。作为对手的苏联虽然消失了,但是在全球化运动中新的力量崛起了,这就是亨廷顿看到的中国、印度等。只有具有大历史视野的思想者才有胆量做如此大胆的宏观走向的预测。

二 预言2:"9·11"事件与认同政治的兴起

亨廷顿这样精确地说:"在21世纪最初几年(注意:精确到年份——笔者注)可能会发生非西方力量和文化的持续复兴,以及非西方文明的各

---

① [美] 塞缪尔·亨廷顿:《文明的冲突与世界秩序的重建》,第8—9页。
② [美] 塞缪尔·亨廷顿:《文明的冲突与世界秩序的重建》,第75—76页。
③ [美] 塞缪尔·亨廷顿:《文明的冲突与世界秩序的重建》,第77页。
④ [美] 塞缪尔·亨廷顿:《文明的冲突与世界秩序的重建》,第77—78页。

民族与西方之间以及它们相互之间的冲突。"① 话音还未落地,人类刚迈入 21 世纪的门槛,就在 2001 年发生了标志着伊斯兰文明与基督教文明冲突的"9·11"事件。

这个堪称"神预言"的果敢判断,不是空穴来风,而是基于非同凡响的"子判断"之上。不同于一般的凡夫俗子,亨廷顿不认为有什么"普世价值",全球化带来的不是什么"普世主义",② 而是非西方的本土化的复兴。③ "文明的冲突"只是全球化带来的本土化复兴的一个结果。

20 世纪 90 年代中期,在穆斯林与非穆斯林之间发生的 28 次断层线冲突中,有 19 次发生在穆斯林与基督教徒之间;与东正教徒的冲突为 11 次,与非洲及东南亚国家的西方基督教信徒之间的冲突为 7 次。④

"本土化复兴"所导致的认同政治,已经是当下世界政治的最突出现象,认同政治无处不在并因此导致各种政治纷争。亨廷顿独具慧眼的理论深度和对全球政治动态的全面观察,才使得他既敢于做出精确到"年份"的大判断,又预判到世界政治的基本走向。

三 预言 3:"阿拉伯之春"及其非民主性质

2011 年,在北非、中东地区,爆发了被称为"阿拉伯之春"的政治动荡。亨廷顿又精准地预测到了"年份"上,他这样描述:沙特阿拉伯在 21 世纪头 10 年青年人口增长达到峰值,他们是伊斯兰教组织和政治运动的生力军;⑤ "在一些主要的阿拉伯国家(阿尔及利亚、埃及、摩洛哥、叙利亚、

---

① [美] 塞缪尔·亨廷顿:《文明的冲突与世界秩序的重建》,第 125 页。
② [美] 塞缪尔·亨廷顿:《文明的冲突与世界秩序的重建》,第 55—58 页。
③ [美] 塞缪尔·亨廷顿:《文明的冲突与世界秩序的重建》,第 88—101 页。
④ [美] 塞缪尔·亨廷顿:《文明的冲突与世界秩序的重建》,第 234 页。
⑤ [美] 塞缪尔·亨廷顿:《文明的冲突与世界秩序的重建》,第 121 页。

突尼斯）20 岁出头、寻找工作的青年人数量的扩大将持续到 2010 年左右……阿拉伯社会识字人口的迅速增多造成了有文化的年轻一代和很大程度上没文化的老一代之间的鸿沟，因此'知识和力量之间的分离'可能'会使政治系统处于紧张状态'"①。果不其然，2011 年，在亨廷顿提及的几个国家发生了政治冲突，起始于突尼斯的"阿拉伯之春"，就是因为一个找不到工作的大学生在街头被警察驱赶后自焚，从而诱发了大规模的地区性冲突。

亨廷顿预见到大中东地区的政治转型，即传统的专断型政治必然转变，但取而代之的绝对不是所谓民主政治，而是"伊斯兰政权"。②亨廷顿考察了在埃及遍及城乡、有广泛影响的穆斯林社会组织即"穆斯林兄弟会"，看上去是伊斯兰的"市民社会"，但不是，第三波民主化浪潮"在穆斯林世界鼓吹的不是民主而是伊斯兰主义"。"自由民主主义者无法在穆斯林社会中取得持久而广泛的支持。甚至伊斯兰自由主义也不能站稳脚跟。"③

果然，在"阿拉伯之春"中倒台的埃及穆巴拉克政权被穆兄会取代后，穆尔西总统比穆巴拉克更专制，电视不能播放西方节目，妇女上街必须戴头巾，自愿性的捐赠变成强制性的活动，这一切都让曾推翻了穆巴拉克的城市中产阶级更加难以忍受，于是联合军队发动了"第二次革命"。

我们知道，流行的治理理论源自在东欧事变中起作用的、后来被论述为"公民社会"的社会组织，从此，主张公民权利的治理理论在全球流行开来，想当然地认为替代专制政权的必然是公民社会。亨廷顿对中东社会组织的认识又迥异于常人，事后的事态发展依然证明了亨廷顿异于常人的先见之明。

---

① ［美］塞缪尔·亨廷顿：《文明的冲突与世界秩序的重建》，第 122 页。
② ［美］塞缪尔·亨廷顿：《文明的冲突与世界秩序的重建》，第 116 页。
③ ［美］塞缪尔·亨廷顿：《文明的冲突与世界秩序的重建》，第 116 页。

四 预言4：土耳其的再伊斯兰化

土耳其被亨廷顿称为"一个无所适从的国家"，精英阶层的西方文明倾向和大众阶层的伊斯兰文明之间存在内在的紧张关系。随着20世纪70年代伊斯兰运动的复兴和土耳其长期加入欧盟谈判失败形成的挫败感，精英阶层的伊斯兰化倾向也越来越强。在此情势下，亨廷顿大胆预测："在未来的某一时刻，土耳其可能乐于放弃它像乞丐一样恳求加入西方的令人沮丧和羞辱的角色，恢复它作为伊斯兰世界与西方主要对话者和对抗者的令人印象深刻的、更高雅的历史角色。"这样做，"它还需要一位具有阿塔蒂尔克的能力的领导人，以及这样一位领导人：将把宗教的和政治的合法性结合起来，把土耳其从一个无所适从的国家重新塑造为一个核心国家"①。

20年后，土耳其果然出现了这样一位领导人，那就是现任总统埃尔多安。2016年7月，土耳其政变失败，包括军人、法官、教师和公务员在内的几十万人被解除公职。2017年4月，土耳其修宪公投成功，从议会制改为总统制，总统获得实权，土耳其政体得以改变。土耳其的"再伊斯兰化"取得实质性进展。

和世界历史上的其他政治与文明的关系一样，土耳其的世纪历程说明，"政治制度是文明表面转瞬即逝的权宜手段，每一个在语言上和道德上统一的社会的命运，都最终依赖于某些基本的建构思想的幸存，历代人围绕着它们结合在一起，因此，它们标志着社会的延续性"②。也就是说，政治制度难以改变已经存在了上千年的文明的属性，文明具有长期的历史延续性。

---

① ［美］塞缪尔·亨廷顿：《文明的冲突与世界秩序的重建》，第194—195页。
② 转引自［美］塞缪尔·亨廷顿《文明的冲突与世界秩序的重建》，第27页。

五 预言5：乌克兰分裂

当《文明的冲突》出版的时候，国际关系理论中的米尔斯海默的进攻性现实主义范式正如日中天，按照现实主义范式，俄罗斯和乌克兰之间发生安全冲突的可能性很大，因此主张乌克兰拥有核武器。现实主义把乌克兰当作一个统一的国家和自我认同的实体。但是，在亨廷顿的文明范式看来，东乌克兰信奉东正教，而西乌克兰人信奉天主教，文明的研究方法"突出了乌克兰分裂为二的可能性，这是文化因素可能导致人们预测的分裂，它可能比捷克斯洛伐克的分裂更猛烈，但远不及南斯拉夫的分裂血腥"①。在后来分析俄罗斯及其邻邦的关系时，亨廷顿这样指出，更为可能的是，"乌克兰沿着文明断层线分裂成两个相互独立的实体，其东部可能与俄罗斯融合。分离问题首先始于克里米亚"②。果然，在"天鹅绒革命"失败之后，2014年至今，东—西乌克兰之间发生了内战，而且鞑靼人占95%的克里米亚也于2014年通过公投而重新归属了俄罗斯。

亨廷顿的这一大胆预测其实是建立在"过去"的经验基础上，以"过去"看"未来"。"冷战结束后的许多重要发展都与文明的范式相一致，并可以从它做出预测"，比如苏联和南斯拉夫的分裂，宗教原教旨主义在世界各地的兴起，俄罗斯、土耳其和墨西哥进行国内认同的斗争。③ 具体而言，1993年初48个种族冲突中的将近一半发生在不同文明集团之间。④

---

① ［美］塞缪尔·亨廷顿：《文明的冲突与世界秩序的重建》，第19页。
② ［美］塞缪尔·亨廷顿：《文明的冲突与世界秩序的重建》，第180页。
③ ［美］塞缪尔·亨廷顿：《文明的冲突与世界秩序的重建》，第20页。
④ ［美］塞缪尔·亨廷顿：《文明的冲突与世界秩序的重建》，第19页。

六 预言6：中国的复兴与美国的再平衡政策

在1997年《文明的冲突》的"中文版序言"中，亨廷顿写道，"如果经济在未来的10年或20年中仍以现在的速度发展，那么中国将有能力重建其1842年以前在东亚的霸权地位"。这是重申其《文明的冲突》中的观点。① 亨廷顿认识到，作为历史上最大的参与者，必然带来对世界秩序的重组，② 当然中国的崛起不大可能以直接诉诸武力的方式扩大其对领土的控制——除个别例外如南中国海地区。③ 这就意味着，"以19世纪40—50年代西方入侵为开端的时代正在结束，中国正在恢复其地区霸主的地位，东方正在进入自己的时代"④。"如果中国的经济继续发展，这可能是21世纪初美国政策制定者面临的唯一最严峻的安全问题"，如果中国将美国确定为主要敌人，"美国的主要倾向将是作为一个主要平衡者来防止中国的霸权"⑤。

亨廷顿还假设了2010年的中国在南中国海的作为："中国因拥有新的兵力投放能力而信心大增，宣布它将建立对整个南中国海的控制，中国对整个区域一直宣称拥有主权。"

确实，在过去20年里，中国经济一直在以高速度增长，而且中国的规模效应确实推动了世界秩序的大变革，只不过中国对南中国海的实际主权主张，比如人造岛礁，比亨廷顿的预言晚了几年。在这个过程中，美国的反应确实是扮演"主要平衡者"，从奥巴马政府时期的"亚太再平衡"，到

---

① ［美］塞缪尔·亨廷顿：《文明的冲突与世界秩序的重建》，第242、255页。
② ［美］塞缪尔·亨廷顿：《文明的冲突与世界秩序的重建》，第257页。
③ ［美］塞缪尔·亨廷顿：《文明的冲突与世界秩序的重建》，第256页。
④ ［美］塞缪尔·亨廷顿：《文明的冲突与世界秩序的重建》，第266页。
⑤ ［美］塞缪尔·亨廷顿：《文明的冲突与世界秩序的重建》，第259页。

当今特朗普政府的"印太战略"。

在《文明的冲突》中，虽然谈到各文明之间的合作与冲突，但主要线索正如其明确指出的，就是作为"受害者"的伊斯兰文明对支配性的基督教文明的冲击、作为"不满者"的中华文明对基督教文明的挑战，以及以美国为代表的基督教文明如何回应、如何适应的战略问题。因此，《文明的冲突》可以看成是"冷战"后美国大战略的规划，而这个战略规划是在"文明的冲突"范式下做出的。

就预测功能而言，文明范式确实更胜一筹，此后 20 多年的世界政治，确实以"文明的冲突"的方式而重组了世界秩序。西方的衰落与中国的崛起、"9·11"事件、"阿拉伯之春"、乌克兰内战与分裂、土耳其再伊斯兰化，都是 21 世纪头 20 年最重要的世界政治变迁。这就促使我们探究，为什么文明范式具有如此强大的预测功能？根源或许就在于文明范式是一种解释世界真相（the world of being）的世界政治视野的思维框架。

◇第三节　观察世界政治的文明范式

在抛出替代性的文明范式之前，亨廷顿首先梳理了几种流行的解释国际关系的理论，论述为什么不存在"普世文明"和"普世价值"，否则就不存在"文明的冲突"了，阐述了文明冲突的内涵以及文明冲突的样式。

一　观察世界政治走向的范式之争

以柏林墙倒塌和苏联解体为标志，"冷战"结束了。如何看待"冷战"后的世界？世界向何处去？亨廷顿指出，需要新的观察范式以厘清变动中的世界秩序。在亨廷顿看来，理论或范式会歪曲或模糊一些事物，但是，如果要认真地对世界进行思考，并有效地在其中活动，某种简化现实的图画、理论、概念、模式和范式就是必要的，否则就只有一团乱七八糟的东西充斥在人们的观念中。但是，有竞争性的、相对有效的范式必须具有以下功能：理顺和总结现实；理解现象之间的因果关系；预期，如果我们幸运的话，预测未来的发展；从不重要的东西中区分出重要的东西；弄清楚我们应当选择哪条道路来实现我们的目标。①

所以，对于亨廷顿来说，建立范式是为了预测，而对于世界政治研究而言，范式具有战略规划功能，即世界政治向何处去、美国怎么办。对于未来走向的"预测"，亨廷顿还是信心满满，范式能导出预测，"对一个范式的有效性和有用性的决定性检验应当达到这样的高度：从这个范式导出的预测结果证明比其他可供选择的范式更精确"②。在亨廷顿那里，文明范式显然比现实主义范式更有效，后者是"冷战"时代的产物，在20世纪80年代末已经过时了。③

根据亨廷顿的总结，"冷战"之后，不同的范式给出了不同的图景。第一种，也是最有影响的便是"历史终结论"，世界将欢乐而祥和。④ 1989年，敏锐而大胆的福山一鸣惊人，"历史终结了"，人类已经发现了最终的也是最好的制度模式——美国式代议制民主，全世界都要走向美国的政治制度。大胜利给美国人带来了大狂欢。围绕"历史终结论"而出现了一系列"家族概念"，⑤ 什么"软权力"即美国的制度和文化有吸引力，什么"民主和平论"即世界上民主国家越多越和平，什么"自由制度主义"即一种名义上"相互依存"但实质上是以美式自由民主为支点的国际制度在

---

① ［美］塞缪尔·亨廷顿：《文明的冲突与世界秩序的重建》，第9—10页。
② ［美］塞缪尔·亨廷顿：《文明的冲突与世界秩序的重建》，第19页。
③ ［美］塞缪尔·亨廷顿：《文明的冲突与世界秩序的重建》，第19页。
④ ［美］塞缪尔·亨廷顿：《文明的冲突与世界秩序的重建》，第11—12页。
⑤ 杨光斌：《试论历史终结论的家族概念》（未刊论文）。

"接触中改变"其他国家的国际关系理论。这些都是大胜利之后的"理论大狂欢",它们无不认为将出现"美国治下的和平",因此致力于改造其他国家为美式民主——哪怕以战争手段。这就是"冷战"后美国人的乐观主义战略设计,在理论范式上可以与自由制度主义关联起来。

第二种相当于马克思主义的国际政治理论,认为出现了"两个世界:我们和他们",这是发达与不发达、穷国与富国之间的国际关系,或者文化上的西方与非西方。这种看法没有现实性意义,它们是现实,但不会改变世界秩序的走向,因为穷国缺乏向富国挑战的手段,文化的非西方其实是无所不包的概念,非西方不会团结起来。①

第三种就是现实主义国际政治理论,认为世界仍然处于无政府状态,"实力政治"依然是各国政治的出发点,假设所有的国家都以同样的方式看待自己的利益,并以同样的方式行动,权力是理解国家行为的唯一出发点。当时米尔斯海默的进攻性现实主义开始流行就是明证。在亨廷顿看来,现实主义不能深入理解国家行为。国家固然要根据权力去界定利益,但除此之外也根据许多其他东西来界定自己的利益。如果处于均势考虑,20世纪40年代末欧洲国家应该与苏联而不是美国联手,但是欧洲国家看到的是来自苏联的政治和意识形态威胁,也就是说,价值、文化和体制深刻地影响着国家利益的界定,具有类似文化和体制的国家会看到它们之间的共同利益。总之,现实主义理论观察"冷战"可能是有效的,但是无助于理解"冷战"后的全球政治如何不同于"冷战"时期和"冷战"之前的全球政治。②

第四种,替代性的"文明范式"。在否定了上述图景后,亨廷顿明确提出了"文明范式":

---

① [美]塞缪尔·亨廷顿:《文明的冲突与世界秩序的重建》,第11—14页。
② [美]塞缪尔·亨廷顿:《文明的冲突与世界秩序的重建》,第14—15页。

在"冷战"后的世界中,国家日益根据文明来确定自己的利益。它们同具有与自己相似或共同文化的国家合作或结盟,并常常同具有不同文化的国家发生冲突。国家根据其他国家的意图来确定威胁,而这些意图以及看待它们的方式受到文化考虑的强大影响。公众和政治家不太可能认为威胁会产生于他们感到能够理解和可信任的民族,因为他们具有共同的语言、宗教、价值、体制和文化。他们更可能认为威胁会来自那样一些国家:它们的社会具有不同的文化,因此他们对之不理解和感到不可信任。既然马克思列宁主义的苏联不再构成对自由世界的威胁,美国不再构成对共产主义世界的威胁,那么这两个世界中的国家就日益认为威胁来自文化不同的社会。①

文明、文化的不同类型很多,如此这般的话,世界岂不是回到原始部落状态?作为战略家的亨廷顿,作为"冷战"后美国大战略的设计师,他能"从不重要的东西中区分出重要的东西",秉承他一贯一针见血的文风,指出"未来的危险冲突可能会在西方的傲慢、伊斯兰国家的不宽容和中国的武断的相互作用下发生"②。其中,基督教文明与伊斯兰文明之间的冲突尤为显著,"西方面临的根本问题不是伊斯兰原教旨主义,而是一个不同的文明——伊斯兰,它的人民坚信自身文化的优越性,并担心自己的力量处于劣势。伊斯兰面临的问题不是美国中央情报局和国防部,而是一个不同的文明——西方,它的人民确信自身文化的普遍性,而且确信,尽管他们的优势正在下降,但这一优势仍然使他们有义务把他们的文化扩展到全世界。这些是造成伊斯兰和西方冲突的根本因素"③。

---

① [美] 塞缪尔·亨廷顿:《文明的冲突与世界秩序的重建》,第 15—16 页。
② [美] 塞缪尔·亨廷顿:《文明的冲突与世界秩序的重建》,第 199 页。
③ [美] 塞缪尔·亨廷顿:《文明的冲突与世界秩序的重建》,第 241 页。

二 为什么不存在"普世价值"?

坚信了"文明的冲突",在理论上必须首先清理大胜利带来的大狂欢式观念——作为"历史终结论"的普世价值。普世价值指"人类在文化上正在趋同,全世界各民族正日益接受共同的价值、信仰、方向、实践和体制"。在亨廷顿看来,"这一观点可能意味着深刻但不恰当,恰当但不深刻,以及既不恰当又不深刻的事情"①。

存在"普世价值"吗?其实,早在《国家间政治》中,摩根索就直言所谓的普世主义就是民族主义甚至帝国主义,即将自己民族的价值观论述成普世主义的。亨廷顿关于普世主义的看法与摩根索如出一辙,"帝国主义是普世主义的必然逻辑结果"②,并认为宣扬西方文化的普世主义是错误的、不道德的,而且还是危险的。③

之所以是错误的,是因为这种假设根本不是事实,亨廷顿在其书的一开始论证说,公正、善良等价值固然是全人类都追求的,但这些价值本身不构成世界历史的动力,或者说公正、善良等道德层面的价值不会被当作政治价值去推广而引发人类的政治斗争;苏联的失败也只是其信奉的意识形态即苏联模式出了问题,这种政治思潮之外还有其他思潮,诸如那些试图改变人们观念和信仰的宗教;全球化看上去让大家在说着同样的话语,甚至连中东地区的年轻人也在喝可乐吃汉堡包,但西方文化的精神不是"巨无霸"汉堡包(Magna Mac)而是"大宪章"(Magna Carta),非西方的那些年轻人并不相信,"达沃斯人"相信这些,但只占人口中的极少数乃至

---

① [美]塞缪尔·亨廷顿:《文明的冲突与世界秩序的重建》,第43页。
② [美]塞缪尔·亨廷顿:《文明的冲突与世界秩序的重建》,第359页。
③ [美]塞缪尔·亨廷顿:《文明的冲突与世界秩序的重建》,第358—359页。

可以忽略不计;① 更重要的事实是,通信的方便所推动的全球化,不是生活方式和信仰的一体化,而是刺激了本土文化的复兴和"上帝的报复"(指宗教复兴)更有助于反西方。② 这就是亨廷顿看到的多元文明的现实性图景;不仅如此,"本土文化的复兴"预示着认同政治的到来,或者说"本土文化的复兴"正是当下世界政治中普遍性的认同政治的土壤。

之所以是不道德的,是因为假设非西方国家的人民应当接受西方的价值观、体制和文化,必然是帝国主义的政治逻辑。因为文化的传播依赖于权力的扩大,英国对于世界和美国对于世界的主导地位都先后在撤退,重新鼓吹普世主义,那就意味着非西方再次受到西方文化的塑造,为此只能拓展西方的霸权。但是,"随着亚洲文明和穆斯林文明开始越来越坚信其文化的普遍适用性,西方人将日益认识到普世主义和帝国主义之间的联系"③。

之所以是有害的,是因为普世主义的事实性帝国主义性质,即扩张性、侵略性,可能会导致核心国家之间的重大文明间战争,并因此而导致西方的失败。因此,对于西方国家而言,明智之举不是试图制止权力的转移,而是学会忍受痛苦、减少冒险和捍卫自己的文化。"西方文明的价值不在于它是普遍的,而在于它是独特的。因此,西方领导人的主要责任,不是试图按照西方的形象重塑其他文明,这是西方正在衰弱的力量所不能及的,而是保存、维护和复兴西方文明独一无二的特性。"④ 亨廷顿列举了八大要素所共同构成的西方文明的独特性。⑤

西方文明是独特的,那么到底是谁在鼓吹西方文明的普世性呢?亨廷顿总是毫不留情,"有移居西方的知识分子,如奈保尔和福阿德·阿扎米,

---

① [美] 塞缪尔·亨廷顿:《文明的冲突与世界秩序的重建》,第43—58页。
② [美] 塞缪尔·亨廷顿:《文明的冲突与世界秩序的重建》,第88—101页。
③ [美] 塞缪尔·亨廷顿:《文明的冲突与世界秩序的重建》,第358—359页。
④ [美] 塞缪尔·亨廷顿:《文明的冲突与世界秩序的重建》,第359—360页。
⑤ [美] 塞缪尔·亨廷顿:《文明的冲突与世界秩序的重建》,第60—63页。

对于他们来说，普世文明的概念对于'我是谁'的问题提供了一个非常令人满意的解答"①。但是，亨廷顿明确指出，"普世主义"不过是西方权力扩张的帝国主义产物，"19世纪，'白人的责任'的思想有助于为西方扩大对非西方社会的政治经济统治作辩护。20世纪末，普世文明的概念有助于为西方对其他社会的文化统治和那些社会模仿西方的实践和体制的需要作辩护。普世主义是西方对付非西方社会的意识形态"②。

三 为什么存在"文明的冲突"以及文明冲突的样式

本部分将在下面论述，之所以存在"文明的冲突"，当苏联的挑战结束之后，说到底是如何维持威斯特伐利亚体系问题，即寻找这个体系的"威胁者"乃至"挑战者"，结果发现，挑战这个体系的来自该体系形成之前的力量，即伊斯兰文明和中华文明。也就是说，在亨廷顿那里，现行的世界秩序具有大历史的连续性，是"时间进程"的产物。

具体而言，现代化导致的不平等刺激了文化身份的认同，结果导致怨恨心理，民主化加剧了怨恨，从而形成了"文明的冲突"。"文化认同是一个国家结盟或对抗的主要因素。""由于现代化的激励，全球政治正沿着文化的界线重构。文化相似的国家或民族走到一起，文化不同的民族和国家则分道扬镳。以意识形态和超级大国关系确定的结盟让位于以文化和文明确定的结盟，重新划分的政治界线越来越与种族、宗教、文明等文化的界线趋于一致，文化共同体正在取代冷战阵营，文明间的断层线正在成为全球政治冲突的中心界线。"③ 这个观察意味着，"文明的冲突"其实是认同政治的到来。

---

① ［美］塞缪尔·亨廷顿：《文明的冲突与世界秩序的重建》，第56页。
② ［美］塞缪尔·亨廷顿：《文明的冲突与世界秩序的重建》，第55—56页。
③ ［美］塞缪尔·亨廷顿：《文明的冲突与世界秩序的重建》，第129页。

第五章　"文明范式"与世界政治的思维框架　**171**

　　那么，文明间的冲突形式是什么样的呢？"文明间的冲突有两种形式。在地区或微观层面上，断层线冲突发生在属于不同文明的邻近国家之间、一个国家中属于不同文明的集团之间，或者想在残骸之上建立起新国家的集团之间，如在苏联和南斯拉夫那样。断层线冲突在穆斯林和非穆斯林国家或集团之间特别普遍……在全球或宏观层面上，核心国家的冲突发生在不同文明的主要国家之间。"① 也就是说，"断层线冲突"不但发生在国家或国家集团之间，也发生在一国之内。亨廷顿在该书的论述中，尤其是其最后一本书《谁是美国人》，讲的就是美国国内的"文明的冲突"。

　　在围绕一系列根本问题的相互竞争中，"各核心国家会团结本文明的同伴，争取属于第三种文明的国家的支持，促进对立文明的国家的分裂和背叛，恰当地综合利用外交、政治、经济手段，以及秘密行动、宣传诱导和强制，来达到自己的目的"②。"在西方和中国之间缺少这种亲缘关系（指英国、美国之间的权力转移——笔者注）的权力转移中，武装冲突并非一定会发生，但可能性较大。伊斯兰的推动力，是造成许多相对较小的断层线战争的原因；中国的崛起是核心国家大规模文明间战争的潜在根源。"③ 这就是说，伊斯兰的挑战不足为道，重要的是中国崛起带来的根本性挑战。1/4世纪后，亨廷顿的战略思想变成了美国的对华政策，特朗普政府公然提出美国要对中国准备一场"文明的冲突"。美国国务院政策规划主任斯金纳日前说，国务院正在以"与一个真正不同文明的较量"想法为依据，制定对华策略。斯金纳说，过去的大国冲突，包括美苏冷战，一定程度上都是"西方内部较量"，而与中国之间是美国首次面对"非高加索人"的超级强

---

① ［美］塞缪尔·亨廷顿：《文明的冲突与世界秩序的重建》，第229页。
② ［美］塞缪尔·亨廷顿：《文明的冲突与世界秩序的重建》，第229—230页。
③ ［美］塞缪尔·亨廷顿：《文明的冲突与世界秩序的重建》，第230页。

国竞争。① 以种族主义思维来制定对外政策，必然会引发轩然大波。其实，在 2018 年中美贸易摩擦爆发之初，笔者就断言，以"文明的冲突"为旗帜而动员西方国家对付一个 300 年来第一个非西方的强大国家，将是其必然选择，因为"对于'白人优越论者'而言，除非中国不再是中国人的中国，除非中国不再是儒家文明的中国，除非中国和过去一样陷于贫穷落后状态，否则，中国的发展必然被视为根本性威胁，中美之间必然存在'文明的冲突'"②。

第四节 时间进程中的世界秩序

"冷战"结束，意味着对美国主导的"自由世界秩序"挑战的结束，但是从此是否就真的"历史终结"了呢？难道西方就没有新的挑战者乃至替代者了吗？如果是这样，就意味着威斯特伐利亚体系的永恒性，但事实上威斯特伐利亚体系在历史长河中只是相对较短的一个时段而已。确实，中国的历史决定了，中国人观察历史，往往具有大历史观，即使以 500 年为一个周期，那么 500 年之前的公元 1500 年是什么秩序呢？公元 1 世纪即 2000 年前又是什么秩序呢？

《文明的冲突》旨在捍卫 500 年来的国际体系即威斯特伐利亚体系。"到 1500 年，欧洲顺利地进行了文化上的文艺复兴，社会多元主义、扩大的商业和技术成就为一个全球政治的新纪元提供了基础。"③ 西方通过有组

---

① 《美国务院以"文明较量"为依据制定对华策略 美学者：将失"道德高地"》，观察者网，2019 年 5 月 5 日，https://www.guancha.cn/internation/2019_05_05_500345.shtml。

② 杨光斌：《历史残酷，看中美关系不可浪漫无度》，观察者网，2018 年 8 月 26 日，https://user.guancha.cn/main/content?id=34794。

③ ［美］塞缪尔·亨廷顿：《文明的冲突与世界秩序的重建》，第 36 页。

织的暴力而非思想、价值和宗教的优越赢了，到1914年，欧洲人或前欧洲的殖民地（在南美和北美）控制了地球表面土地的84%，此时，文明意味着西方文明，国际法就是西方传统的国际法，"国际体系是西方的威斯特伐利亚体系"①。

西方从1450年前后开始兴起，1492年发现新大陆是标志性事件，但是西方兴起的根本标志则是宗教文化冲突让位于民族国家的建立，即威斯特伐利亚体系所确立的现代民族国家。在这个体系中，起初也是混沌不堪，直到18世纪初英国在与法国的战争中取得胜利而获得霸权地位，直至1900年之前，其中只有一次霸权挑战，即拿破仑战争。20世纪上半叶，是世界秩序的转换时期，英国衰落了，美国还不愿意出头，呈现多极世界，因此才有两次世界大战，而且都是德国人挑战英国治下的威斯特伐利亚体系。第二次世界大战之后，文化的亲缘关系，使得英国和美国和平地完成了权力交接，美国治下的威斯特伐利亚体系时代开始。但是，出现了新的挑战者，那就是一方面有着东正教文明基础的苏联，另一方面是信仰共产主义的苏联。"冷战"与此前的世界政治的不同之处在于，无论是法国人拿破仑的挑战，还是德国人威廉二世和希特勒的挑战，都不是旨在改变西方人主导的威斯特伐利亚体系，只是谁来当这个西方人的头，法国人和德国人只是不满英国人的长期主导。但是，"冷战"是什么呢？是西方人主导的威斯特伐利亚世界体系的替代者，将一个自由帝国主义体系替代为社会主义或共产主义世界体系。

苏联的替代性挑战失败了，美国人主导的威斯特伐利亚体系就是永恒存在吗？不同于一般人的看法，亨廷顿认为，"在20世纪，文明之间的关系从受一个文明对所有其他文明单方向影响支配的阶段，走向所有文明之间强烈的、持续的和多方向的相互作用的阶段"②。也就是说，多文明的世

---

① [美] 塞缪尔·亨廷顿：《文明的冲突与世界秩序的重建》，第37页。
② [美] 塞缪尔·亨廷顿：《文明的冲突与世界秩序的重建》，第39页。

界不再简单地从属于西方人主导的威斯特伐利亚体系,西方主导的国际体系自第一次世界大战就开始衰落了,打败了挑战者并没有阻止其衰落。刺激其衰落的力量来自公元1500年之前的世界政治。

我们知道,"冷战"掩盖、压制了此前混沌的世界结构,但是被压制的政治力量事实上并没有永远消失,因此,"冷战"甫一结束,各种古老的政治形态就纷纷浮现,其中一个就是伊斯兰文明与基督教文明之间的千年恩怨,文明的稳定性或者说质性决定了当下世界依然是千年历史的延续性,这是亨廷顿的千年历史观。

在亨廷顿看来,美国和苏联之间的"冷战",只不过是"自由主义民主和马克思列宁主义在20世纪的冲突,与伊斯兰教和基督教之间持续的、深刻的冲突关系相比较,不过是一种短暂和表面的历史现象"[1]。亨廷顿还认识到,自由主义民主和马克思主义之间其实是可以谈判的,二者有共同之处,最终都是指向自由,只不过二者的侧重点不同而已,一个是个体主义的,另一个是集体主义的。相比较这两种政治思潮,伊斯兰教和基督教之间几乎是不能妥协的。因此,不像很多西方人认为的那样,西方只是与伊斯兰原教旨暴力分子之间存在问题,而是两大宗教之间的根本性冲突,在过去1400年里,伊斯兰教和基督教(不论是东正教,还是天主教和新教)的关系经常充满风暴,彼此将对方视为外人,多少世纪以来,两个宗教的命运在一波接一波时而停息、时而高涨、时而反冲过来的浪潮中沉浮。[2]

我们知道,伊斯兰教诞生于公元7—8世纪,而此时,在欧洲信奉基督教的盎格鲁—撒克逊人开始兴起,在相邻地区的两大文明同时兴起,一开始就交恶,十来次的"十字军东征"众所周知,而信奉伊斯兰教的奥斯曼人最晚还于1683年包围过维也纳。亨廷顿详细地梳理了自公元7世纪开始的两大宗教之间的张力和斗争。第一次世界大战后奥斯曼帝国被肢解,除

---

[1] [美]塞缪尔·亨廷顿:《文明的冲突与世界秩序的重建》,第230—231页。
[2] [美]塞缪尔·亨廷顿:《文明的冲突与世界秩序的重建》,第230—231页。

土耳其本土外基本上被西方占领，到 1919 年，大约有 92 个穆斯林地区由非穆斯林政府统治，直到第二次世界大战后民族民主解放运动才使得一部分穆斯林地区从西方殖民体系下脱离出来，苏联解体进一步解放了穆斯林地区，到 1995 年，有 69 个恢复了穆斯林的统治。1820—1929 年，涉及宗教的国家间战争，50% 发生在穆斯林和基督教徒之间。①

千年来的"文明的冲突""在于这两种宗教的本性和基于其的文明"，穆斯林是政教合一，而基督教是政教分离，更重要的是，二者的相似性决定了它们的冲突性，"两种宗教都是一神教，与多神教不同，它们不容易接受其他的神；它们都是用二元的、非我即彼的眼光看待世界；它们又都是普世主义的，声称自己是全人类都应追随的唯一真正信仰；它们都是负有使命感的宗教，认为其教徒有义务说服非教徒皈依这唯一的真正信仰。自创始起，伊斯兰教就靠征服进行扩张，只要有机会，基督教也是如此行事。'圣战'和'十字军东征'这两个类似的概念不仅令它们彼此相像，而且将这两种信仰与世界其他主要宗教区别开来。伊斯兰教、基督教和犹太教还持有一种目的论的历史观，与其他文明普遍持有的轮转或静态观完全不同"②。

到了 20 世纪末，一系列因素混合在一起又加剧了两大文明之间的冲突，其中一个原因是"西方同时向全世界推广其价值观和体制、维持军事和经济优势的努力，以及对穆斯林世界内部冲突进行的干预，引起了穆斯林强烈的不满"③。结论是，"只要伊斯兰仍是伊斯兰（它肯定是），西方仍是西方（这一点存在较多的疑问），这两个伟大文明和生活方式之间的根本冲突在未来将继续决定它们之间的关系，甚至像在过去的 1400 年中一直决定着

---

① ［美］塞缪尔·亨廷顿：《文明的冲突与世界秩序的重建》，第 231—232 页。
② ［美］塞缪尔·亨廷顿：《文明的冲突与世界秩序的重建》，第 232—233 页。
③ ［美］塞缪尔·亨廷顿：《文明的冲突与世界秩序的重建》，第 233 页。

那样"①。也就是说，西方文明尚未胜利，历史也就没有终结，美国主导的世界秩序至少面临来自伊斯兰文明的挑战。

亨廷顿还有更大的忧虑，正如他说："伊斯兰的推动力，是造成许多相对较小的断层线战争的原因；中国的崛起则是核心国家大规模文明间战争的根源。"那么，为什么要这样定位中国的根本性挑战呢？这不得不从2000年的世界文明史说起。

在过去几个世纪的国际关系史中，大国的主要战场在欧洲，但"冷战后的所谓国际关系也会有一个主要区域，那便是亚洲，尤其是东亚"②。东亚的传统秩序是什么样的呢？在亨廷顿看来，"两千年来，中国曾一直是东亚的杰出大国。现在，中国人越来越明确地表示他们想恢复这个历史地位，结束屈辱与屈从于西方和日本的漫长世纪，这个世纪是以1842年英国强加给中国的《南京条约》为开端的。""中国的历史、文化、传统、规模、经济活力和自我形象，都驱使它在东亚寻求一种霸权地位。这个目标是中国经济迅速发展的自然结果。"③ 亨廷顿还是一个"修昔底德主义者"，认为历史上的大国在经济增长之后都是帝国主义的对外扩张，认为中国也同样如此。

如果恢复了"东亚霸权"地位，则是内外一体化的天下体系。中国人"头脑中的世界秩序不过是中国国内秩序的必然结果，因此是中国文明认同的一种延伸"。中国人从来没有多极，甚至也没有多变的安全观。在国际关系中，亚洲人一般"接受等级制"，在19世纪中叶西方国家到来之前，东亚的国际关系是以中国为中心的，其他国家要么从属于中国，要么与之合作，或者不受中国控制而自治。亚洲的国际政治等级模式与欧洲的均势模

---

① ［美］塞缪尔·亨廷顿：《文明的冲突与世界秩序的重建》，第234页。
② ［美］塞缪尔·亨廷顿：《文明的冲突与世界秩序的重建》，第243页。
③ ［美］塞缪尔·亨廷顿：《文明的冲突与世界秩序的重建》，第255页。

式形成了强烈的反差。①

中国最终要恢复"东亚霸权"地位,而"冷战"之后的美国则是东亚秩序的主导者,"亚洲的过去将是亚洲的未来。亚洲要在以冲突为代价的均势或以霸权为代价的和平之间作出选择。西方社会可能会选择冲突和均势。历史、文化和力量的现实却强烈地显示,亚洲会选择和平的霸权。以19世纪40—50年代西方人入侵为开端的时代正在结束,中国正在恢复其地区霸主的地位,东方正在进入自己的时代"②。而此时,美国霸权在东亚表现为"离岸平衡手",美国当然不会自动退出东亚,不会自动退出东亚的美国当然视中国的崛起为最大的挑战,具体表现为作为儒家文明核心国家的中国与作为基督教文明核心国家的美国之间的冲突。

不同的时间尺度产生不同的历史观。如果只看近代以来的500年的历史,西方兴起了,虽然有不同的挑战者,但总体上维持下来了以基督教文明为线索的西方主导的世界秩序。但是,从1000年的大历史看,1450年之前的基督教文明的生死受到来自伊斯兰文明的挑战,而被殖民主义和"冷战"压制下来的穆斯林则相信"上帝的报复",对基督教文明发动了一波又一波的冲击,而这正是"冷战"后美国的大战略必须应对的。更重要的是,放在2000年的文明史上,中国文明一直未曾中断,古希腊文明湮灭之后经"文艺复兴"而重生,西方文明也不过1400年的历史,而在此之前,东亚一直有一个中国文明濡化而来的等级秩序,这一秩序因西方的到来而中断,但是中国很可能恢复其2000年前就拥有的"东亚霸权",在西方人看来,2000年秩序不能不对500年秩序构成挑战。

历史观决定了秩序观。时间尺度意义上的大历史观决定了,现行的世界秩序既有其历史延续性,也有因其历史延续性而导致的重大挑战。换句话说,现行秩序不是恒定的,现行秩序必然遭遇来自历史上的众多不同力

---

① [美] 塞缪尔·亨廷顿:《文明的冲突与世界秩序的重建》,第261—262页。
② [美] 塞缪尔·亨廷顿:《文明的冲突与世界秩序的重建》,第266页。

量的挑战，历史没有终结就意味着美国必须寻求具有隐患意识的新战略，即美国必须寻找"新敌人"。

第五节 政治思潮与时间进程中的"文明的冲突"

如前所述，两大文明同时诞生于中世纪的7—8世纪，二者从12世纪就开始了没完没了的遭遇战，有时是伊斯兰教占上风，有时则是基督教占上风，但工业革命使得西方文明彻底压制了伊斯兰文明、中华文明和其他文明。但是，到了20世纪70年代，以1979年伊朗革命为转折点，伊斯兰复兴运动对外直指以美国为代表的西方国家。

亨廷顿根据现代化理论来解释伊斯兰复兴运动。"在变化的早期阶段，西方化促进了现代化。在后期阶段，现代化以两种形式促进了非西方化和本土文化的复兴。在社会层面上，现代化提高了社会的总体经济、军事和政治实力，鼓励这个社会的人民具有对自己文化的信心，从而成为文化的伸张者。在个人层面上，当传统纽带和社会关系断裂时，现代化便造成了异化感和反常感，并导致了需要从宗教中寻求答案的认同危机。"[①] 亨廷顿以简单的图式表示了这种因果关系（如图5—1所示）。[②]

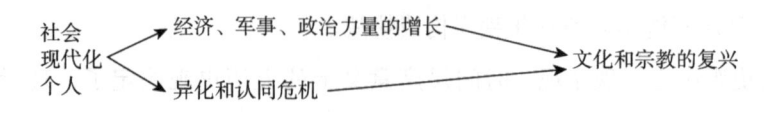

```
社会              经济、军事、政治力量的增长
现代化                                        → 文化和宗教的复兴
个人              异化和认同危机
```

图5—1 现代化与文化复兴

[①] [美] 塞缪尔·亨廷顿：《文明的冲突与世界秩序的重建》，第67—68页。
[②] [美] 塞缪尔·亨廷顿：《文明的冲突与世界秩序的重建》，第69页。

非西方文明的各种特性并不排除作为现代化的资本主义经济形式，但是在文化上，"现代化并不一定意味着西方化。非西方社会在没有放弃它们自己的文化和全盘采用西方价值、体制和实践的前提下，能够实现并已经实现了现代化。西方化确实几乎是不可能的，因为无论非西方文化对现代化造成了什么障碍，与它们对西方化造成的障碍相比都相形见绌"。亨廷顿同意布罗代尔的看法，认为现代化或者"单一"文明的胜利，将导致许多世纪以来非西方文明的终结，那是极端幼稚的。"相反，现代化加强了那些文化，并减弱了西方的相对力量。世界正在从根本上变得更加现代化和更少西方化。"①

亨廷顿梳理了自20世纪80年代开始的"本土化运动"，认为现代化所刺激的本土化已成为整个非西方世界的发展日程，其中伊斯兰教的复兴和"重新伊斯兰化"是穆斯林社会的主题，亚洲人李光耀、马哈蒂尔则提出了著名的"亚洲价值观"，斯拉夫化的争论也白热化。②

民主化进一步刺激了本土化。"非西方社会对西方民主体制的采用鼓励了本土主义者和反西方的政治运动，并使他们获得了权力。"因为"选举竞争刺激他们把自己的信仰说成是最能吸引大众的东西，那些东西通常具有种族的、民族主义的和宗教的特征"③。确实，在北非和大中东地区，选举中获胜的政权很多都具有反美的民族主义色彩或伊斯兰主义色彩。

现代化、民主化所刺激的本土化运动，最终形成了全球性的宗教复兴，有人称之为"上帝的报复"，它遍及所有大陆、所有文明，实际上是所有国家。"它不再旨在适应世俗价值，而是旨在为社会组织重建一个神圣的基础——如果必要的话，通过改变社会来达到目的。"④ "在所有这些宗教中，原教旨主义运动都专注于对宗教教义、体制的净化，其方式是好战的，并

---

① [美] 塞缪尔·亨廷顿：《文明的冲突与世界秩序的重建》，第70—71页。
② [美] 塞缪尔·亨廷顿：《文明的冲突与世界秩序的重建》，第91页。
③ [美] 塞缪尔·亨廷顿：《文明的冲突与世界秩序的重建》，第91—92页。
④ [美] 塞缪尔·亨廷顿：《文明的冲突与世界秩序的重建》，第93页。

根据宗教信条来重塑个人、社会和公共行为……世界范围内的宗教复兴远远超过原教旨主义极端主义分子的活动。"与东正教在斯拉夫国家复兴的同时,伊斯兰复兴运动席卷中亚。1989 年,中亚有 160 座启用的清真寺和 1 所伊斯兰神学院,到 1993 年初则有 1 万座清真寺和 10 所神学院,而且这场复兴运动得到了来自沙特阿拉伯、伊朗和巴基斯坦的鼓励。①

为什么会出现全球性的宗教的复兴?"全球性的现象需要一个全球性的解释",全球性宗教复兴的原因"恰恰是那些被认为会引起宗教消亡的东西;20 世纪后半叶席卷世界的社会、经济和文化现代化进程。认同和权力体系长期存在的根源瓦解了"②。也就是说,从自己的传统文化中寻找新的认同,以抵抗"普世主义"带来的心灵的漂泊。第二个原因就是"冷战"的结束,在非西方发展中国家出现了意识形态真空,那些长期被两大阵营所压制的民族、宗教情感得以爆发;同时,西方试图以新古典经济学和民主来填补这个真空。事实上,作为世俗学说的自由主义民主和马克思主义在这些国家都遇到了问题,非西方国家的民众"带着信仰和热情转向了真正的上帝。宗教代替了意识形态,宗教民族主义取代了世俗民族主义"③。

复兴了的宗教并不反对现代化,也与国家发展不冲突,那么反对什么呢?"宗教复兴运动是反世俗的、反普世的,而且,除了在基督教中的表现,也是反西方的。"④ 反西方的什么呢?亨廷顿认为是"拒绝西方以及与西方相关的世俗主义的、相对主义的、颓废的文化。它是非西方社会对所谓的'西方毒化'的抵制"⑤。

全球复兴中的宗教都是反西方的吗?其实,斯拉夫化和"亚洲价值观"

---

① [美] 塞缪尔·亨廷顿:《文明的冲突与世界秩序的重建》,第 94 页。
② [美] 塞缪尔·亨廷顿:《文明的冲突与世界秩序的重建》,第 95 页。
③ [美] 塞缪尔·亨廷顿:《文明的冲突与世界秩序的重建》,第 99 页。
④ [美] 塞缪尔·亨廷顿:《文明的冲突与世界秩序的重建》,第 99 页。
⑤ [美] 塞缪尔·亨廷顿:《文明的冲突与世界秩序的重建》,第 101 页。

更多的是一种自我证明，证明自身文化价值的合理性乃至独特性和有益性，并不意味着必然是反西方的。"政治伊斯兰"确实是反西方的，仅仅是因为全球化（现代化）所导致的认同危机而反西方吗？这里，亨廷顿用一个现代化的"大理论"来解释，并没有直接的相关性，因为只有所有的复兴的宗教都是反西方的，才能证明现代化理论的解释力。为什么伊斯兰教直接针对的就是西方文明？"帝国主义"是一个绕不开的解释，虽然在谈到"普世主义"的时候，亨廷顿也与"帝国主义"联系起来，但是，在解释伊斯兰教的反西方的时候，却有意无意地绕开了"帝国主义"。

流行的国际政治理论比如现实主义理论，根本没有办法解释美国的中东战略，只能用解释事物本质的帝国主义理论来解释。第二次世界大战后以色列在中东的存在，犹如一把扎在阿拉伯心脏的尖刀，只不过因为以美国为后盾而不能奈何之，但仇恨的种子算是种下了。所以，在中东、北非地区，凡是反美的领导人都被视为英雄，虽然这些"英雄"的国内政策有时候并不受欢迎。1979年发生在伊朗的推翻亲美的"伊斯兰革命"推动了政治伊斯兰的复兴，"冷战"后，不再顾及苏联威胁的美国大力搞起了"推广民主计划"，发动了1990—1991年的海湾战争，彻底激发了两大文明之间的冲突。

亨廷顿在其叙事中，事实上也间接地承认，是美国的帝国主义政策导致了两大文明的对抗。在海湾战争中，从摩洛哥到中国，几乎所有穆斯林都站在萨达姆·侯赛因一边，"欢呼他是穆斯林的英雄"。"这场战争的一大悖论就是民主的悖论：在那些政治更开放、言论更自由的阿拉伯国家里，对萨达姆·侯赛因的支持也最强烈和最广泛。"[1] 结果，"对于穆斯林来说，这场战争很快就成为一场文明之间的战争，因为伊斯兰的神圣不可侵犯性受到了威胁"。大多数阿拉伯国家"都谴责这场战争是'十字军战士和犹太人'联合反对'伊斯兰及其文明'的战争"[2]。海湾战争也未得到非西方、

---

[1] ［美］塞缪尔·亨廷顿：《文明的冲突与世界秩序的重建》，第278页。
[2] ［美］塞缪尔·亨廷顿：《文明的冲突与世界秩序的重建》，第279页。

非伊斯兰文明的人民的支持,《印度时报》警告说,这场战争可能导致"强大的、自傲的犹太教—基督教世界和弱小的伊斯兰世界之间由宗教狂热引起的更为广泛的对抗"①。于是,一场以伊拉克和科威特之间的战争为开端的海湾战争,在著名的《经济学人》看来,变成了伊拉克与西方之间,然后是伊斯兰和西方之间,并最终被许多非西方人视为东方对西方的战争,"一场(与)白人的战争,旧式帝国主义的新发作"②。

绕了一大圈,最终还是借他人之口,亨廷顿指明了复兴的伊斯兰教反西方文明的直接原因,那就是美国等西方国家在阿拉伯国家和地区实行的帝国主义政策所激发的仇恨情绪,作为"大理论"的现代化的解释只有间接的相关性。亨廷顿的叙事在逻辑上意味着,所谓即将发生的"文明的冲突",只不过是一种历史延续性的判断,因为伊斯兰教和基督教之间的"文明的冲突"在"冷战"后事实上已经白热化,海湾战争是通向"文明的冲突"的"过渡战争",③"冷战"的结束让帝国主义政策在中东地区更加肆无忌惮,从而激活了"时间性的世界秩序",那就是一千多年来一直存在的伊斯兰教与基督教之间的对决。2001年的"9·11"事件、第二次海湾战争、"阿拉伯之春"以及与ISIS的战争,都是典型的"文明的冲突"。

◇◇第六节　财富权力转移与长时间性的世界秩序

伊斯兰教与基督教之间的冲突,是很容易理解的历史和现实。从历史

---

① 转引自[美]塞缪尔·亨廷顿《文明的冲突与世界秩序的重建》,第281页。

② *Economist*, 26 January 1991, pp. 31–33, 转引自[美]塞缪尔·亨廷顿《文明的冲突与世界秩序的重建》,第281页。

③ [美]塞缪尔·亨廷顿:《文明的冲突与世界秩序的重建》,第275页。

上看，二者一直揪斗不休；从现实上看，二者都是一神教，都讲普世主义，但普世主义的学说必然是排他性的、二元对立的，只能有一家普世主义的学说，因此二者之间的冲突是其宗教性质所决定的。在宗教性质上，儒家文明是包容性的，事实上"儒家文明"不是一家文明，而是多家文明的混合体，不但儒、释、道浑然一体，即使是基督教徒和天主教徒，在中国首先是一个"儒民"。如此包容的儒家文明怎么会和基督教文明冲突呢？这里，不再是宗教之间的性质问题，而是地位问题，亨廷顿想到的是谁将对西方文明主宰的世界秩序（即美国主宰的威斯特伐利亚体系）构成挑战，苏联解体后信奉东正教的俄罗斯是没有这个能力了，而伊斯兰文明虽然与基督教文明有着严重冲突，但伊斯兰文明中没有"核心国家"，下信奉部落，上信奉超国家的哈里发，缺少中间层次的"国家"，也就无力与基督教文明的"核心国家"对抗。但是，作为儒家文明的"核心国家"的中国，这完全有可能形成替代性力量，因而构成21世纪美国唯一的战略威胁。

理解了这一点，就可以知道国内那种认为中美关系冲突的根源在于政治制度差异的看法，是没有理解以亨廷顿为代表的右翼白人的战略思维，他们对内担心移民对美国信条的冲击所形成的"美国国民性危机"，对外则担心谁将挑战白人主宰的世界秩序。说到底，亨廷顿是一个种族主义者，其信奉的是19世纪一度很流行的"白人优越论"。因此，那种认为中美冲突的根源在于政治制度的分析，是非常肤浅的。在"白人优越论"那里，不管你实行什么样的制度，只要威胁到300年来白人主宰的世界秩序，都可谓"虽远必诛"。对于"亨廷顿主义者"而言，除非中国不再是中国人的中国，除非中国不再是儒家文明的中国，否则，必然存在"文明的冲突"。看不到这一点，就没法理解美国右翼白人的战略，关于中美关系的看法要么是表面化的，要么是自我陶醉、自欺欺人。

那么，亨廷顿是如何看待儒家文明的威胁的呢？亨廷顿把主张"亚洲价值观"的"亚洲的自信植根于经济的增长；穆斯林的自我伸张在相当大的程度上源于社会流动和人口增长。这些挑战中的每一个都正在,并将在进入21世纪后继续对全球政治产生冲击,造成全球政治的极大不稳定。"①

"东亚模式"和中国的崛起所带来的"亚洲价值观"和国学热,说明了"软权力只有建立在硬权力的基础上才成其为权力。硬的经济和军事权力的增长会提高自信心、自负感,以及更加相信与其他民族相比,自己的文化或软权力更优越,并大大增强该文化和意识形态对其他民族的吸引力。经济和军事权力的下降会导致自我怀疑、认同危机,并导致努力在其他文化中寻求经济、军事和政治成功的要诀。当非西方社会经济、军事和政治能力增长时,它们就会日益鼓吹自己的价值、体制和文化的优点"。"西方的价值观和体制已吸引了其他文化的人民,因为它们被看作西方权力和财富的源泉。""随着西方权力的削弱,西方向其他文明强加其人权、自由主义和民主等概念的能力降低了,那些价值对其他文明的吸引力也随之减小。"现在亚洲人论证说,"他们之所以正在取得成功,正是因为他们与西方不同。同样,如果非西方社会感到与西方相比自己相对弱小,他们就援引西方的价值观,如自决、自由主义、民主和独立,来为其反对西方的控制辩护。现在他们不再弱小而是日益强大,于是他们便毫不犹豫地攻击起那些他们先前曾用来维护自己利益的价值观。对西方的反叛最初是通过宣称西方价值的普遍性来证明其合理性的,现在则是通过宣称非西方价值的优越性来加以证明"②。

确实,伴随着全球性的"本土化"和宗教的复兴,亚洲人在20世纪90年代提出了普世价值的替代性概念"亚洲价值观",这是由新加坡总理李光耀和马来西亚总理马哈蒂尔倡导的。"亚洲的自我肯定"由四个部分构成:第一,亚洲人相信东亚将保持经济的快速增长,并很快在经济产值上超过西方,因此与西方相比它将在世界事务上越来越强有力。第二,亚洲人相

---

① [美]塞缪尔·亨廷顿:《文明的冲突与世界秩序的重建》,第102页。
② [美]塞缪尔·亨廷顿:《文明的冲突与世界秩序的重建》,第88—90页。

信这种经济成功在很大程度上是亚洲文化的产物，亚洲文化优越于文化上和社会生活上颓废的西方文明。第三，尽管"亚洲是文明的大杂烩"，但存在重要的共性，诸如节俭、家庭、工作和纪律、非个人主义、有限的民主。第四，亚洲的发展和亚洲价值观是其他非西方社会在努力赶超西方时应效仿的模式，西方也应该从中学习而自我更新。① 结果，"东亚日益增长的自信导致了亚洲普世主义的出现，而普世主义一直是西方的特征"②。

在全球性本土化宗教复兴的浪潮中，伴随着"亚洲价值观"的兴起，中国也没有落伍。在亨廷顿看来，改革开放之后，中国领导人"选择了一种新的'中学为体，西学为用'版本：一方面是实行资本主义和融入世界经济，另一方面是实行政治权威主义和重新推崇传统中国文化，把两者结合起来。这个政权用蓬勃发展的经济提供的行为合法性和中国文化独特性提供的民族主义的合法性，来取代马克思列宁主义革命的合法性"③。经济增长改变心态，"20世纪初的中国知识分子独立地得出了与韦伯类似的结论，把儒教看作是中国落后的根源。20世纪末中国的政治领袖像西方的社会学家一样，赞美儒教是中国进步的根源"④。确实，从20世纪80年代开始，中国官方开始肯定儒家思想是中国文化的"主流"，时至今日，"国学热"势不可挡，孔子学院遍布世界，执政党明确把中国政治发展道路与传统文化结合起来，把中国的制度优势与传统文化联系起来。⑤

最为重要的，是中国作为儒家文明的"核心国家"的体量和规模问题。亨廷顿反复强调中国的规模问题，"中国的崛起和这个'人类历史上最大竞争者'的日益自我伸张，就将在21世纪初给世界的稳定造成巨大的压力。

---

① [美] 塞缪尔·亨廷顿：《文明的冲突与世界秩序的重建》，第108—110页。
② [美] 塞缪尔·亨廷顿：《文明的冲突与世界秩序的重建》，第110页。
③ [美] 塞缪尔·亨廷顿：《文明的冲突与世界秩序的重建》，第106页。
④ [美] 塞缪尔·亨廷顿：《文明的冲突与世界秩序的重建》，第106—107页。
⑤ 《习近平谈治国理政》，外文出版社2014年版，第155—156页。

中国作为东亚和东南亚支配力量的出现,与历史已经证明的美国利益相悖"①。"人类历史上最大的竞争者"之说来自李光耀,亨廷顿引用1994年李光耀的说法:"中国参与世界地位重组的规模,使得世界必须在30年或40年的时间内找到一种新的平衡。假装中国不过是另一个大的参与者是不可能的,它是人类历史上最大的参与者。"② 基于中国的规模,相信"修昔底德陷阱"的亨廷顿更相信,"中国作为一个重要大国的崛起,在第二个千年的后半期会令任何一个可比的现象相形见绌"。"如果中国的经济发展再持续10年(似乎是可能的),如果中国在权力交接期能够保持统一(似乎是可能的),那么东亚国家和整个世界,就必须对人类历史上这个最大参与者越来越强的自我伸张作出反应。"③ 到那时,"东亚政治可能回到传统的单极模式,以中国为中心形成权力等级"。"两千年来,中国曾一直是东亚的杰出大国。现在,中国人越来越明确地表示他们想恢复这个历史地位,结束屈辱与屈从于西方和日本的漫长世纪,这个世纪是以1842年英国强加给中国的《南京条约》为开端的。"④

中国经济不止持续增长了10年(1995—2005年),而是20年(1995—2015年)以上。根据IMF 2017年《世界经济展望》的数据:2010年,美国/中国=2.46,美国/日本=2.62,美国/德国=4.37;2016年,美国/中国=1.66,美国/日本=3.76,美国/德国=5.35。只有中国与美国的差距越来越小,并有可能在2035年前后超越;其他国家与美国的差距越来越大。

与美国差距越来越小的中国,不但搞起了"亚投行""金砖组织""上海合作组织",更重要的是提出了"一带一路"倡议。中国的经济规模和直接秩序的变革,都远远超出了亨廷顿当年的设想。"它确立了两个目标:成

---

① [美]塞缪尔·亨廷顿:《文明的冲突与世界秩序的重建》,第361页。
② 转引自[美]塞缪尔·亨廷顿《文明的冲突与世界秩序的重建》,第257页。
③ [美]塞缪尔·亨廷顿:《文明的冲突与世界秩序的重建》,第257页。
④ [美]塞缪尔·亨廷顿:《文明的冲突与世界秩序的重建》,第255页。

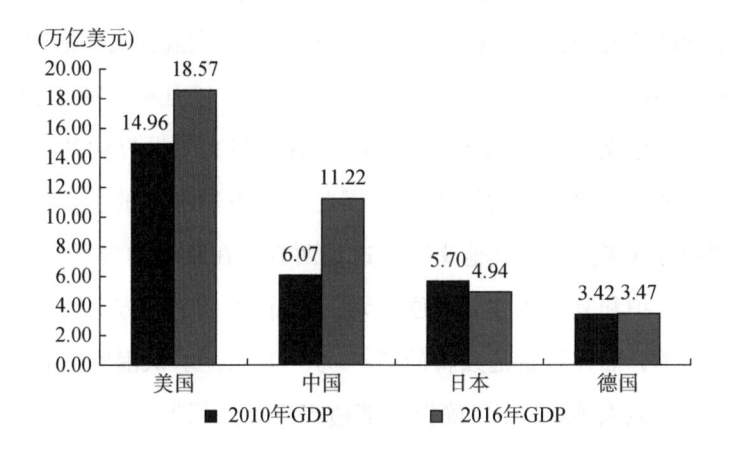

图 5—2 美国、中国、日本、德国 2010 年和 2016 年 GDP 比较

为中华文化的倡导者,即吸引其他所有华人社会的文明的核心国家;以及恢复它在 19 世纪丧失的作为东亚霸权国家的历史地位。"① 亨廷顿设想的是恢复了"东亚霸权"地位的中国,在东亚地区发挥影响的若干领域和方式。②

亨廷顿当初绝对想不到中国的作用会超出东亚,即便是在东亚,美国都视之为美国在亚洲利益的威胁,走出亚洲的中国岂不是根本性挑战了西方主宰的世界秩序?明白了这些,当下正在发生的中美贸易摩擦就再正常不过了,把中美贸易摩擦简单地归咎于中国权力的伸张性,完全没有理解当初亨廷顿为什么要写《文明的冲突》,完全没有理解亨廷顿所代表的美国右翼白人"优势下的恐惧":对内,恐惧移民带来的"国民性危机";对外,恐惧其他文明体作为世界秩序的替代者。"在西方和中国之间缺少这种亲缘关系(指英美同属基督教文明国家——笔者注)的权力转移中,武装冲突

---

① [美] 塞缪尔·亨廷顿:《文明的冲突与世界秩序的重建》,第 182 页。
② [美] 塞缪尔·亨廷顿:《文明的冲突与世界秩序的重建》,第 256—257 页。

并非一定会发生,但可能性会很大。伊斯兰的推动力,是造成许多相对较小的断层线战争的原因;中国的崛起则是核心国家大规模文明潜在根源。"①

面对中国的崛起,西方该怎么办呢?一方面,亨廷顿正确地指出,"认识到西方对其他文明事务的干预,可能是造成多文明世界中的不稳定和潜在全球冲突的唯一最危险的因素"②,因此"西方领导人的主要责任,不是试图按照西方的形象重塑其他文明,这是西方正在衰弱的力量所不能及的,而是保存、维护和复兴西方文明独一无二的特性"。"西方文明的价值不在于它是普遍的,而在于它是独特的。"③ 另一方面,承认俄罗斯是东正教的核心国家和区域大国地位,"确保南部边界安全是俄罗斯的合法利益";在此"守势"的基础上,保护西方文明衰落的最好办法就是加强欧美国家的政治、经济和军事一体化,协调政策,以防止其他文明的国家利用西方之间的分歧。④

西方国家之间的协调性有待评估,但在 21 世纪,美国和欧洲似乎并没有停止对其他文明体事务的干预,诸如众多的"颜色革命",更不承认俄罗斯的地区大国地位而大搞"北约东扩",直接威胁到俄罗斯南部边境安全。这些完全不是亨廷顿所倡导的"避免原则",依然是一种普世主义的帝国主义,西方国家的行为进一步刺激了"文明的冲突"。

◇第七节 历史政治学路径下的世界政治学

仅仅从《文明的冲突》的一系列论述中,我们似乎能够归纳出亨廷

---

① [美] 塞缪尔·亨廷顿:《文明的冲突与世界秩序的重建》,第 230 页。
② [美] 塞缪尔·亨廷顿:《文明的冲突与世界秩序的重建》,第 361 页。
③ [美] 塞缪尔·亨廷顿:《文明的冲突与世界秩序的重建》,第 360 页。
④ [美] 塞缪尔·亨廷顿:《文明的冲突与世界秩序的重建》,第 360 页。

顿的世界政治理论的核心特征。毫无疑问，作为西方国家的学者，正如结构现实主义者和自由制度主义者一样，首先想到的是如何维护既定的世界秩序（即美国主导的自由世界秩序）问题。对于乐观主义者如福山等人而言，历史终结了，美国已经胜利了，美国不用再为"美国治下的和平"前途担忧。对于亨廷顿这样的战略家而言，发现历史不仅没有终结，现存的世界秩序正受到伊斯兰文明的已经到来的挑战，以及儒家文明的核心国家即中国的长远的替代性挑战。应该说，亨廷顿要比其他人的认识能力高出一筹。亨廷顿为什么能做到这一点？不能不从其世界政治理论的角度找原因。

（1）**发现一：世界秩序的时间性**。这个发现意味着，现存的世界秩序不是静态的、永恒的，而是动态的、变革的。这标志着历史非但没有终结，还可能会有历史的新纪元。在《文明的冲突》中，亨廷顿给我们展示了三个时间周期的世界秩序：500年来的威斯特伐利亚体系、公元1000年到1500年的伊斯兰文明和基督教文明的冲突体系、公元1世纪以来即2000年来的东亚体系。不同的时间尺度产生不同的历史观，而不同的历史观产生不同的世界秩序观。如果以2000年为时间尺度，儒家文明体是唯一未曾中断而延续下来的核心国家，中国文明体的衰落也只是1840年到1949年的一百年。正因为如此，富有大历史观的亨廷顿看到了来自中国的根本性挑战，其他文明的威胁虽然直接但不会动摇根本。当然，如果亨廷顿还在世，看到"阿拉伯之春"之后的难民潮对欧洲的冲击，又会得出什么样的判断，就不得而知了。

（2）**发现二：政治思潮激活了时间性的世界秩序**。这是亨廷顿的世界政治理论的最关键部分。"文明的冲突"本身就是一种分析范式即文明范式，而这里的"文明"是什么呢？虽然最根本的包括宗教、语言等，但显性的文明则是直接影响人们观念和行动的政治思潮，诸如"冷战"就是自由主义民主和马克思列宁主义的对立。这就是说，研究国际关系、世界政治，不能不研究政治思潮及其对世界的"建构"，否则就很难深刻理解国际关系史和世界政治史。为此，笔者将政治思潮视为观察世界政治变迁的一种"研究单元"。①

深层次的政治思潮就是宗教民族主义。亨廷顿将伊斯兰教定位为宗教民族主义，他这样分析，"当经济发展使亚洲变得日益自我伸张时，大批穆斯林却同时转向了伊斯兰教，把它作为认同、意义、稳定、合法性、发展、权力和希望的本源，'伊斯兰教是解决方法'的口号是这种希望的集中体现"②。复兴运动影响到了所有国家的穆斯林和大多数穆斯林国家的社会和政治的大多数方面，诸如重新制定伊斯兰法以代替西方法律、使用宗教语言和标志、扩大伊斯兰教教育、规定伊斯兰教的社会行为规范如妇女必须蒙面、更多地参加宗教仪式、控制反世俗政府的活动，以及广泛地加强伊斯兰教国家和社会的国际团结。

亨廷顿的结论是，"就政治表现而言，伊斯兰教复兴运动与马克思主义有某种相似之处，它有其经文，是对理想社会的描述，执着于根本变革，拒绝现行政权和民族国家，以及从温和的改良主义到暴力革命的不同主张。然而另一个更有用的类比是基督教新教改革。它们都是对现存体制僵化和腐朽的反应；都提倡回到其更纯正和更苛求的宗教形式；都鼓吹工作、秩序和纪律；都对正在形成的、有生气的中产阶级有吸引力。……忽视 20 世纪末伊斯兰教复兴运动对东半球政治的影响就等于忽视 16 世纪末新教改革对欧洲政治的影响"③。正因为亨廷顿准确地把握到了伊斯兰教的政治思潮性质，所以才敢断定，中东地区的威权统治转型之后，取而代之的不是什么自由主义民主，而是伊斯兰政权。很多西方人往往采用二分法，认为代

---

① 杨光斌：《政治思潮：世界政治变迁的一种研究单元》，《世界经济与政治》2019 年第 9 期。
② ［美］塞缪尔·亨廷顿：《文明的冲突与世界秩序的重建》，第 110 页。
③ ［美］塞缪尔·亨廷顿：《文明的冲突与世界秩序的重建》，第 112 页。

替威权统治的必然是西式民主，没能认识到西式民主之外还有影响更大的伊斯兰教。

在笔者看来，如果说前现代的政治思潮是宗教，近代以来的政治思潮是意识形态，那么"冷战"结束以来的政治思潮则是宗教和意识形态的合流，"宗教民族主义"是这种合流的最好象征。另外，在亨廷顿看来，意识形态之间，如"冷战"时期的自由民主和共产主义，尽管有冲突，有重大差别，但它们都是现代的、世俗的，双方讲的都是同一种语言，并都公开地赞同最终要实现自由、平等和物质赋予的目标。二者之间可以进行思想上的争论，但宗教之间很难对话。① 但是，这个残酷的现实已经到来，"西方所造成的文明间的政治思想冲突正在被文明间的文化和宗教冲突所取代"②。具有宗教底色的政治思潮所导致的世界秩序，更具有冲突性、对抗性和极端性。

（3）**发现三：政治经济关系诱发或激活了政治思潮**。世俗化的政治思潮马克思主义是怎么来的？作为政治思潮的伊斯兰复兴运动又是怎么来的？由于"现实主义理论"的流行和"帝国主义论"的淡化，很多中国学者已经不习惯用帝国主义理论看待美国的对外政策。但是，对于阿拉伯国家的民众而言，美国扶持以色列、打压阿拉伯国家的中东政策就是赤裸裸的帝国主义。因此，直接原因是，美国的帝国主义政策激活了伊斯兰复兴运动，间接原因才是所谓的现代化中的不平等导致的所谓身份认同。至于"亚洲价值观"的兴起尤其是中国国学热的兴起，当然也是因为经济增长所产生的自信。也就是说，政治思潮有着深刻的政治关系和经济关系背景。但是，流行的研究可能只是停留在梳理国家之间的政治经济关系层面，而疏于这些关系所造就的进而影响国际关系的政治思潮，政治思潮直接影响着国家间关系和世界政治走向。

---

① ［美］塞缪尔·亨廷顿：《文明的冲突与世界秩序的重建》，第151页。
② ［美］塞缪尔·亨廷顿：《文明的冲突与世界秩序的重建》，第40页。

上述三个发现揭示了文明范式的历史政治学逻辑：特定的政治经济关系诱发了政治思潮，政治思潮激活了时间性的世界秩序，因而世界秩序不仅是现代的，也是历史连续性的产物。这大致是亨廷顿给我们构建的世界政治学科框架，从国家政治的因素上升到地区政治性质的政治思潮，进而直接影响全球政治的走向；国家之间的关系就是在世界政治的逻辑下发生的。

上述每一个发现都有其特定的世界政治理论或政策意义。第一，就时间性的世界秩序而言，其中包含的假设有：西方文明从1900年就开始衰落，而衰落是一个长周期；500年来的世界政治是一个帝国式世界秩序；美国主导的国际体系即威斯特伐利亚体系并不是恒定的，因此美国必须为威斯特伐利亚体系而战；美国受到来自中国崛起的替代性挑战。第二，竞争性政治思潮与国家间关系或世界政治走向具有直接的关系，这事实上是文明范式给世界政治研究最重要的启示——虽然亨廷顿本人没有言明这一点。这意味着，可以从政治思潮的角度解释近代以来的国际关系，其中自由主义、社会主义、民族主义、宗教民族主义等，在不同的时代有着不同的作用力，正是这些思潮影响乃至塑造着当时的世界政治。因此，从政治思潮的角度看国际关系，应该是国际关系研究的一个新知识增长点。第三，政治经济关系推动了政治思潮的命题意味着，只有那些本质理论比如帝国主义理论，才能认识解释世界真相的政治思潮，"去帝国主义化"的现实主义国际政治理论，不会让我们看到政治经济关系的本质及其与政治思潮的形成到底有什么样的关系。比如，千万别和伊朗人谈什么美国对伊朗的现实主义政策，特朗普政府撕毁《伊核协定》并彻底切断伊朗出口石油的渠道，除了用帝国主义理论解释还能用什么理论？从奥巴马的"亚洲再平衡"到特朗普的"印太战略"，尤其是美国极力打压中国的"2025中国制造计划"，难道是现实主义理论，而不是维护威斯特伐利亚体系的帝国主义理论能解释的吗？政治思潮对于理解国家间关系至关重要，而政治思潮的形成和解释又离不开那些本质性理论。所有这些，对传统的主要基于大国关系的国际关系研究，都是极大的拓展和提升，《文明的冲突》可谓从国际关系学转型为世界政治研究的典范。

第 六 章

政治思潮：世界政治变迁的一种研究单元

从全球史或新世界史的视野看，只有某种力量（行动单元）把地球意义上的"世界"联系起来、整合起来并形成一个关系密切的结构，自然地理之世界才能成为政治意义上的世界，或者说才有"世界政治"之说。人类一直有弄清楚地球另一面的愿望，但力有不逮，亚历山大国王过不了印度恒河，中国唐帝国过不了帕米尔高原。直到蒙古帝国征战到欧洲以及随后的郑和下西洋、哥伦布发现新大陆，世界才逐渐被联系起来。此时，人们很自然地联想到技术和贸易作为"联系"的力量。这只是世界形成的初级阶段。真正把世界联系起来并形成"世界政治"，是以意识形态为核心的某种政治思潮——由意识形态（包括宗教）理念驱动而形成的一种趋势性的政治现象。因为一旦技术和贸易把不同的人群推挤在一起，人的需求就不会停留在贸易层面，就会存在对宇宙、国家、人生、生活方式等诸多问题的不同看法，势必发生观念上的冲突。世界政治和国内政治一样，是人的政治，思想和文化就成为不可分割的组成部分。虽然文化推动的"世界政体"之说有些夸张，认为自由、权利、主权、进步等要素所构成的"世界文化"影响了世界各地的社会制度，[①] 但作为文化权力的政治思潮的传播

[①] John W. Meyer, John Boli, George M. Thomas and Francisco O. Ramirez, "World Society and the Nation-State", *American Journal of Sociology*, Vol. 103, 1997, pp. 144-181.

与影响确实让地球上的各个国家有了不容否认的"共同价值"。① 因此，离开政治思潮，就很难理解世界政治。进而，离开政治思潮，也不能很好地理解国际关系，因为作为世界政治组成部分的政治思潮直接影响着国家间关系，比如，国家之间因意识形态而结盟，因意识形态而敌对。因此，研究世界政治或国际关系，离不开作为"联系"或"整合"变量的政治思潮。可以把政治思潮视为研究世界政治的一种研究单元。我们知道，寻求新的研究单元，是20世纪80年代以来社会科学进步的一个重要标志。

既有的相关研究成果也因为对政治思潮的观照而更加深刻，比如亨廷顿的《文明的冲突与世界秩序的重建》所提出的"文明范式"，虽然与本书的政治思潮研究路径有着重大区别，但毕竟不无关联。② 福山的《历史的终结及最后之人》虽然已经过气，但确实曾经在长达20年的时间内是西方国际政治学界绕不开的作品，福山研究的重点也是世界政治的意识形态因素。③ 在学科意义上，西方国际关系理论的三大学派，至少有两个专门以政治思潮（观念或者意识形态）为研究单元。建构主义的核心是民族主义问题，自由制度主义的核心是自由主义意识形态，二者都是以去意识形态化的方式建构意识形态权力。其实，约瑟夫·奈在《理解国际冲突》中的出发点，也是从意识形态出发研究"冷战"的起源。④ 我们在学习西方国际关系理论或国际政治研究的时候，反而是本着价值中立、价值祛除的想象去对待这些以政治思潮为底色的理论，把这些学派都当成了学术乃至科学。

---

① 中国官方说"共同价值"而非"普世价值"，是因为普世价值有特定的含义，即自由主义民主乃普世价值。中国承认自由和民主是社会主义核心价值观，但中国人所说的自由与民主，显然是儒家文明和马克思主义意义上的价值观。

② ［美］塞缪尔·亨廷顿：《文明的冲突与世界秩序的重建》，周琪等译，新华出版社2002年版。

③ ［美］弗朗西斯·福山：《历史的终结及最后之人》，黄胜强、徐铭原译，中国社会科学出版社1999年版。

④ ［美］约瑟夫·奈：《理解国际冲突：理论与历史》，张小明译，上海人民出版社2002年版。

我们深深地误解了西方社会科学。笔者认为，反而是西方社会科学抓住了问题的根本，世界政治说到底是人的政治，人就是有物质和精神两大诉求，精神层面的诉求有时甚至大于物质层面的，因此以"精神"为本体论或研究单元的社会科学就是抓住了事物的本质。正如笔者在其他文章中所说，无视或者忽视作为政治思潮的意识形态，是"我们"的问题而不是"他们"的问题。

理解世界政治的变迁离不开作为意识形态的政治思潮，在学科意义上，世界政治学不仅仅是比较政治与国际关系的一体化，一体化的背后还有作为意识形态的政治思潮。产生于西方的政治思潮主要有自由主义、民族主义和社会主义，而自由主义与民族主义的融合则形成了自由帝国主义以及政策上的殖民主义。保守主义虽然是一种典型的意识形态，但其政策影响主要在国内而非世界，形成不了影响世界政治的意识形态，而且国内政治上的保守主义者对外很可能是自由帝国主义者，即使小布什时期的新保守主义也只不过是事实性自由帝国主义，因此本书并不涉及世界政治中的保守主义问题。

另外，本书把各种形态的政治思潮视为一种常识性变量，假设各种政治思潮的起源、主旨乃至推动政治思潮的主体都是西方政治思想史上的已知知识，目的是以已知的政治思潮为线索寻找认知世界政治变迁的新路径。当然，影响世界政治变迁这种大历史的因素是如此之多，到目前为止，还没有出现一种整全性学说能解释世界大历史上的所有现象和所有问题，换句话说，任何理论或者研究单元在大历史面前都有某种无力感；即使就政治思潮的研究单元而言，本书也只能选择性地论及特定时期的最重要政治思潮而无力"照顾"到各种意识形态"暗流"，也不能替代地缘政治、科学技术等这样的分析变量对于世界政治的理解。但是，如果一种研究路径或者研究单元确实能对特定研究对象有新的启发性，这种研究单元的目的就实现了。

第六章 政治思潮：世界政治变迁的一种研究单元

◇第一节 世界政治形成中的政治思潮

世界政治既是一种进程性或历时性结构，也是一种结果性或静态性结构。就起源意义上讲，世界政治是一种结果性结构。作为一种结果性结构，世界政治显然不是无源之水、无本之木的产物，是"前世界"演化的一种结果。

"前世界"即1500年之前是什么样子呢？在"前世界"，虽然有海陆两条商路将东西方连接起来，这种联系毕竟不是常态化，尤其不是制度化的，是一种多中心主义的自然分布状态。在东方，有以儒家文明为中心的东亚体系，还有以印度文明为中心的南亚体系；在东西方交界的中东，则是伊斯兰文明；在西方的欧洲，是基督教文明和东正教文明的神权体系。在四个中心中，只有儒家文明是世俗化的，如孔子所说的"敬鬼神而远之"，按照西方现代化理论来说，就是与生俱来的现代性——祛魅的世俗化；其他几个文明，尤其是比邻的基督教文明、东正教文明和伊斯兰文明，都高度信奉一神教。

作为结果性结构的世界政治是基督教文明的"西方的兴起"和世俗文明的东方的衰落，因此世界政治必然具有强烈的宗教性价值关怀，而非世俗化价值的世界政治。如果是儒家文明赢得了世界，世界政治的性质则完全不一样了，至少不会因为信仰不同而发生那么多的战争。

历史不能假设。一神教就是"真理"的一元性和不妥协性，因此在"前世界"的中世纪（11—13世纪），"文明的冲突"不断发生，发生了十余次"十字军东征"。所以说，亨廷顿说的伊斯兰文明与基督教文明之间在21世纪的冲突事实上可以追溯到1000年前，这就是历史制度主义讲的连续性制度变迁中的路径依赖乃至路径锁定。

"文明的冲突"不但发生在宗教体系之间，宗教内部的"文明的冲突"甚至更加惨烈。在16世纪中叶新教改革之后，即马丁·路德宗教改革之后，先是在法国的南北之间发生了30年宗教战争，后来便是欧洲范围内以神圣罗马帝国（德意兰）为主战场的30年宗教战争（1618—1648年）。这场战争的起因有宗教的，更有领主之间的现实利益之争。但是，如果为了领主的利益而战，兵源就是问题；以上帝的名义而战，"战士"的来源就源源不断。席勒这样描述道："很少有人会自愿为国家和诸侯的利益而战，而为宗教则商人、艺术家和农民均会乐于拿起武器。为国家和诸侯人们就连极少的一点儿捐税都不愿出，而为宗教人们甘愿献出财富和鲜血乃至放弃尘世间的所有希望。"① 为什么不能妥协而解决利益之争？这是教义本身的不妥协性所决定的，"天主教会宁愿通过武力失去一切，也不愿意自动或通过法律途径把一小点利益让给对方……而放弃一种权益，承认新教徒获得的要求，会动摇天主教会的整个基础。在宗教和约中天主教会牢牢恪守这一原则"②。

战争的原因或者名义是宗教的，战争的结果却是世俗化的，这就是《威斯特伐利亚和约》所奠定的现代国际关系体系或者国际关系原则。所谓国际关系原则，就是通过谈判解决争端；所谓现代国际关系体系，就是确定明确的国家领土边界。此前，人们生活在宗教世界，人们的观念首先是基督徒或天主教徒；到中世纪后期，人们有了地区认同感，认同自己是德意志人、法兰西人等；1648年之后，欧洲人的国家认同意识慢慢地明确起来，称自己为法国人、德国人、英国人等。

但是，这种长时段发生的"巨变"并不意味着代表"传统"的宗教作用的消失。具有很强宗教色彩的神圣罗马帝国直到1806年才被拿破仑消灭，

---

① ［德］弗里德里希·席勒：《三十年战争史》，沈国琴、丁建弘译，商务印书馆2017年版，第7页。

② ［德］弗里德里希·席勒：《三十年战争史》，第12—13页。

第六章 政治思潮：世界政治变迁的一种研究单元

英国直到1820年才实现宗教和解。这就是说，在宗教战争之后的150年里，宗教一直在直接地影响着以欧洲为中心的世界政治。也可以这样说，世界政治脱胎于宗教世界母体，成长于式微的宗教世界，制度变迁的连续性决定了，现代世界政治烙上了深深的宗教印记。

如果说三十年战争是现代国际关系的起点，其后的一个世纪即整个18世纪则是世界政治的形成时期，因此本书把17世纪和18世纪视为世界政治的起源和形成时期。

如前，作为政治思潮斗争的宗教战争催生了以领土边界为特征的世界政治，生存于特定疆域的人群逐渐形成"民族"意识，并进而催生了德国人赫尔德所说的"民族国家"——一族一国或以民族为单元的政治共同体，民族国家成了民族主义的温床。以后的100年，欧洲"国家兴起"的浪潮诱发了一系列的国家间战争，如英国荷兰商业战争、法国西班牙战争、荷法战争、"大同盟"战争、西班牙王位继承战争、奥地利帝位继承战争以及全欧性的"七年战争"。战争是欧洲人的生活方式，战争也直接制造了国家。

到此时为止，战争制造的都是以加强主权为目的的国家，主权思想在欧陆是"君权神授"，在英国则是革命之后的"议会主权"——虽然事实性议会主权直到"光荣革命"之后的一个世纪才真正到来。在议会主权的英国，因为资产阶级的顺利成长，从而诞生了各种为个人权利、社会权利辩护的自然权利学说，也可以说自然权利说有助于新兴的资产阶级的成长，使得资产阶级真正登上历史舞台，进入议会并享受事实性"主权"。这样，"议会主权"在欧陆又演变为"人民主权"思想，孟德斯鸠根据英格兰政制发展出权力制衡思想，卢梭将国家主权、议会主权拓展为人民主权思想。卢梭的人民主权思想诱发了美国革命，孟德斯鸠的权力制衡思想帮助美国建国立制，法国人的思想之花结果于遥远的"新大陆"；反过来，信奉法国人思想的美国独立战争直接刺激了法国人，法国人以自己人即卢梭的人民主权为旗帜开展了轰轰烈烈的大革命，建立了资产阶级共和国，拿破仑又将这种国家体制推广到欧洲其他地区。因此，很多史家将18世纪归功于自由主义的胜利，也即资产阶级的胜利，要知道放任自由主义就是资产阶级的意识形态。

18世纪的"双元革命"即发生于英国的工业革命和发生于美国、法国的政治革命，根本性地改变了世界政治的格局和世界政治的性质。工业革命产生的科学工具以更快的速度将世界联系起来，政治思潮催生的政治革命以及政治革命传播的政治思潮提供了联系世界的思想工具。从此，"国家兴起"成为一种潮流；在此基础上，世界政治从王权国家主体逐渐演变为资产阶级的"人民主权"国家主体。正如马克思、恩格斯在《共产党宣言》中所说，资产阶级撕下封建主义温情脉脉的伪装，赤裸裸地以枪炮政策推行自己的商业利益，世界政治变成了资本主义生产体系，市场力量（资本权力）脱嵌于社会并凌驾于社会之上。从此，人类就生存在18世纪所形成的世界政治体系之中，19世纪、20世纪的世界政治变迁强化了这个"初始结构"，也酿成了一场又一场血腥灾变。因此，无论谈论什么问题，无论是世界政治还是世界政治结构下国际关系的本质性问题，离开"资本主义"这个关键词，无异于隔靴搔痒，都是自欺欺人。

◇第二节 扩张性政治思潮与世界政治变迁

资本主义是一种不能独立存在的经济形态，趋利性决定了远程贸易的形成和市场的不断扩张，结果必然是所谓自由资本主义的全球化，随之而来的必然是帝国主义和殖民主义。这构成了"自由帝国主义"的过程性结构，这是19世纪世界政治的一个基本面向。或者说，资本主义在国内表现为自由主义，而民族—国家固有的"民族主义"性质决定了，以国家为单元的自由主义在对外关系上必然是自由帝国主义。这是因为，资本主义政治革命的一个意外制度性结果，就是民族主义的诞生，这是拿破仑战争所催生的"一族一国"基础之上的民族主义，催生了从欧洲到美洲的独立建国运动。这样，在整个19世纪，自由帝国主义思潮和民族主义思潮，作为极具扩张性的政治思潮，构成了世界政治的基本面貌，而且它们都与法国大革命以及随后的拿破仑战争有着直接的因果关系。

一 自由帝国主义思潮下的世界政治

正如列宁在《帝国主义论》的开篇所言："在最近15—20年中，特别是在美西战争（1898年）和英布战争（1899—1902年）之后，新旧两大陆出版的经济学著作以及政治学著作，愈来愈多地用'帝国主义'这个概念来说明我们所处时代的特征了。"[1] 帝国主义是什么样子呢？列宁总结道："如果必须给帝国主义下一个尽量简短的定义，那就应当说，帝国主义是资本主义的垄断阶段。这样的定义能包括最主要之点，因为一方面，金融资本就是和工业家垄断同盟的资本融合起来的少数垄断性的最大银行的银行资本；另一方面，瓜分世界，就是由无阻碍地向未被任何一个资本主义大国占据的地区推行的殖民政策，过渡到垄断地占有已经瓜分完了的世界领土的殖民政策。"[2] 垄断、资本输出、瓜分世界、殖民政策，就是帝国主义的核心特征。

帝国主义不是在短期内形成的。在国际关系史上有所谓的"百年和平"之说，即从拿破仑战争之后的1815年到第一次世界大战爆发的1914年。其实，哪里有什么"百年和平"？即使在欧洲有所谓相对的和平——主要与此前的欧洲"战国时代"比较而言，世界政治也绝非和平景象，而是腥风血

---

[1] 《列宁全集》第27卷，人民出版社2017年版，第331页。
[2] 《列宁全集》第27卷，第401页。

雨的100年，即这100年正是帝国主义对外殖民政策大张旗鼓的时代。

欧洲人从发现"新大陆"就开始了扩张，几百年来主要以"东印度公司"的名义进行，因此以贸易扩张为主要目的，虽然一些国家在南亚建立了殖民地。西方人一般把1815年作为开始，计算新一阶段的"世界史"。[①] 笔者认为，其原因在于：第一是列强之间的关系相对稳定了，有以国家为单位的能力去对外扩张；第二是第二次工业革命在19世纪上半叶已经启动，从而更有技术能力去扩张并将世界连接起来。

在整个19世纪，对外扩张、瓜分殖民地，成了列强们的"时髦行为"，这个过程就是国家能力的大比拼，行为主体当然是国家和政府，新世界史或全球史试图"去国家化"而彰显所谓的"人类共同体网络"的形成，显然是典型的历史虚无主义。帝国主义的流行始于1872年英国首相迪斯雷利的演讲，鼓吹英国人民需要一个"赢得世界尊重"的"伟大的国家——一个帝国"，从而开创了英国政治中关于帝国论述的新篇章，"帝国"成为民族自豪感的象征。[②] 迪斯雷利的帝国观还使其于1876年颁布了《皇室头衔法案》，使维多利亚女王获得了"印度女皇"的称号，同时废除东印度公司和德里莫卧儿王朝。这意味着，对"帝国主义"的价值判断发生了根本性变化，从否定变为肯定。[③] 过去，帝国主义是用来指称拿破仑三世第二帝国的扩张政策。

因此，影响巨大的霍布森的《帝国主义》虽然发表于1902年，但此前的几十年里，"帝国主义"已经是一个流行词，只不过霍布森赋予这个词新的含义，指出帝国主义是一种政策，其发源是国内的金融资本的扩张，专

[①] ［荷兰］H. L. 韦瑟林：《欧洲殖民帝国（1815—1919）》，夏岩等译，中国社会科学出版社2012年版。

[②] ［美］托马斯·梅特卡夫：《新编剑桥印度史：英国统治者的意识形态》，李东云译，云南出版集团公司2015年版，第58页。

[③] ［美］托马斯·梅特卡夫：《新编剑桥印度史：英国统治者的意识形态》，第60页。

指大英帝国和欧洲主要国家发动的扩张,即在过去30年里,一些欧洲国家,尤其是大英帝国,它们要么吞并,要么在非洲和亚洲大部、太平洋和其他地方的诸多岛屿上强制推行政治统治。① 众所周知,霍布森的帝国主义论对马克思主义的这一理论产生了重要影响,马克思主义者诸如卡尔·希法廷、罗萨·卢森堡尤其是列宁,纷纷将霍布森的理论融入马克思主义之中,其中列宁的《帝国主义是资本主义的最高阶段》最为著名。

"帝国主义"具有国家政策、学术研究、政治批判的不同意义。就国家政策而言,我们熟悉的自由主义者如托克维尔是典型的帝国主义者。在1837年的《阿尔及利亚信件》中,他说:"我毫不怀疑,我们有能力在非洲海岸树立起一座象征着我们国家光荣的丰碑。"② 在1841年的《关于阿尔及利亚》中,论及法国当局在阿尔及利亚所应当采取的必要措施时,他说:"我经常听到我尊敬的法国人说,我们焚烧收成、清空筒仓以及最后抓捕没有武装的男人、女人和儿童,这样做是错的。但我不同意他们的观点。在我看来,这些都是不幸但必要的措施。"托克维尔一生都坚定地维护帝国主义扩张。③

帝国主义作为一种政治思潮的盛行,背后是社会达尔文主义思潮。1859年达尔文的《物种的起源》出版,为当时欧洲的殖民政策找到了生物学上的根据,一时间,当时以及此后几十年内的自由主义者其实也是社会达尔文主义者或者说自由帝国主义者。社会达尔文主义就是人种优越论,欧洲之所以在科学技术上领先,说到底是因为白种人优越。曾任荷属殖民地总督和殖民大臣的著名荷兰人简·克雷蒂安男爵在19世纪50年代这样说:"统治的权力……在严格意义上而言是纯种白人的特征;如此明显以至于尽

---

① [英]约翰·霍布森:《帝国主义》,卢刚译,商务印书馆2017年版。
② [美]珍尼弗·皮茨:《转向帝国:英法帝国自由主义的兴起》,金毅、许鸿艳译,江苏人民出版社2012年版,第310页。
③ [美]珍尼弗·皮茨:《转向帝国:英法帝国自由主义的兴起》,第317页。

管黑人会谦卑地向白人鞠躬,但是要他向混血人士臣服时他明显很不情愿。"帝国首相迪斯雷利这样说道:"一切都是种族,没有其他真理。"法国殖民政府理论家哈德曼(Jules Harmand)直白地说,殖民关系最根本的起点是欧洲人的上等优越感:"征服土著居民最基本的合法性在于我们相信我们是上等人民,这点不仅体现在机械、经济和军事上,而且也体现在道德上。"①

同时,工业革命诱发社会问题即阶级矛盾,殖民政策成为化解国内阶级矛盾的重要手段。法国大文学家维克多·雨果说道:"将你们国家难以容纳的人输送到非洲这块大地,以同样的方式解决你们的社会问题,将你们的无产者变为有产者。"以输出人口而化解国内紧张关系,是当时欧洲国家的普遍做法,英国的渐进与稳定,与"日不落帝国"有着密切关系。即使当时的左翼学者,如英国费边社,都这样鼓吹道:"不想要内战的人就应该成为帝国主义者。"② 尽管如此,意大利还是产生了墨索里尼法西斯政权。在19世纪70年代,只有17万人移居他国;19世纪90年代,移民数量增至150万人;20世纪头十年,有360万人移居他国;1914年有600多万人生活在海外,而当时意大利的人口才3500万。③ 由此可见工业化过程中欧洲社会关系的紧张性。

到19—20世纪之交,赤裸裸的"白人优越论"开始让位于"文化优越论",即从文明、文化的视野解释西方的优势地位,其代表人物就是作为自由帝国主义者的马克斯·韦伯。韦伯在《新教伦理与资本主义精神》中所要回答的问题是:西方为什么赢了?西方文明为什么具有普适意义和普适价值?④ 西方赢在哪里?韦伯列举了八点:第一,只有西方的科学真正达到

---

① 转引自[荷兰] H.L. 韦瑟林《欧洲殖民帝(1815—1919)》,第 116—118 页。
② 转引自[荷兰] H.L. 韦瑟林《欧洲殖民帝国(1815—1919)》,第 116 页。
③ 参见[荷兰] H.L. 韦瑟林《欧洲殖民帝国(1815—1919)》,第 130 页。
④ [德] 马克斯·韦伯:《新教伦理与资本主义精神》,第 3 页。

了可以被当代公众认可的发展程度;第二,中国的历史学虽然高度发达,却没有修昔底德的研究方法;第三,在音乐艺术上,理性而和谐的音乐,只有在西方才有;第四,在建筑学上,哥特式拱顶的空间结构在其他地方并没有;第五,大学制度为西方所独有;第六,公职人员系统为西方所独有;第七,理性的成文宪法为西方所独有;第八,也是结论性的,所有这些,源自其他文明所没有的资本主义组织。① 而资本主义是怎么来的呢?就是"西方文化独特的理性主义"②。

资本主义来自新教伦理所塑造的理性主义?著名的编年史历史学家布罗代尔称之为"篡改历史"的行为。③ 韦伯自称学术服从政治,说:"我根本就不是个……真正的知识分子。"④ 不是知识分子的韦伯是什么人呢?韦伯事实上是一个种族主义者、狭隘的文明优越论者、帝国主义者,把民族权力和民族文化作为终极的价值追求。⑤ 如此强目的性的一部政治作品,居然依然被一些人视为"学术经典",在"无问西东"中不自觉地丧失了主体性。

二 民族主义思潮与世界政治的"新玩家"

在西方一些早发国家对非西方国家大搞殖民政策的同时,在西方内部包括西方后裔国家即拉丁美洲,拿破仑战争刺激了民族主义思潮的兴起,

---

① [德] 马克斯·韦伯:《新教伦理与资本主义精神》,第3—15页。
② [德] 马克斯·韦伯:《新教伦理与资本主义精神》,第16页。
③ [法] 费南尔·布罗代尔:《15至18世纪的物质文明、经济和资本主义》(第二卷),顾良等译,生活·读书·新知三联书店2002年版,第645页。
④ [德] 沃尔夫冈·蒙森:《马克斯·韦伯与德国政治(1890—1920)》,阎克文译,中信出版集团2016年版,第36页。
⑤ 杨光斌:《历史社会学视野下的"新教伦理与资本主义精神"》,《中国政治学》2018年第2辑。

并推动了建国运动,出现了所谓的"民族国家",进而成为世界政治的"新玩家"。

如果说法国大革命刺激了德意志文化民族主义的兴起,那么拿破仑战争则激发了德意志政治民族主义的诞生。在文化民族主义方面,赫尔德第一次提出作为有机的历史群体的"民族国家"(Volkstum)思想,以替代传统的国家概念。① 拿破仑战争迫使存续了800年的神圣罗马帝国解体,新的政治认同进一步在一批自由派知识分子中酝酿。以前,当德意志遭受到外来侵略或者外国将其国土当作战场时,几乎没有任何德意志人具有这种国家遭受蹂躏的意识,因为直到1800年,他们中间少有人认为"德意志"是他们的祖国,而只是在德意志历史著名王朝治下的一个小邦而已。② 如今,拿破仑战争激发了他们的民族意识,并在一批知识分子的引导下发展成为政治民族主义。其中,哲学家、时任柏林大学校长的费希特的危急演讲最有动员性。费希特十分强调一个民族的政治独立性,其演讲深深激励了陷入四分五裂的德意志民族,并激发了一种新的政治思潮——民族主义。③

到了1830年前后,"民族"一词第一次作为具有特殊政治意义的名词为人使用,开启了民族主义事业的时代。④ "在1830年至1870年间,人们一再鼓吹和传播这些基本概念和特征,其效果之大,使得欧洲的政治思想起了变化,欧洲的地图也大为改观,统治阶层在1815年大都不能接受的原则,到了1860年已为多数统治阶层所支持或不得不予以考虑了。"⑤ 这就是

---

① [英]伯里编:《新编剑桥世界史》(第10卷),中国社会科学院世界历史研究所组译,中国社会科学出版社1999年版,第292页。

② [英]克劳利等编:《新编剑桥世界史》(第9卷),中国社会科学院世界历史研究所组译,中国社会科学出版社1999年版,第510页。

③ 丁建弘:《德国通史》,上海社会科学院出版社2002年版,第141页。

④ [英]伯里编:《新编剑桥世界史》(第10卷),第287页。

⑤ [英]伯里编:《新编剑桥世界史》(第10卷),第288—289页。

政府与其民族的疆域问题,当时最著名的思想家小密尔在《代议制政府》中这样说道:"一般地说,各国政府统治的界限大致应与各个民族的居住界限一致,这是自由体制的必要条件。"① 以民族为单位的建国,当时最有影响的就是德意志的统一和意大利马志尼民族主义运动。

显然,带有"民族主义"意识形态的"民族国家"运动,对于帝国形态是极大的解构力量,这一点尤其体现在奥斯曼帝国的完整性上,很多民族从帝国中脱胎出来,纷纷成立了自己的民族国家。同时,民族国家运动对 1815 年签订的大国决定一切的"欧洲一致原则"也造成了影响,虽然弱小民族的独立离不开支配性大国的直接影响,比如,在塞尔维亚人、罗马尼亚人、爱沙尼亚人、保加利亚人等问题上。发生在欧陆的民族主义运动,不能不对欧洲人的殖民地构成影响,拉丁美洲的很多国家在 19 世纪 20—30 年代纷纷独立。

民族自决运动可以视为自由主义运动的一部分。马志尼所谓的民族系指"说同一种语言的公民总体,他们共同相处,享有平等的政治权利和公民权利,其共同的目的是使各种社会力量……不断地发展臻于更加完美的境地"②。因此,在马志尼那里,民族自决就是民族自由问题,民族主义与自由主义不可分离。

民族主义一开始就是一把双刃剑,要统治他人的民族主义即前述的自由帝国主义,胜过了奉行民族自决的自由民族主义,比如,德国人一直热衷于瓜分波兰。此外,俄罗斯、奥地利和土耳其这些多民族的大帝国都在压制着程度不同的民族自决运动。

在民族主义运动中,民族国家纷纷出现,"新玩家"越来越多,这对过去以帝国形态为主的世界政治造成了重大影响。虽然欧洲政治依然没有脱离 1815 年和约确定的"欧洲一致原则",即事实上大国决定一切的所谓的

---

① [英] J. S. 密尔:《代议制政府》,汪瑄译,商务印书馆 1982 年版,第 225 页。
② 转引自 [英] 伯里编《新编剑桥世界史》(第 10 卷),第 304 页。

"神圣原则",但是民族国家在 100 年后最终还是获得了至少在形式上和大国一样的权利,比如,欧盟的一致同意原则所保护的小国的权利。更重要的是,自由民族主义与自由帝国主义之间的紧张关系,尤其是自由帝国主义之间的紧张关系,最终演绎成 20 世纪的两次世界大战。在这个意义上,理解 20 世纪上半叶的世界政治,离不开 19 世纪世界政治演化所形成的结构性矛盾。

三 作为"反向运动"的社会主义思潮的出现及其滞后性影响(20 世纪)

在欧洲国内资本主义化以及世界范围的自由帝国主义化的历史进程中,首先是欧洲内部,接着是在全世界范围内,先后出现了作为自由主义的"反向运动"即世界社会主义运动。1848 年《共产党宣言》的发表以及 1848 年二月革命,没有财产的阶级开始第一次主张政治权利。通过马克思、恩格斯领导的"第一国际"和"第二国际",社会主义运动从一国到多国、从欧洲到世界。19 世纪最后的 30 年既是资本主义世界经济体系的最终形成期,也是思想大动荡的时代,是塑造 20 世纪新世界秩序的思想播种时期。经过长达半个世纪的政治积累,终于在落后国家结出社会主义之果——俄国十月革命所建立的第一个社会主义政权,从而奠定了社会主义从一国到多国胜利的基础。如果说自由帝国主义运动奠定、塑造了资本主义世界秩序,那么社会主义运动则撕裂、重组了世界秩序。[①]

那个时代的社会主义运动有两层含义:一个是社会解放运动,主要发生在欧洲,这是一国之内的权利之争;另一个是民族解放运动,主要发生在亚洲和非洲以及拉丁美洲的部分地区,又称民族民主解放运动,与社会主义运动重叠或者是社会主义运动的另一种表现形式,这是国家之间的权

[①] 杨光斌:《民主与世界政治冲突》,《学术界》2014 年第 8 期。

力斗争。这样，到 20 世纪上半叶，世界政治主要是由自由帝国主义之间，以及自由帝国主义和社会主义（西方人习惯用"共产主义"）之间的矛盾所诱发的，并直接导致了第二次世界大战后的"冷战"。

◇◇第三节 对抗性政治思潮与世界政治变迁

到了 19 世纪和 20 世纪之交尤其是第一次世界大战时期，一方面，自由帝国主义已经成为列强内部的主要意识形态。在社会主义运动方面，在 1914 年之前，欧洲没有一个社会主义政党加入政府，但是第一次世界大战爆发，在大多数交战国，社会主义者都加入了本国政府，捍卫自己的国家，社会主义政党因此得以合法化。① 在自由主义阵营中，知识领袖如马克斯·韦伯更是公然为帝国主义政策著书立说，其著名的《新教伦理与资本主义精神》就是一部为民族权力张目的帝国主义作品。② 应该说，帝国主义思潮的盛行是帝国主义国家政策的产物；反之，帝国主义思想的盛行进一步催生了帝国主义国家政策。因此，第一次世界大战的爆发看似是很偶然的因素诱发的，但这个因素只不过是点燃帝国主义政策之间紧张关系的火药桶的导火索而已。在笔者看来，不研究 19 世纪下半叶以来的帝国主义—殖民主义思潮，就说不清楚第一次世界大战导致的世界体系的崩盘与重组。

沿着霍布森的《帝国主义》，马克思主义的帝国主义理论研究是为了批判帝国主义国家政策，右翼的帝国主义理论如韦伯的民族权力论则是为了推行帝国主义政策。无论是帝国主义理论还是帝国主义政策，"帝国主义"

---

① ［英］唐纳德·萨松：《欧洲社会主义百年史》（上册），姜辉等译，社会科学文献出版社 2013 年版，第 31 页。
② 杨光斌：《历史社会学视野下的"新教伦理与资本主义精神"》，《中国政治学》2018 年第 2 辑。

都是20世纪上半叶世界政治中的一个关键词,这也是现实主义国际政治理论诞生的基本历史背景和理论语境。① 换句话说,以现实主义面目出现的帝国主义理论,就是最有力量的世界政治理论,今天依然没有过时,只不过,"冷战"开始后,西方国际关系理论极力"祛帝国主义化",② 以所谓的"实力政治""均势"等一般性概念代替了帝国主义这种实质性概念,以至于让很多人忘记了世界政治的本质。③ 1815年之后的100年里,即所谓的"百年和平"时期,西方大国之间讲究所谓的"实力政治"达成的"均势",它们何时对非西方国家讲究过"均势"?奉行的只是赤裸裸的帝国主义—殖民主义。这就是历史之于政治学的重要性,忽视历史而执迷于理论,理论也就成了沙滩上的城堡。结构现实主义之在中国的流行可谓一种深刻的教训,我们需要呼唤历史政治学的诞生,还原"历史"的真实政治面目。

第二次世界大战是第一次世界大战的继续,或者说第二次世界大战是因为帝国主义列强之间直接争夺"生存空间"而导致的民族权力之战。制度变迁具有非预期性,自由帝国主义在第一次世界大战中导致的是第一个社会主义政权在俄国的诞生,第二次世界大战则催生了社会主义国家群的出现。第二次世界大战中的国家看上去有法西斯主义的、有自由帝国主义的和社会主义的,其实法西斯主义既可以看作自由主义失败的产物,也可以看作极端的自由帝国主义形式。在这个意义上,社会主义国家是自由主义或自由帝国主义失败的产物。

社会主义思潮经过半个世纪的欧洲积累,到了20世纪上半叶,已经成

---

① 参见[英]爱德华·卡尔《20年危机(1919—1939):国际关系研究导论》,秦亚青译,世界知识出版社2005年版;[美]汉斯·摩根索《国家间政治:权力斗争与和平》,徐昕等译,北京大学出版社2012年版。

② [美]肯尼思·华尔兹:《国际政治理论》,信强译,上海人民出版社2003年版。

③ 杨光斌:《重新解释现实主义国际政治理论——历史本体论、国家性假设与弱理论禀赋》,《中国人民大学学报》2018年第4期。

为全球性思潮，也成为一种普遍性价值。19世纪60年代小密尔说社会主义思潮是人类历史上第一次没有财产权的人所主张的政治权利，到了20世纪20年代，连右翼的奥地利经济学派代表人物、哈耶克的精神导师米瑟斯在1923年的《社会主义：经济与社会学的分析》中也说，时代发展到了今天，不承认社会主义的基本价值在道德上是说不过去的。① 历史的玩笑是，第一个社会主义国家不是出现在资本主义发达的西欧，而是资本主义经济不发达的俄国。看来，制度变迁的轨迹既有线性的"渐变"，也有非线性的"突变"。俄国社会主义政权是出现在资本主义世界体系中的第一个"异端"，因此从一开始便受到资本主义帝国主义势力的围剿。经过几次残酷的考验，尤其是第二次世界大战，历史证明社会主义可以在一国成功，但是环境压力所带来的代价是各个方面的，比如，残酷的农业合作社运动、内部"大清洗"、民族紧张关系，这些都为后来的制度变迁埋下了种子。

如果说在20世纪上半叶的世界政治演绎中政治思潮是一条或明或暗的线索，至少需要研究者去整理才能说得清楚其中的关系（即政治思潮与世界政治变迁），那么第二次世界大战后半个世纪的世界政治路线图则直接由政治思潮勾画并牵引着，以意识形态划分阵营并定位国家间关系。

"冷战"起源于美国发动的心理战即意识形态。② 为什么如此？两次世界大战导致的社会主义国家的批量出现以及资本主义世界体系的危机，很难再用传统的"热战"去捍卫旧秩序，即没有能力也没有意愿进行第一次世界大战、第二次世界大战那样的战争。心理战在第二次世界大战中得以应用，争夺人的思想、心理，便成为美国捍卫旧秩序的主要战争手段。也就是说，战争形式或战争目的由过去争夺领土、资源，转变为争夺人的大脑与思想，以此来改变对方的生存秩序和政治制度。结果便是，美国赢了，

---

① ［奥］路德维希·冯·米瑟斯：《社会主义：经济与社会学的分析》，王建民等译，中国社会科学出版社2012年版。

② 杨光斌：《意识形态与冷战的起源》，《教学与研究》2000年第3期。

苏联输了。在这个思想比拼的长程历史中，是否有与时俱进的社会科学至关重要，因为只有将思想和观念社会科学化，才能进教材、进课堂、进头脑。

"冷战"的结束催生了"历史终结论"，并以全球化之名推向全世界。一时间，苏联东欧社会主义国家纷纷易帜，很多非西方国家开始转型或随后发生了"颜色革命"。全世界包括中国的学者也开始以"价值承诺"来判断国际关系的是是非非。这场世界政治的变迁催生了所谓的"民主和平论"即民主国家之间无战争，为此美国谋划了"大中东民主计划"，结果"阿拉伯之春"成了"阿拉伯之冬"，一度的经济繁荣和社会和谐之地变成了人间地狱。

在这场所谓的"民主的第三波"中，中国的政治实践智慧和国家自主性发挥了决定性作用，一方面拥抱经济全球化，一方面固本革新，坚持政治自主性。在政治发展道路上坚持方向的同时，各种政策则秉承包容性的"混合至上"原则。也就是说，虽然中国被动地卷入了政治思潮之争，但中国以实用主义原则应对变迁中的社会压力，从而成为全球化浪潮中的大赢家。

◇◇第四节 政治思潮影响世界政治变迁的内在机制

前述 300 年来的全球政治史说明，政治思潮不但影响着世界政治变迁，也是研究比较政治和国际关系不可或缺的变量。那么，政治思潮发挥作用的内在机制到底是什么呢？政治思潮的起源与作用方式有所不同，但最终都是扩张性的。这里主要以辩护性—扩张性的意识形态为例，探索政治思潮影响世界政治变迁的内在机制。

（1）国内需要催生了政治思想。英国政治革命完成之后，新兴阶级得到迅猛发展，于是产生了资产阶级的意识形态即自由主义，以论证自己行为的合理性、合法性；远程贸易的发展使得自由主义必然演变为自由帝国主义。同理，第二次世界大战后，面对大步到来的世界社会主义思潮，西方阵营内部需要论证自己为什么也是民主国家，从而产生了以选举式民主为核心的自由主义民主理论。可见，无论是最初的自由主义还是后来的自由主义民主，最初都是一种辩护性理论体系。

（2）中心国家或者国际组织进行了政治传播。产生了辩护性理论的国家往往是世界政治的中心国家，在实现自己的全球性利益的同时也在传播着自己的思想，这是国内经济再生产需要所产生的文化产品的国际化。传播过程不单单是中心国家的任务，中心国家所组建的国际组织也起着推波助澜的作用。比如，第二次世界大战后美国通过社会科学、文学、电影等各种渠道传播自由主义民主理论，并配置了"自由之家""政体Ⅳ"等各种评价指数体系。

中心国家往往是那个时代最发达的国家，后来者或者学习者也容易向中心国家看齐。这样，中心国家刻意推广自己的思想产品与后来者学习中心国家的互动过程，最终使得中心国家的思想产品成为一种国际性政治思潮。比如，"第三波"民主化之所以发生并如此广泛，不同于过去制度变迁的国内因素的决定性作用，外来性因素即国际性政治思潮的影响非常重要，甚至起着决定性的作用。戈尔巴乔夫的《改革与新思维》，就是如何实现自由主义民主的路线图。因此，"冷战"是一场"没有硝烟的战争"。

（3）诱发国内秩序的变迁，改变了世界秩序。政治思潮所诱发的国内秩序变迁，促使变迁国家或转型国家按照观念去站队，从而形成新的世界秩序。"冷战"后，原属苏联阵营的中东欧国家，纷纷加入欧盟或北约，使得俄罗斯形单影只。这样，如果说第一次世界大战、第二次世界大战以及后来的民族民主解放运动撕裂了英国—美国主导的资本主义世界体系，从而形成了"两极"的世界秩序,但美国赢得的"没有硝烟的战争"在一定程度上又缝合、巩固了 19 世纪式的世界体系,即西方人完全主导的世界秩序。

(4) 在改变世界秩序的同时,也塑造了新的国际关系。在新世界秩序中,很多国家间关系重新排列组合,或从友好到敌对,或从敌对到友好。这在过去 300 年的世界政治中是常态。改变了苏联的美国,试图如法炮制,通过改变中国经济形态从而改变中国政治体制,因此奉行所谓的"接触"(即在接触中改变)政策。但是,中国的规模决定了,中国通过改变自身而改变了世界,19 世纪式世界秩序昙花一现,美国为此全面重新评估中美关系,2016 年后对华强硬,形成"一边倒"的声音。

总结起来,中心国家政治发展所催生的政治思想或者话语体系,往往会被中心国家当作事实性国家利益对外推广,为此甚至组织专门的国际机制去传播其思想,从而使得一种地方性知识或思想成为全球性思潮;全球性思潮势必会改变很多落后国家或者对手的精英阶层,使得精英阶层改变对本国政体的忠诚,制度突变势必发生;国内秩序的变迁改变着一个国家的属性,习惯于按照意识形态排队的世界政治,必然或者很可能因此而形成新的世界秩序,同时国家间关系也会得到重大改变或者某种程度的调整。

这一政治思潮影响世界政治变迁的演绎逻辑是规范性分析,世界政治变迁的过程更为复杂,因此当然不排除也不会否认地缘政治、经济利益等核心变量对于世界秩序和国际关系的影响。只是,学者们尤其是中国学者已经太熟悉地缘政治和经济利益的作用与相关理论,而世界政治变迁中或国际关系史中的政治思潮变量如此重要但并没有得到相应的重视,因此,在这里作为一种补充性的新型分析路径提出来,希望可以丰富对于世界政治和国际关系的想象,加深对全球事务的理解。

作为研究世界政治的一种范式,政治思潮与亨廷顿的"文明范式"有关系,但存在重大差异。亨廷顿的"文明"无疑具有高度的质性特征,即强调其稳定性乃至恒常性，从而难以回答为什么同样的文明在不同的历史时期具有完全不同的关系，比如，A 文明与 B 之间、B 文明与 C 文明之间，过去的友善型可能演变为不那么友好型，这并不是"文明范式"本身所能回答的。之所以发生了这样的变化，是因为经济利益驱动的政治思潮发生了重大变化，从而刺激了文明关系的变化。这一点，笔者在《"文明范式"与世界政治研究》一文中已经论述过。在这个意义上，如果说"文明范式"是解释国际关系或者世界政治的最为深层的历史结构，那么相对而言，政治思潮则是一种中观结构。政治思潮的流动性决定了其可观察性，或者说是一种可以看得见的解释变量，比"文明范式"在解释上更具可控性。

按照这套规范性演绎逻辑，正在成为中心国家的中国，因其政治制度和经济体制与资本主义世界体系形成鲜明对比，很难用既有的思想或者话语体系来论述，中国必须有自己的论述。中国如何传播自己的论述，是我辈正在经历的历史性事件；诞生于中国的学说乃至政治思想，能否成为全球性思潮，更是值得期许、值得观察的大事件。当然，中国也不必然重走过去 300 年的老路，世界政治的变迁也未必一定要像过去 300 年那样具有思想强制性，即把自己的思想和意志强加于人。因此，不但中国影响世界政治的方式是一个开放的问题，世界政治的形态也将是一个开放的问题。如果中国步入中心国家的舞台，可以肯定的是，作为文明型国家的对外关系方式将会完全不同于传统的帝国式强权。如果中国全面实现了社会主义现代化强国，我们熟悉的世界政治形态和变迁方式将会成为历史，作为中心国家的中国也不容许人类重蹈不平等、霸权、欺凌的覆辙，国家之间将有更多的共商、共建、共享。这其实就是民本主义的世界观——"天下观"的再现。这是否意味着，源自中国的政治思想将是影响世界政治变迁的一种重要力量，世界因此而不同？

第 七 章

民主化浪潮与世界秩序的重组

在现代世界，没有什么政治思潮比民主思想的影响更大了，民主观念改变了人，影响着国内政治走向，并直接改变着世界秩序，世界近代文明史或许可以从"民主"的角度重新书写。但是，这个角度的世界史必然是一部充满冲突的世界史，这是因为民主的异质性特征，不同性质的民主彼此之间在打架。所以，民主思想是一个最含糊的概念——哪家哪派的民主？民主化思潮也因此含混不清，近代民主的"元形式"即自由主义民主—社会主义民主及其关系，以及作为民主形式变种的民族主义民主、伊斯兰主义民主和民粹主义民主与元形式民主之间的关系，构成了一部冲突性的世界政治图景，影响着世界秩序的走向。世界政治告诉我们，"文明的冲突"因民主化和民主而变得更加可能和现实，民主是从文明认同差异到文明冲突之间的中介机制。鉴于此，民主的内容、民主的内在属性以及其在各国政体中的真正位置，都需要重新审视。在价值上是公共善的民主，在制度意义上它只不过是国家建设诸多方面的一个讲究"时间性"的方面，不能停留在"元叙事"层面谈论民主。

我们发现，"文明的冲突"因"民主"而成为现实，这大概是亨廷顿当年不曾预料到的，或者说亨廷顿不会刻意把民主与文明的冲突关系突出出来。虽然亨廷顿也偶尔提及民主化对于"文明的冲突"的影响,① 但核心是论证种族认同所引发的冲突,并专门以巴尔干半岛为例,论证建构出来的种族认同如何导致种族清洗式的文明的冲突。②

我们要回答的是,近代以来的种族—宗教认同(本书有时称"文化认同")固然是"文明的冲突"的一个重要诱因,但是历史上很多种族—宗教认同问题,哪怕是种族—宗教认同危机,也并不必然导致冲突或者战争,其中的差异在哪里?为什么历史上不同时期的种族—宗教认同危机会演绎出不同的结局?为此就必须寻找从文化认同到文明冲突之间的中介机制,我们认为这个机制就是民主化或者民主本身。对于这个问题的回答必然带来对世界未来秩序的思考:如果文明的冲突是必然的和普遍的,而民主又是文明冲突的内在机制,是不是意味着美国推广民主的国家安全战略最终却在为自己制造敌人?"阿拉伯之春"或许就是这个问题的答案。

伴随着"历史的终结"的大狂欢,西方思想界制造出"民主和平论"即民主国家之间无战争的康德的"永久的和平"论。此时,头脑清醒者提醒人们,在民主转型中,由于垄断性体制的瓦解和毫无约束的言论自由,各方都会毫无节制地诉诸民族主义动员而获得权力,因此民主化过程中发生战争的概率更高。③ 第三波民主化验证了这一道理,"阿拉伯之春"也是如此。但问题是,即使是老牌的民主国家之间及其国内,冲突也从来不断,比如,印巴之间以及巴基斯坦、泰国等国的国内。也就是说,不但民主化转型会诱发国家冲突,巩固的民主国家同样会发生冲突。根本原因在于,过去我们对于民主的期许太高,以为民主能解决一切问题。后文笔者将详

---

① [美]塞缪尔·亨廷顿:《文明的冲突与世界秩序的重建》,周琪等译,新华出版社 2002 年版,第 158 页。

② [美]塞缪尔·亨廷顿:《文明的冲突与世界秩序的重建》,第 301—343 页。

③ Jack Snyder and Karen Ballentine, "Nationalism and Marketplace of Ideas", *International Security*, Vol. 21, No. 2, 1996, pp. 5–40.

细论述，尽管民主是一种相对于君主制—贵族制等权力私有制的"权力公有制"，是一种巨大的历史进步和价值优越，但是民主说到底也不过是一种政体，而且是根本利益大调整的政体，因此民主本身就包含着内在的冲突。从第一波民主化到不被西方人视为"民主化"的民族解放运动（20世纪40—70年代），民主化都带来国内和国际冲突；而当民主遭遇伊斯兰主义或者与伊斯兰主义合谋的时候，民主所带来的冲突几乎是难以调和的，这是西方国家民主化进程中所不曾有过的冲突模式。也就是说，我们必须改变我们对于民主的一系列错误认识，比如，民主在国际上有利于世界和平，在国内是一种最好的利益调节机制，可以保证国泰民安。民主本身不具有这样的功能！民主本身就是根本利益结构的再调整这一事实表明，民主是一个异质性的冲突性概念，而且是一个扩张性的异质性冲突性概念，就像看上去很美的"文明"一样会带来冲突。民主本身不会自动而和谐地调解利益冲突，能够安顿利益冲突的是法治，比如，当2000年美国大选陷入僵局时，是最高法院定输赢。

当西方人心目中的属于个人权利范畴的自由民主延伸到其他文化和文明时，正如我们已经看到的那样，"自由主义民主"就变成了"民族主义民主"和"伊斯兰主义民主"，或者演变成"民粹主义民主"。显然，这些变种后的"民主"的冲突属性就会得到加强，它们甚至会压制和摧毁原生态的保护个人权利的自由民主，使得诸种民主形式之间有了内在张力和冲突。

如果把世界近代政治文明史看作托克维尔所说的人类不可阻挡的平等化趋势以及由此而来的民主化的历史，而民主本身具有冲突属性，那么民主的历史就是人类利益大冲突的历史，只不过这种利益冲突在西方国家似乎已经成为过去时，因而"非历史的"西方行为主义社会科学总是以乐观主义姿态看待民主，即忘却民主的冲突过程而极力推广民主的终端模式，结果却是变种的民主反过来压制甚至摧毁西方人所熟悉的自由主义民主。这种历史的非预期结果肯定不是西方人所乐见的。

◇◇第一节 近代民主的"元形式"及其变种

世界上的民主理论形形色色，诸如选举民主、参与式民主、协商民主等各种实证民主理论和这些理论相关的民主形式，并不是本部分要讨论的。我们关心的是那些能对国内秩序和世界秩序构成重大影响的民主形式，即能够称得上政体意义上的民主，它们分别是自由主义民主以及与之相对立的社会主义民主，作为民主变种后的民族主义民主与伊斯兰主义民主。

把民族主义、伊斯兰主义与民主关联起来的根据是什么？对于西方人而言，民主是以不同的宪法形式呈现出来的（联邦制或中央集权制、国会制或分权制、任期制），竞争性选举与民主制是密不可分的，民主政治的两个主要方面是平等和自由，所以西方人熟悉的民主是"自由的民主"。对于民主的本义而言，平等权才是判断一切形式民主的根本标准。在国内政治中，平等权可体现为平等的选举权，"法律面前人人平等"；在世界政治中，平等权是种族/民族的平等权或者政治共同体的文化/宗教平等权，是从国内政治的个人权利演变为世界政治的政治共同体的平等权利。如果有人认为把社会主义、民族主义和伊斯兰主义与民主叠加在一起有问题的话，自由主义与民主的叠加同样是问题，正如萨托利所言：自由和民主是两条道上跑的车，战后西方社会科学倾注了巨大努力才把这两个概念糅合在一起。总之，我们以平等权为标准区分民主的基本形式，有时用于国内政治民主的个人平等权（或者阶级的集体平等权，如普选权），有时用于世界政治的集体平等权。

一 自由主义民主与社会主义民主

这是一对大家都知道的老冤家，在"冷战"中打斗不停，纠缠不休。

看上去对立的自由主义民主和社会主义民主,二者之间却存在共同基础或者享有最大公约数,即个人的自由和平等。所不同的是,一个更多的是强调自由,另一个是更珍视平等;在此基础上,一个是更突出经济上的个人自由,另一个是更强调经济上的集体平等权。

简单地说,自由主义民主来自洛克式自由主义,而洛克式自由主义的核心就是个人财产权。在市场化社会,个人能力的不平等以及继承下来的不平等如财产权,必然导致个人占有财富的不平等,因此洛克式自由主义说到底就是麦克弗森所说的"个人占有主义",而基于"个人占有主义"的政体即以自由资本主义或放任资本主义为基础的自由主义民主并非符合正义原则。[①] 尽管自由主义民主理论源远流长,很发达,从洛克—托克维尔—密尔到当代的熊彼特—萨托利—达尔,基本上都在谈自由民主的社会条件和政治特征,而不理会在西方政治社会中占有重要地位、对政治决策有着直接影响的大企业。林德布洛姆在《政治与市场》中指出,不观照大企业的自由主义民主理论还有多少意义?资本和大企业所导致的不平等,是自由主义民主的结构性硬伤,即不符合正义原则。

也正因为其有违正义原则,在历史的政治实践上,以放任资本主义为基础的自由主义民主的一个副产品就是以计划的统制经济为基础的传统社会主义民主。作为放任资本主义的反面或者补救,计划的统制经济在财产所有制上的国家所有以及期盼由此带来的人人平等,最终却陷入制度上的统制经济和结果上的经济停滞,因而作为政体的传统社会主义民主也不符合理想中的正义原则,以至于社会主义阵营最终以苏联解体、东欧剧变而告终,中国也不得不改革开放并由此而形成混合经济。

尽管自由主义民主和传统社会主义民主具有内在的冲突性,但并不是不能融通,事实上自由主义民主吸纳了很多社会主义的因素,而社会主义

---

① [美] 约翰·罗尔斯:《作为公平的正义:正义新论》,姚大志译,中国社会科学出版社2011年版,第167页。

民主也汲取了不少自由主义的要素，因为二者之间具有共同的源头，也有自由、平等、民主等最大公约数。在理论上尤其在制度安排上，二者依然会有冲突，但在"冷战"以后，其冲突的烈度已经让位于自由主义民主与其他民主形式的冲突，也就是说，自由主义民主的最大敌人已经不再是社会主义民主，而是变种后的民主形式即民族主义民主和伊斯兰主义民主。

二 民族主义民主

对于自由主义来说，只有基于个人权利平等的自由民主才是民主，其他形式的民主都不是真正意义上的民主。这种看法并不符合理论、历史与现实。

法国革命者在《人权宣言》中明确提出民主主义、民族主义和民族自决权的口号。受法国大革命的影响，基于康德的自由和自决观念，费希特演绎出了民族自决理论。他认为个人的完全自决最终要求民族的自决，因为个人自由只有在团体（包括社群和民族）的生命中才具有意义，个人只有融入整体才能实现完全的自由。这样，在历史上，民主和民族主义几乎是一对孪生概念。法国大革命催生了当时欧洲其他国家的民族主义，从意大利的民族主义到德国的民族主义，都是法国大革命的产物。民族主义的一个核心诉求就是民族平等权。这是就民族主义的起源而言的。

民族主义的扩大也是世界民主化的产物。"威尔逊十四条"和列宁民族自决权理论指导下的苏俄主动放弃沙皇帝国的殖民地，无疑具有国际关系民主化的性质，事实上也推动了国家关系的平等化。第二次世界大战后，从"冷战"时期的民族主义到"冷战"后的民族主义的复兴，无不与民主化密切联系在一起。因此，民族主义是世界范围内的民主平等权的产物。不管自由主义是否承认民族主义民主，20世纪50—70年代的世界范围内的民族解放运动又被称为"民族民主运动"。同时，民族主义的复兴也助推了世界范围的民主化，因为，民族主义运动总是借助于作为民主工具的选举而达到目的，比如，全民公决对于苏联的解体至关重要。也正是因为民族主义的民主性质，"冷战"时期两大阵营都号称自己是民主国家，因而都分别支持有利于自己的民族解放运动；"冷战"后美国又致力于推动民主化，不得不支持各种形式的民族主义运动，哪怕是民族分裂主义。

可以认为，历史上的民族主义民主也是自由主义民主的副产品。吊诡的是，相对于自由主义民主与社会主义民主之间，自由主义民主与民族主义民主之间具有更大的内在张力或内在冲突性，因为强调具体平等权的民族主义很多时候无视个人权利，或者说不得不为了整体的"民族"而牺牲掉个体的"民权"。

三　伊斯兰主义民主

自由主义不愿意把民族主义与民主结合在一起，更不愿意看到"伊斯兰主义民主"这样的概念。但是，无论是伊斯兰主义本身的内涵，还是伊斯兰主义的产生与复兴，都与民主具有密切的相关性。在教条意义上，伊斯兰教因为强调服从真主似乎与民主原则有冲突，但事实上各宗教都如此，都强调神的意志的至上性，都是与民主根本对立的。不同宗教的某些教义可以支持民主的某些理念，为推行民主提供有限的政治资源，这是量上的差别。[①] 伊斯兰主义是以真主为中心而强调人人平等的教义，比如，穆斯林兄弟会号召穆斯林抵制西方思想的侵蚀，消灭等级差别，使人们融为一体，回到早期伊斯兰教生活中去。再则，在强调协商的同时，《古兰经》明确提出的另一个民主原则就是公议（Ijma），它要求通过社区的一致同意或是集体判断来做出决定。按照埃及著名伊斯兰学者阿卡德（Abbas Mahmud Al-

---

① 王林聪：《论伊斯兰教与民主之间不确定的关系》，《西亚非洲》2005年第5期。

Aqqad）的解释，公议"是伊斯兰对于民主选举最完满的解释和范例，它让社区通过一致同意来决定由谁担任管理者"[1]。可见，伊斯兰主义中的平等诉求与协商、公议原则，与西方自由民主中的核心原则在很多方面不谋而合。

就历史而言，作为政治运动的泛伊斯兰主义，是反抗西方自由主义的帝国主义霸权的产物；到20世纪70年代的伊斯兰复兴运动，同样反抗的是西方主导的现代性运动，强势的现代性运动带来的"中心—边缘"结构，使得处于"边缘"地带的文化共同体寻求自己固有的国粹即宗教而争取自己的世界平等权即文化平等权，这就是20世纪70年代开始的伊斯兰复兴运动，这场宗教原教旨主义运动恰恰赶上了世界民主化浪潮，选举民主成为伊斯兰主义复兴的最有力工具，也使得伊斯兰国家认同民主体制。皮尤研究中心2010—2011年的追踪调查显示，除巴基斯坦外，穆斯林民众对民主政体的认同较为普遍，大多数民众认为民主优越于其他政府形式。根据调查，"阿拉伯之春"进一步强化了某些国家穆斯林对民主的认同，埃及穆斯林对民主的好评程度从2010年的59%上升到2011年的71%。[2]

因此，从教义本身和伊斯兰主义的历史看，伊斯兰世界的民主都可以被称为"伊斯兰主义民主"。与民族主义不同的是，特别重视平等的伊斯兰主义，对外是一种事实上的民族主义，对内则是一种"永恒的多数"原则。在中东地区，伊斯兰主义内部分为逊尼派和什叶派，二者之间不妥协，任何一派占多数，则永远是选举民主的赢家，因而是一种不同于"多重少数"的自由民主的"永恒的多数"，伊拉克的选举和伊朗的选举便是如此。问题是，"永恒的多数"如何尊重并保护宗教上的"永恒的少数"？因此，在教

---

[1] 参见汪波《伊斯兰与西方文明所蕴含的民主价值观之比较》，《阿拉伯世界研究》2007年第2期。
[2] 转引自钱雪梅《试析政治伊斯兰对中东北非剧变的解读：以伊扎布特为例》，《国际政治研究》2011年第4期。

派意义上，伊斯兰主义民主具有内在的冲突性。不仅如此，教派上的"永恒的多数"与世俗自由派的关系也存在内在张力，甚至压制世俗自由派即压制自由民主派。因此，伊斯兰主义民主又与自由主义民主存在内在冲突性。由于当初西方人陶醉在"大中东民主计划"中，才炮制出"阿拉伯之春"这样的可笑概念，错把伊斯兰主义民主当作自由民主，才会有"春天"这样极端幼稚的概念。"春天"去了，留下的是瑟瑟秋风中的血色黄昏。

通过简单梳理几种民主形式可以知道，不要指望所有国家的民主最终都是自由主义的民主。即使不是民族主义民主或者伊斯兰主义民主，发展中国家的自由主义民主也很可能是民粹主义民主，而民粹主义民主是不能兼容自由主义民主的，正如南美国家的民主政治一样。如果说民主和平论鼓吹民主国家之间无战争，那它至多也是自由主义民主国家之间的事。当全世界都民主化后，民主国家之间绝不是彼此之间相安无事，看看世界近代文明史就清楚了。

自豪于"救世"文化的西方人总是把自由民主视为极乐世界，不但以为"民主国家之间无战争"，而且一旦实现了民主就国泰民安了。也正是在这种"救世"心态的指导下，世界文明史就这样被建构起来了，以推广民主作为"使命"的国际政治著作汗牛充栋。遗憾的是，殖民化的中国社会科学基本上也是沿着"救世"产品来看待民主。其实，只要回归到民主的基本常识，即民主是一个冲突性政治、冲突性概念，就能发现，近代历史上的国际、国内冲突几乎都与民主有着直接或间接的瓜葛。

◇第二节 自由主义民主—社会主义民主与现代世界体系的到来

根据笔者的理解，自由主义民主和自由主义是一对密切关联而又有很大不同的概念。自由主义是一套政治哲学，是关于个人权利的学说，而民主则是一种政体，是关于大多数权利的主张。把个人权利和整体权利两种本体论性质不同的学说糅合在一起而成为"自由主义民主"，是"冷战"时期美国为了对付敌人而建构起来的不伦不类的概念，其核心只不过是把中世纪就存在的选举找回来，炮制出"熊彼特式民主"即选举式民主。如果说有选举就是民主了，中世纪的选举政治为什么被称为贵族制或神权政治？为了论证"自由民主"的合法性，人们往往从洛克那里寻找理论资源，从而把洛克式自由主义和选举政治混杂在一起，美其名曰"自由民主"。

如果说"自由民主"源自洛克式自由主义，那么就得重新认识民主的性质、民主的历史甚至整个世界近代史了。过去我们习惯上把殖民主义视为帝国主义的产物，这并不错，但是帝国主义的根源又在哪里？在于洛克式自由主义，这大概是西方人万万不愿意承认的，也是国内思想界不愿意正视的。但是，我们认为殖民主义是洛克式自由主义的产物，是由历史的链条证据构成的。

很多人或许不知道，当洛克主张财产权时，他正在贩卖奴隶，因此他所说的财产权绝不是普罗大众的权利。洛克主张财产权的大背景是英国和其他欧洲国家的对外贸易。我们知道，欧洲民族国家的形成过程中，有两个因素至关重要：一个是查尔斯·梯利所说的"战争制造国家"；一个就是对外贸易。在英国，当战争最终确定了英国的现代国家形态以后，战争也就伴随着其对外贸易，世界上没有哪个国家比英国更多地因为商业利益而发动战争。

如果中国人还不清楚英国国家成长中商业与战争的关系，应该知道作为中国近代史分水岭的"鸦片战争"。鸦片战争为什么发生在 1840 年而不是更早？其实，就中英贸易利益而言，英国早在 19 世纪初就一直出现贸易逆差，因而向中国走私鸦片，清政府也早有禁烟行动，但是为什么在 1840 年发动了鸦片战争？1832 年宪政改革是英国历史的分水岭，获得了选举权的新兴资产阶级在政治上有发言权后，英国对外政策变得更强硬、更具扩张性，从而强势主导了对华政策。这个故事就是自由主义民主在国际关系中的生动写照。其实，从18世纪到20世纪初英国"日不落帝国"殖民体系的形成，就是洛克式自由主义即财产权扩张而形成的冲突性国际关系。

这样，源自洛克式自由主义的"自由民主"诞生以后，世界秩序不是更安宁了而是更有冲突性了，欧洲尤其是在全球范围内，世界从此变得更不平静。读书人如果只盲信西方人说的洛克式自由主义与看上去很美的"自由民主"的密切关系，而看不到或者不愿意承认洛克式自由主义与帝国主义贸易和殖民主义的关系，那是知识的悲哀。

作为扩张性和冲突性的力量，自由主义民主不但导致了新型的世界秩序和国际冲突，也造成了国内关系的空前紧张，从而出现与之对立的工人运动和社会主义民主，国内秩序在不断冲突中得以重组。洛克的财产权理论和其以后的苏格兰启蒙运动中的亚当·斯密的世界主义理论，犹如英国经济的发动机，极大地推动了英国经济，工业革命离不开这些思想观念。第一次工业革命培养出了新兴资产阶级，但是作为一个阶级，工人阶级出现在第二次工业革命之中，19世纪30—40年代的宪章运动是工人阶级成为与资产阶级对立的阶级的标志。英国宪章运动、欧陆1848年二月革命，推动了为无产者利益说话的社会主义学说的诞生，用约翰·密尔的话说，历史上第一次出现了没有财产的阶级而主张利益的现象。晚年具有社会主义关怀的密尔这样说：事情到了今天，我们不得不承认无产阶级思想主张的正当性。

在国内秩序层面，按照芬纳在《统治史》中的说法，整个18—19世纪就是欧洲国家危机四伏的200年，一轮危机接着一轮危机，一场危机的解决是诱发新危机的肇因。200年的危机意味着什么？对于今天的人们来说实在难以想象。200年间，是一个降解特权、扩大平等权的国内秩序重组的长周期，其中的阶级冲突和社会矛盾之激烈不难想象。即使是一直被视为和平渐进变革典范的英国，当迈克尔·曼在《社会权力的来源》中谈到英国 19 世纪中叶的冲突时，他说必须改变"和平渐进"的看法，因为这一时期的流血冲突、社会犯罪空前激烈。英国尚且如此，遑论其他国家政治冲突的激烈程度了，法国政治动荡和流血斗争是周期性的，德国魏玛共和国即自由民主政治的失败导致惨绝人寰的法西斯主义的种族灭绝。就是在一波又一波的危机中，工人阶级的基本主张之一普选权逐渐实现了，但最终并没有因此而实现社会主义。分析马克思主义学派带头学者普沃斯基（Adam Przeworski）的一个重大发现是，欧洲社会民主党人原来指望通过普选占据议会，通过阶级立法实现社会主义，但是在实践中根本行不通，因为阶级立法必然会有损企业界、资本家的利益，他们会用脚投票，由此导致的经济下滑会使社会主义者在下一次大选中落败，因此最终也不会实现理想中的阶级立法和社会主义。这样，社会主义运动推动的选举权也不能改变资本主导的元秩序，再加上宪法政治第一位的重要性，西方在国内秩序重组中至多是增添点社会主义元素，诸如平等权和社会福利，使基本秩序得以维持。即使追求平等的社会主义政党，如社会民主党，其运转方式也没有改变组织铁律即"寡头统治铁律"。这样，追求平等的社会主义政党依然是一种等级制的寡头政治，更不要说改变整个政治结构了。长达两个世纪政治冲突后所达成的平衡，至多是一种混合制状态，固有的寡头政治结构不变，宪法第一和资本宰制不变，社会主义学说的一些主张如选举权和社会福利被体制吸纳。

在欧洲的"世界秩序"层面，虽然拿破仑战争以后经历了 100 年的长和平周期，但是这种和平之下却是暗流涌动。正是因为社会主义学说的指导，从 19 世纪下半叶到第二次世界大战，几乎是在整整一个世纪的长周期里，西方国家的工人运动风起云涌，"第一国际""第二国际"都是全欧洲范围内的工人运动，第一次世界大战结束时德国爆发了社会主义革命。洛克式自由主义带来国内治理危机，按照卡尔·波兰尼的看法，国内危机直接诱发了两次世界大战。世界上第一个社会主义国家苏联是世界战争的产物，苏联通过"第三国际"支持世界革命，中国等一批新兴国家成为社会主义国家。世界由此划分为自由主义民主阵营和社会主义民主阵营。

第三节　民族主义民主与世界秩序的重构

自由主义民主不仅催生了社会主义民主，也直接是民族主义民主的助产士。但是，民族主义民主有两个有趣的故事：一是与社会主义民主相呼应，肢解了洛克式自由主义民主一统天下的西方殖民体系；二是借助自由主义民主并与之结合，瓦解了社会主义阵营。因此，民族主义民主是自由主义民主和社会主义民主斗争的延续，并进而成为一种重构世界秩序的民主形式。

民族解放运动源远流长，从德国、意大利到美国独立和南美解放运动，都可以算得上民族解放运动。但是，它们在本质上是建国运动，而且并不以民主为建国目标。所以，本书所说的民族主义民主，特指第二次世界大战后到今天的民族解放运动或民族民主运动，因为无论是第二次世界大战后的民族民主运动，还是"冷战"以后的民族主义运动，都与民主有着千丝万缕的联系，并且往往以民主、共和作为建国目标。这是世界民主政治的转折点，因为过去民主只是一种国内政治概念，而且是一种不受欢迎的理论，现在民主一跃成为主流思想，转而成为世界上新兴国家都要建立的政治制度。

第二次世界大战后"冷战"时期的民族主义运动在理论上应该归功于前述的列宁的民族自决权思想和威尔逊的"十四点计划"。在19世纪末至第一次世界大战，帝国主义把世界十亿以上人口的大部分地区变成了自己的殖民地和半殖民地。在这个背景下，为社会主义而奋斗的列宁把社会主义运动与民族解放运动联系起来，主张民族自决权，在政治上给殖民地民族分离自由、给建立分立国家的自由，并把民族自决权提高为"社会主义原则"。主张民族自决权的新生苏维埃政权，不仅主动放弃沙俄的殖民地，还在 1919 年"巴黎和会"上力挺中国，反对将战胜国中国的胶东半岛由德国分割给日本。就是在这样的国际背景下，中国的知识分子由过去的亲美开始亲俄，知识界的左翼思潮开始兴起。

著名的威尔逊的"十四点计划"也同样主张民族自决权。1918 年 1 月 8 日，美国总统威尔逊在美国重建战后世界秩序的纲领性文件即"十四点计划"中，承认了奥匈帝国、巴尔干半岛的各民族有自决权，宣布："我提出的所有方案贯穿着一条明确的原则，它是对所有人民和民族的公正原则，每个民族无论强弱，都享有自由和安全的平等生活权利。"比较而言，同样主张国家关系平等化和国际关系民主化的美国，在实际行动上并不如苏联那么彻底，在第一次世界大战后依然和西方列强一道重新安排世界。

苏美的主张相同，但行动上大相径庭，从而产生不同的结果。由于苏联的言行一致，"冷战"时期的民族解放运动往往与社会主义革命运动联系在一起。结果，作为世界社会主义运动一部分的民族解放运动，又称为"民族民主运动"或"民族民主革命"，这一民主性质被写进新兴民族国家的绝大多数共产党和革命民主党的纲领性文件中。例如，1978 年热带和南非许多国家的共产党和工人党召开了第一次代表大会，在其《争取热带和南非国家的自由、独立、国家繁荣和社会进步》的总结文件中曾指出，"以社会主义为方向的国家所实施的措施不仅具有反帝的性质，而且具有反资和前社会主义的性质……今天提到非洲大多数国家日程上的不是社会主义革命而是民族民主革命"[①]。

正是因为这一时期的民族民主运动与社会主义密切地联系在一起，无

[①] ［苏］Ю. 孙巴强：《民族民主革命：问题和前景》，玉清译，《国外社会科学》1985 年第 12 期。

论是苏联和中国当时如何分裂,事实上它们都在致力于支持民族解放运动。最终,新兴民族国家在亚非拉的批量出现,使得殖民主义体系得以彻底解体,根本性地动摇或改变了西方统治世界的历史格局。

这是"民族主义民主"的第一个故事,即"冷战"时期社会主义国家支持民族解放运动而反对帝国主义和肢解西方霸权的故事。"民族主义民主"的第二个故事则是第三波民主化浪潮中和"冷战"后,西方国家利用"民族主义民主"肢解社会主义国家和推动民主化的故事。历史就是这么诡异。

"冷战"时期尽管存在大量的民族主义问题,但"两极"世界的安全需要超过一切,民族主义因而在各自阵营内部得以压制下来。但是,当"冷战"结束后,被压制已久的民族主义以井喷之势爆发出来,亨廷顿笔下的"文明的冲突"归根到底就是民族之间的冲突。如前,民族冲突恰逢第三波民主化,使得民族主义顺理成章地冠以民主之名而成为新式的"民族主义民主"。

在戈尔巴乔夫的民主化、公开化和透明化政治多元化改革中,民族主义首先撕开国家解体的口子。公开性和民主化必然导致多元化。多元化既是民族分离主义崛起的原因,也是民族分离主义的结果。苏联建国以来一直面临严峻的民族主义问题。在苏联的"国事犯罪"中,有3/4是因"民族主义"入狱的。就是在这种条件下,赫鲁晓夫和勃列日涅夫却异口同声地宣称,苏联民族问题已经完全解决了,并且是"彻底和一劳永逸地解决了"[1],戈尔巴乔夫在改革的初期也不断重复其前任的判断。[2] 由于长期以来的自欺欺人,这个可能威胁苏联国本的问题被束之高阁,戈尔巴乔夫也根

---

[1] 中国社会科学院苏联东欧研究所等编译:《苏联民族问题文献选编》,社会科学文献出版社1987年版,第250、343页,转引自黄宗良、孔寒冰主编《世界社会主义史论》,北京大学出版社2004年版,第492页。

[2] 陆南泉等主编:《苏联兴亡史论》,人民出版社2002年版,第794页。

本没有意识到在公开性和民主化过程中民族问题的严重性，结果民族分离主义一发而不可收拾。比如，1989年4月格鲁吉亚首都帝比利斯因民族主义运动发生了严重的流血事件，为此戈尔巴乔夫、苏共其他领导人和地方领导人均互相推诿，不愿承担责任。苏共领导层和苏联社会的共识是，必须用"民主的方式"处理包括民族问题在内的国内政治问题。① 此事成为苏联民族问题的分水岭，结果受到民主化推动的民族主义迅速成为一支肢解苏联的势不可挡的力量。1990年春天，波罗的海三国宣布独立，与苏联展开"主权战"和"法律战"，这意味着作为一个主权国家的苏联开始走向失败。从1990年春天波罗的海三国宣布独立到1991年12月8日俄罗斯、白俄罗斯和乌克兰三国签订宣布苏联解体的《明斯克协议》，其间不到两年的时间。

南斯拉夫的解体更是民族主义民主的最好的脚注。本来和谐共处于一个村庄、彼此通婚的克罗地亚人、塞尔维亚人和穆斯林，在民主化中突然变成不共戴天的仇人和"种族"，"穆斯林"被建构出来，因而也出现了野蛮的对穆族的种族屠杀。千万别说巴尔干半岛的种族冲突与民主无关。

民主化催生了更多的试图分裂国家的民族主义即民族分离主义运动，非洲一些国家饱受因种族认同而导致的战争之苦，甚至是种族灭绝，俄罗斯依然有车臣问题，中国的"疆独"也是这个世界政治的一部分。

曾经并不那么强大的美国呼吁国际关系的平等化、民主化，对抗社会主义民主的自由主义民主最终以胜利者的姿态出现，并利用民族主义民主战胜了对手。但是，正如民族主义民主曾经是社会主义民主的盟友而后来又成为一些社会主义国家的敌人一样，民族主义民主也不会是自由主义民主的永恒朋友。在民族主义民主强大的地方，都是与宗教极端势力密切结盟的地方，因而事实上是一种宗教民族主义。不仅如此，宗教民族主义中

---

① 陆南泉等主编：《苏联兴亡史论》，第803页。

混杂了难以区分的恐怖主义势力。鉴于此，受到美国支持而成长起来的民族主义民主，最终又成为反对美国的敌人。卡扎菲被干掉了，但美国驻利比亚大使却死于恐怖袭击，利比亚陷入部族政治纷争。美国不喜欢亲伊朗、亲俄罗斯的叙利亚总统阿萨德，但是美国也只是半推半就地支持反政府势力而不敢贸然推翻阿萨德政权，因为叙利亚的情况比利比亚更复杂也更危险，反对独裁政权的力量并不必然是文明的民主力量，甚至是一种比现行政权更野蛮、更血腥的邪恶政治势力。

◇第四节 伊斯兰主义民主与世界政治的不确定性

不但伊斯兰教义中充满着可以称为民主的因素，伊斯兰主义民主兴起的方式正是自由主义民主所鼓吹的——公民社会的兴起。西方人说苏联解体、东欧剧变得益于公民社会，这样的研究在西方连篇累牍。由此观之，"社会科学"可真不是科学！在苏联解体、东欧剧变前夜，连起码的市场经济体制都没有，不但没有出现和国家抗衡的资本力量，更没有能和国家抗衡的社会组织——瓦文萨的团结工会是政治反对派而不是公民组织；所谓宗教的调解作用在很大程度上也是编织出来的公民社会的神话——因为东正教和天主教一直被西方人视为民主的障碍，此时怎么突然又被说成是推动民主的力量？果真如此的话，研究南美民主化的西方人为什么不把真正有信仰自由的天主教当作民主化力量？政治过程一目了然，苏联解体、东欧剧变就是国家失败了，国家机器运转不灵了，和历史上的很多制度突变一样，比如，俄国的二月革命甚至十月革命，都是国家不战而败的结果；苏联对东欧控制力的瓦解是东欧剧变的直接原因，并不是什么公民社会的作用。

如果说第三波民主化中的苏联解体、东欧剧变不是什么公民社会作用的结果，"阿拉伯之春"中的公民社会绝对是不可以被忽视掉的。自1979年伊朗革命以来，伊斯兰复兴运动中的派别林立，比如，遍布70多个国家的穆斯林兄弟会、分布40多个国家的"伊斯兰解放党"（即"伊扎布特"，是"Hizb ut–Tahrir"的音译）、分布很多非洲国家的"伊斯兰青年党"，其中穆兄会组织最有影响力。

从20世纪80年代初，穆斯林兄弟会逐渐开始控制部分行业协会。到20世纪90年代中期，穆斯林兄弟会全面控制了埃及五个最主要的、在政治上非常活跃的行业协会：医师协会、工程师协会、药剂师协会、科学家协会和律师协会。除了控制上述重要的协会外，他们还渗透或控制了大学的教师联合会、大学生联合会以及大约1.4万个私人慈善机构。穆斯林兄弟会在公民社会方面发展壮大并取得的明显成效，一时被称为"虽遭到国家拒绝，却得到社会承认"，其"合法性来自社会而不是国家"。穆兄会运用他们的组织力量从事一些政府很难办到的事情：给生活在开罗贫民窟和上埃及地区的社会下层提供帮助，给行业协会成员提供廉价服务。例如，对其控制的共有8万成员的医师协会的医师及其家庭以最低的价格提供最好质量的医疗保健。他们以诚信和节俭而赢得了声誉。其结果是，这种声誉遍及整个埃及，更令人感到政府已经完全腐败了。[①] 穆兄会在1992年开罗地震中小试牛刀。在地震发生的几个小时内，穆兄会就出现在街头，分发食品和毛毯，远远超前于政府的救援工作。

在约旦、加沙地带、印度尼西亚以及其他伊斯兰国家，穆兄会等伊斯兰组织虽然被法律禁止从事政治活动，但都组织完好，提供"从摇篮到坟墓"的服务，其所提供的公共服务甚至比20世纪初的美国政府还多。[②]

[①] 参见王泰《埃及现代化进程中的世俗政权与宗教政治》，《世界历史》2011年第6期。

[②] [美]塞缪尔·亨廷顿：《文明的冲突与世界秩序的重建》，第114页。

由于基层组织最完备，提供的公共服务最多、最系统，因而伊斯兰组织深得民心，一旦有竞争性选举便绝对是胜券在握。但是，能够赢得政权的伊斯兰组织并不一定是西方人期望的民主政权。其实，具有未来洞察力的亨廷顿早在20世纪90年代中期就这样说，中东的威权政体有可能动摇或垮台，取而代之的将最可能是伊斯兰政权。请注意，亨廷顿没有说是威权之后的政权是民主政权，而是伊斯兰政权。这是因为，在亨廷顿看来，伊斯兰主义与自由主义民主之间的张力远远大于自由主义民主与马克思主义。为此，"除个别例外，自由民主主义者无法在穆斯林社会中取得持久而广泛的支持。甚至伊斯兰自由主义也不能站稳脚跟"①。

这样，亨廷顿一方面用"公民社会"这样的词来描述穆兄会这样的伊斯兰组织，② 但另一方面他并不是简单地把这样的"公民社会"与民主政权相联系，甚至视为民主政治的反面。个中原因，大概是他对伊斯兰组织的性质的认识。政治伊斯兰组织从现实社会的弊端出发，把社会政治、经济和文化道德的各种问题，伊斯兰国家力量和地位的衰落等，归因于穆斯林偏离了自己的信仰，进而又把政府政策错误造成的特定社会政治环境当作让穆斯林难以坚持真正伊斯兰信仰的罪魁祸首。几乎所有的政治伊斯兰组织都把现实社会的各种问题归结为"偏离正道"或"背离真正的伊斯兰教信仰"，并基于因果逻辑得出一个抽象的结论，即"伊斯兰是唯一出路"。由此完成了一个巧妙的政治推论：必须推翻现存的政治制度和腐朽政权，代之以伊斯兰国家，依据沙里亚进行统治。③ 马里兰大学"国际政策态度"（The Program on International Policy Attitudes，PIPA）研究项目2007年在埃及、摩洛哥、巴基斯坦和印度尼西亚调查的结论是："总体而言，大约3/4

---

① ［美］塞缪尔·亨廷顿：《文明的冲突与世界秩序的重建》，第116页。
② ［美］塞缪尔·亨廷顿：《文明的冲突与世界秩序的重建》，第113页。
③ 钱雪梅：《政治伊斯兰意识形态与伊斯兰教的政治化》，《西亚非洲》2009年第2期。

的受访者同意应努力严格执行沙里亚,努力'让伊斯兰国家免受西方价值观的影响'。2/3 的受访者甚至希望'把所有的伊斯兰国家统一成为单一的伊斯兰国家或者哈里发'。"皮尤研究中心调查 2011 年 5 月发布的数据表明,一半以上的穆斯林赞成把沙里亚作为国家法律的依据之一。在巴基斯坦、约旦和埃及,60% 以上的穆斯林认为国家法律应该严格遵循《古兰经》教义,另有 16%—27% 的民众虽然认为法律不一定要严格遵循《古兰经》教义,但却认为应该遵循伊斯兰的价值观和原则。也就是说,在这三个国家,90% 以上的穆斯林民众主张,国家法律不能离开伊斯兰原则和基础,只有 5% 以下的民众反对《古兰经》教义影响国家法律。①

沙里亚国家就是伊斯兰组织的政治诉求,这样的"公民社会"的性质即"民情",显然与自由主义民主背道而驰。因此公民社会与民主政治是什么样的关系,视"民情"而定。亨廷顿如是观,哈佛大学的另一位政治社会学教授普特南不也是把南北意大利划分为"强公民社会"和"弱公民社会"?为什么都叫"公民社会",它们与民主—治理的关系就南辕北辙呢?在笔者看来,关键就在于托克维尔所说的"民情",比如,在托克维尔那里美国的公民社会具有法治、自治、公共关怀等"民情",意大利南部公民社会的"民情"更多的是存在"恩主庇护",而印度公民社会的"民情"就是基于种姓、族群的碎片化社会组织。因此,公民社会与民主政治之间到底是什么样的关系,视"民情"而定,或者说"民情"是连接公民社会与民主政治之间的"中介机制"。②

遗憾的是,不但包括中国在内的思想界不愿意承认或者没有认识到公民社会的"民情"对于民主属性的重要性,美国的决策者也无视美国学术

---

① 上述数据转引自钱雪梅《试析政治伊斯兰对中东北非剧变的解读:以伊扎布特为例》,《国际政治研究》2011 年第 4 期。
② 杨光斌:《公民社会与民主—治理的另一种关系》,《比较政治评论》2013 年第 2 辑。

界的大量研究成果而鲁莽地推动"大中东民主计划"。"9·11"事件后，美国对阿拉伯—伊斯兰国家政策进行大调整，从获得能源或建立军事基地向更加强调促进市场经济、教育改革和公民参与——男女同等地参与——社会事务，并逐步加强民主制度和程序建设转变，以扭转对恐怖主义的支持不断增长的社会气候。2004年1月，布什在国情咨文中正式提出"大中东"概念，并向国会阐述了扩展民主的政策措施。

遗憾的是，海内外的穆斯林对美国的好意和使命都不领情。曾任克林顿总统国家安全事务助理的伯杰这样说：穆斯林世界的民主派活动家、政治家、新闻记者和知识分子——我们进行这种努力的天然伙伴——几乎无一例外地用怀疑甚至蔑视的态度来迎接布什总统的"大中东民主计划"；在整个中东，他的话几乎没有改善民众对美国及其意图的看法。确实，沙特《生活报》刊文认为，美国布什政府的"大中东倡议"犯有四个错误："一是把外来意志强加给这个地区的国家；二是缺乏应对阿拉伯国家改革使命的信心；三是忽视了阿拉伯国家面临的主要问题；四是忽视'倡议'所针对的国家和人民的特性。所以，阿拉伯人必须拒绝外来的改革计划。"而美国国防科委2004年9月的民意调查结果显示，在华盛顿的埃及人和沙特阿拉伯人，对美国及其政策的"不赞成"率分别是98%和94%，多数人支持自由和民主这类价值观，要民主但反对美国。[1]

中东地区的穆斯林自由派要民主。"9·11"事件后，许多伊斯兰国家的反对派和民众要求进行政治改革的呼声明显趋高。2002年，30多位阿拉伯学者在联合国发表的《阿拉伯人文发展报告》中指出，伊斯兰世界存在"民主缺失"和"妇女权益缺失"——"这种'自由缺失'（Freedom Deficit）破坏了人的发展"。皮尤研究中心2010—2011年的追踪调查显示，穆斯林民众对民主政体的认同较为普遍，大多数民众认为民主优越于其他政

---

[1] 马丽蓉：《多向维度中的中东民主问题考量（上）》，《西亚非洲》2006年第7期。

府形式。

但是，穆斯林民众心目中的民主是什么样呢？根据皮尤研究中心的调查，在绝大多数受访者看来，经济繁荣和政治稳定是民主内涵中最重要的两项内容；不仅如此，当穆斯林被进一步要求在"经济强盛"和"民主政体"之间做出唯一选择时，大多数民众选择了前者。换言之，穆斯林普遍认为，"经济强盛"比"民主政体"更重要，要求实现经济发展的愿望更加强烈。[1]

看来，同样都在谈论和追求民主，但民主的内涵却千差万别。穆斯林自由派的民主观和自由主义民主观比较接近，像《阿拉伯人文发展报告》所展示的那样；但普通民众的民主观则是经济繁荣和政治稳定。自由派追求的是价值层面和制度层面的民主，而老百姓事实上是在要求民生。可见，即使在一国之内，不同阶层关于民主的看法也有天壤之别。

但是，不同阶层的不同民主诉求则存在共同之处，那就是对威权主义长期统治的不满，改变现状是共同诉求。就这样，在国际大气候和国内小气候的双重作用下，中东国家开始了美国期望中的民主进程。但是，过去20多年的历史表明，大中东地区的民主却不是西方自由主义者想要的结果，甚至是直接针对自由主义民主，真可谓因正因而生变果。从20年前的阿尔及利亚选举到2012年的埃及选举，几乎所有大中东地区的民主选举结果都让美国人闹心。

阿尔及利亚：1991年阿尔及利亚国民大会选举第一轮结果显示，伊斯兰拯救阵线党获胜，恰恰是在美国的支持下，政府取消了选举，声称伊斯兰拯救阵线将结束民主。长达20年的内战爆发了。伊斯兰拯救阵线党开展游击战，目标是政府及其支持者。冲突以政府的胜利结

---

[1] 参见钱雪梅《试析政治伊斯兰对中东北非剧变的解读：以伊扎布特为例》，《国际政治研究》2011年第4期。

束,但代价是 20 万人的生命。

巴基斯坦:巴基斯坦的选举是典型的西方代议制民主,但是这十几年来,民众却越来越仇视美国。

巴勒斯坦:巴勒斯坦的选举更是让美国人头疼,结果是穆斯林兄弟会的分支机构哈马斯获胜。

伊拉克:结束萨达姆统治后的伊拉克第一次大选曾让美国人倍感鼓舞,因为选民不畏危险参加选举,投票率在 70% 以上,但选举结果让美国人大失所望,选举出的是美国人担心的什叶派政府。今天,伊拉克已经陷于内战之中,其中教派因素很大。

伊朗:美国的老对头伊朗的选举,是在最高精神领袖的控制下进行,选举产生的内贾德总统是强烈的反美、反以色列的斗士。

"阿拉伯之春"国家:突尼斯、也门、利比亚、埃及、叙利亚的剧变被西方人美誉为"阿拉伯之春"。在"阿拉伯之春"后的选举中,有的国家如埃及被穆斯林兄弟会"窃取革命成果",穆尔西政权比穆巴拉克政权更专横、更压制自由,结果导致死 900 多人、伤近万人的流血冲突。利比亚则陷入部落政治的混乱甚至仇杀了美国大使。叙利亚内战已经完全演变为混乱的部族和教派战争,反政府军比政府军更野蛮、更惨无人道。

这些国家的选举政治难道不是民主?从政治形式上说,完全符合西方国家的程序民主要求,但结果却是反美、反以色列的。为此,善于制造话语和概念的美国人又制造出一系列新的概念:竞争性威权主义、选举式威权主义等,反正不是自由民主。

这就是美国人的不对了,因为"熊彼特式民主"的核心不就是竞争性选举吗?这可是第二次世界大战以后美国社会科学最伟大的成就,即把相互冲突的"自由"和"民主"拧在一起,美其名曰"自由民主",而自由民主的核心就是"竞争性选举",因而自由民主又被称为"选举式民主"。

怎么能说美国的竞争性选举是民主，大中东国家的竞争性选举就不是民主了呢？中东国家的竞争性选举完全符合程序民主的基本规定。

看来，程序民主是很容易学习和移植的，即所谓的现代性的形式上的同一性。但是，形式上的同一性难以改变一个国家固有的历史文化和社会"民情"。如前，伊斯兰国家民众对反对西式自由民主的沙里亚国家情有独钟，而宗教激进主义派如"伊斯兰解放党"（伊扎布特）对西式民主一直持否定态度。针对西方媒体对"阿拉伯之春"的"民主"定性，伊扎布特予以驳斥，提出穆斯林反抗和推翻离经叛道的专制统治者，是一种伊斯兰责任，不是西方所说的民主责任；穆斯林抗议者想要的是自由公正地选举能代表和保护穆斯林利益、捍卫伊斯兰事业的领导人，而不是西方式的民主。① 因此，程序民主选举出的是亨廷顿所说的伊斯兰政权，而不是西方人期盼的自由民主政权，但事实上确实是一种民主政治，是自由主义民主的变种形式。

不仅如此，伊斯兰国家实行程序民主后的一个共同特征是：赢家的确定性！穆斯林内部教派林立，其中最典型的是不可调和性冲突的逊尼派和什叶派。过去，比如萨达姆的伊拉克、今天的海湾国家，教派之争靠强权压制；今天，在选举民主中，多数派教派成为永远的赢家，少数派永无掌权的机会。同样是选举民主，在伊斯兰国家则是"永恒的多数原则"，即赢家是按照教派预定的；而在西方则是"多重少数人的统治"，即不确定的群体基于公共政策的选择而变化组合。结果，选举民主成了教派斗争的工具，而且是不可逆的规则，使得多数派教派的统治永恒化。多数派感谢选举民主，让他们永远统治着少数派；少数派为此而憎恨选举民主，恐怖手段或许是他们的必然选择。

这样，大中东地区的民主选举不但招致国内和地区的教派之间的冲突，同时还自然成为压制城市自由派的制度安排。2011年11月28日开始的议

---

① 参见钱雪梅《试析政治伊斯兰对中东北非剧变的解读：以伊扎布特为例》，《国际政治研究》2011年第4期。

会选举，被认为是埃及历史上第一次自由公正的选举，拉开了埃及民主的序幕。由于埃及国内的反对派力量中，几乎只有穆斯林兄弟会有强大的基层组织能力、雄厚的资金和从事政治活动的长期经验，这次选举仿佛就是专门为它量身定制。选举结果是：革命主力军即城市自由派年轻人只赢得了有限的几个席位；占埃及一半多的女性在议会中得到的席位不足2%；占埃及人口总数约10%的科普特基督徒只拿到了少于2%的席位；而连同穆兄会和萨拉菲派的"光明党"在内，伊斯兰主义政党赢得了压倒多数的70%的席位。在经济社会政策上，穆尔西政府甚至试图规定将"扎卡特"（zakat）——伊斯兰教徒每年一度的慈善捐款——规定为强制性的而非自愿的，招致城市自由派的恐惧。在文化领域，国家电视台开始改变风格，播出的政治节目与爱国歌曲越来越多，电视剧和情爱视频越来越少，一些规定禁止亵渎神明和进行侮辱，并允许以国家安全的名义对媒体实施审查，思想钳制毫不逊色于穆巴拉克时期。就这样，选举所拉开的民主序幕却成了后穆巴拉克时代流血政治的开始。

美国的"大中东民主计划"本来意在以民主政权来铲除恐怖主义，结果选举产生的民主政权却导致更大规模、更血腥的冲突。"阿拉伯之春"的故事再次验证了我们常说的道理：民主的价值是普世的，民主的形式是特殊的。说得过去的民主一定是有相应的条件做基础，比如，共享法治信念、分权、尊重个人权利等。就民主的形式而言，如果把竞争性选举当作民主的主要甚至是唯一的衡量标尺，竞争性选举的结果就可能是"阿拉伯之冬"。道理很简单，既然是竞争性选举，竞争性选举若是在没有共同的国家认同、共享信念和大致平等的社会结构中进行，竞争性选举就很可能变成部族、种姓、教派或民族之间的竞争，进而演变成国内冲突甚至分裂国家。一个很简单的常识是：第二次世界大战后世界上国家的数量从几十个增长到两百多个，是怎么来的？竞争性选举功不可没！

◇ 第五节　作为"文明的冲突"的中介机制的民主

"文明的冲突"为什么会发生？亨廷顿列举了五大原因：第一，每个人都会有多重认同，它们可能会相互竞争或彼此强化，全世界的人都会根据文化界线来区分自己，因而文化集团之间的冲突越来越重要，不同文明集团之间的冲突就会成为全球政治的中心；第二，现代化运动刺激了非西方国家的本土认同和文化的复兴；第三，任何层面的认同都只能在与"他者"的关系中界定，而交通和通信的改善导致不同文明的人民之间互动更加频繁，结果是对自己的文明的认同更显著；第四，控制其他集团一直是冲突的最古老的根源，不同的文明国家总是企图将自己的价值、文化和体制强加于另外一个文明集团，物质利益的冲突可以谈判解决，但文明冲突则无法通过谈判解决；第五，常识是，憎恨是人之常情，人们需要敌人，冲突无所不在。"冷战的结束并未结束冲突，反而产生了基于文化的新认同以及不同文化集团（在最广的层面上是不同的文明）之间冲突的新模式。"① 这就是亨廷顿所说的文明的冲突模式，如图7—1所示。

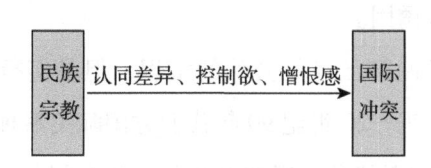

民族宗教 →（认同差异、控制欲、憎恨感）→ 国际冲突

图7—1　文明的冲突模式

---

① ［美］塞缪尔·亨廷顿：《文明的冲突与世界秩序的重建》，第133—135页。

文明的不同认同必然导致冲突吗？亨廷顿上面所列举的原因，其实主要是一般性的因果律，但是一般性因果律的问题总是似是而非：一个原因导致 n 个结果，一个结果也可能是 n 个原因所致。当然，亨廷顿不是完全没有涉及中介机制，在谈到"控制"时，才涉及因果之间的连接机制，即控制与反控制引发了冲突。

那么，到底是什么东西使得不同文明认同最终走向冲突呢？笔者认为一个重要的答案是民主化和民主。在《文明的冲突》的其他地方，亨廷顿对于民主化所引发的冲突略有涉及，Jack Snyder 则是专门论述了民主化转型中民族主义对于国家冲突的关系。亨廷顿这样说，民主化刺激了本土化，民主化与西方化相冲突，因为竞争性选举刺激非西方政治家把自己的信仰说成是最能吸引大众的东西，那些东西通常具有种族的、民族主义的和宗教的特征。① 这是讲伊斯兰主义民主与自由主义民主之间的张力。如前，亨廷顿并不认为受西方政治行为影响的伊斯兰政治比如选举政治是民主政治，而是属于伊斯兰政权。再则，即使亨廷顿认识到民主化和民主本身比他罗列的五大原因更直接诱发冲突，在情感上他也不愿意这样说——尽管他作为一个新国家主义者曾开列出"威权—稳定—发展"的药方。他曾认为，稳定和发展比民主更重要，但是鉴于其所说的"民主的第三波"以及西方国家是"冷战"的胜利者，因而在感情上似乎很难把民主本身作为国际冲突和国内冲突的直接诱因。

民主化过程引发冲突已经是公认的常识，但是实行了民主或者巩固的民主就不会引发冲突吗？20 世纪 90 年代西方国际关系理论流行"民主和平论"，即民主国家之间无战争。通过本章前面几个部分的叙述，我们应该这样说，"民主和平论"只是讲的自由主义民主国家的部分故事，比如，并不讲历史上都是"自由民主"的英法长期争霸的历史，甚至可以忘记早期英

---

① [美] 塞缪尔·亨廷顿：《文明的冲突与世界秩序的重建》，第 91—92 页。

美之间的战争；而当民主变种以后，即出现了流行的民族主义民主和伊斯兰主义民主以后，民主国家之间（不同文明集团之间）以及民主国家内部（文明集团内部）都可能发生冲突甚至战争，比如，都是代议制民主国家的印度和巴基斯坦之间的持续性紧张关系；即使是所谓的自由主义民主国家，如日本，民主也会导致与周边国家的紧张关系；更别说民主在很多发展中国家所招致的无穷尽的教派冲突、种族冲突与等级冲突。

　　为什么是这样？这就需要重新认识民主的性质。在"冷战"时期，两大阵营都给民主营造了太多的光环，赋予了民主太多的使命，以至于民主不堪重负，很多国家因"民主"而遭殃，很多国家也以"民主"之名而行不义之事。比如，民主是人民当家作主、民主有利于和平、民主有利于稳定、民主有利于经济增长、民主有利于控制腐败、民主有利于治理……民主的这些使命性命题，有的来自人类的美好愿望，更多的是来自发达国家"经验"的观念性臆造。确实，西方民主国家之间更和平、政治相对更稳定、腐败相对较少、治理得也不错。但是，这些都是民主之功吗？这些与民主到底有多少关系？或者说民主本身能达成这些目标吗？西方国家之间更少战争，在根本上是因为它们之间打怕了，欧洲无穷的战争和第一次世界大战、第二次世界大战都是白人之间的战争；政治相对稳定是因为第一位重要性的宪法政治而不是民主，因为即使实行了普选后的西方依然不稳定，是第二次世界大战后"大收买"式的福利国家建设才使政治较为稳定下来；政治相对清廉更不是民主之功，而是阳光法治和完善的行政体制，没有这些的时候西方曾经也很腐败，缺少这些制度的民主国家如印度、墨西哥、菲律宾等依然很腐败；经济发达是因为有先发优势、市场经济、法治保护的产权乃至对他国的殖民掠夺，而太多的民主并不利于增长，这已经是经济学常识。一句话，西方国家发展得好、治理得不错，绝对不能一揽子归功于选举式民主，而是法治、民主、市场经济、分权、官僚制、企业家精神、殖民地掠夺、主宰性国际制度等一系列因素综合作用的结果。

民主不仅不是让西方国家领先于世界的秘籍，相反，今天西方国家的难题恰恰来自其体制。比如，美国分散的权力结构使得美国已经成为"否决型政体"，难以形成国家力量实行有效的国内治理，别说不能凝聚大多数意志干"大好事"，就是"大坏事"也难以对付，比如在枪支管制问题上难以形成多数意志，结果每年任由三万多人死于枪支泛滥——远远比国际恐怖组织造成的伤害更严重（死于恐怖组织的每年有一万多人）。今天西方的治理难题，再加上印度、墨西哥等自由主义民主大国的无效治理，恰恰是"反事实法"的经典案例，即民主与治理的关系并不是传说中的线性正相关关系。那么，民主的性质究竟是什么呢？其性质与政治冲突有着什么样的关联呢？

第一，民主价值上的最高性与冲突性民主政体之间的矛盾，道德正义性与政治正义性之间的张力。几乎所有的现代文明国家都自称自己是民主国家，因为没有人在价值上会否认民主，否则就是道德上的敌人。确实，权力从一人所有（君主制）到少数人所有（贵族制）再到多数人所有（民主制），无疑是历史的巨大进步，权力的身份从一家一姓演变为无特定所指的共有性和公共性，人们不再为权力而头破血流。英国、法国等西方国家的历史似乎验证了权力共有性的优越。但是，"共有者"是谁呢？一族一国的"共有"具有最大的同质性，同一文化内的"共有"也是同质性的共有。也就是说，在种族和文化的同质性前提下，作为权力共有性的民主，无论是一人一票的选举，还是公共协商，都是人们所期盼的。但是，历史经验告诉我们，即使是在同质性的公众内部即"人民"内部，也有不同利益的支配阶级和不同利益的被支配阶级，不但支配阶级与被支配阶级之间存在利益冲突，就是在支配阶级之间也存在难以调和的利益冲突，这种冲突很多时候远比"人民内部矛盾"激烈。就这样，在道德价值上具有正义性的民主，并不因为理论上的权力公共性而消弭"人民"之间的冲突，并不必然意味着政治正义性。其实，只要置换一下就明白，财产权的个人所有到共有在道德上是正义的,是善的,但实践中并不必然意味着产出最大化和经济外部性最小化,因而并不必然意味着政治正义性。尤其对很多多民族的发展中国家而言,"人民"包括不同的种族和信仰群体以及贫富对立阶级。换句话说,理论上的权力公共性并不能回答实践中的"人民"之间的冲突性。请注意,就种族和信仰对立而言,罗尔斯的"重叠共识"并不是答案,因为"重叠共识"的前提是"在秩序良好的社会"。其实,回到亚里士多德那里就会知道,无论是一人统治的君主制、少数人统治的贵族制还是多数人统治的民主制,都有内在的难以逾越的难题,其中最大的难题就是只顾及自己的利益而引发的冲突和政体变迁。亚里士多德很有先见之明,过去如此,今天依然。今天,"人民"的多元性和复杂性远不是亚里士多德所能想象的。南美等很多发展中国家的民主政治最后不都是陷入民粹主义政治而难以自拔吗?多数人的意志和利益实现了,结果企业家用脚投票,国内经济出现问题了。托克维尔所说的"多数暴政"和密尔所说的"阶级立法"没有在英、美出现,但却是很多发展中国家的现实问题。在中东地区,多数暴政则以教派形式表现出来,结果是赤裸裸的暴力冲突。因此,和君主制与贵族制一样,民主制也有其固有的问题,绝不能看上去是由多数人统治就万事大吉了,就像我们曾经以为有了社会主义就万事大吉一样,结果出现了赤裸裸的侵害人权的政治。既然任何单一的政体都会有问题,西方自由民主运行得还不错的话,绝不是因为熊彼特、萨托利、达尔等人所论证的"选举式民主",而是亚里士多德所归纳的最好形式的政体即混合政体,其中当然包括法治的第一位重要性,因为没有法治,任何政体其实都一样,民主制也绝不会比贵族制好。

这样,语境演变到今天,如果把民主笼统地等同于混合制或者是混合制的代名词,自然不会有什么问题。其实,美国的所谓的自由民主是典型的混合制,在开国之父那里是复合共和制,而在托克维尔那里一切以法治为标准。但是,如果把自由民主简单化为"竞争性选举"而又赋予其太多的光环，这样的民主自然不会被很多人所接受，因为竞争性选举的结果有目共睹。遗憾的是，流行的民主观是后者。

第二，民主的同质性条件。不同于君主制和贵族制，民主是关于大多数参与甚至"人民当家作主"的政治，实现条件自然比其他政体要多、要高，其中最攸关的应该是前面提及的同质性条件。我们已经很熟悉诸如民主的经济条件和公民文化条件等，以及还有总统制还是议会制好等政体条件。这些固然都很重要，但是民主引发问题甚至冲突最多的原因则是民主出现在异质性结构中，即或者出现在贫富对立的"两极"社会结构，或者出现在有民族仇恨的国家，或者出现在教派冲突的地区。民主是关乎多数人的政治，多数人如果分别处于对立或异质化结构中，冲突必然发生。同质性条件在卡尔·施密特那里就是同一性："所有民主论证在逻辑上依靠一系列的同一性。有统治者与被统治者的同一性，主子与服从者的同一性，国家权威的主体与客体的同一性，人民与其议会中的代表的同一性，国家与现有选民的同一性，国家与法律的同一性，最后，还有数量（人数上的多数或全体一致）与质量（法律的公正）的同一性。"[①]

这样的论述会让非专业读者云里雾里，其实，根据世界民主化成败经验，民主的同质性条件至少有以下三个要素。

(1)"国家性"。如今的国家，尤其是很多发展中国家，都是多民族国家，如果按照英国、德国、日本那样的一族一国，发展中国家将四分五裂，因此，研究民主转型的代表学者林茨等都把"国家性"即对同一个国家的认同，当作民主成败的前提条件。在魏玛共和国时期，自由主义的最有力评判者卡尔·施密特也是从这个角度谈论其民主同质性理论的。"民主制度显示其政治权力的办法是，它知道如何拒绝或排斥威胁到其同质性的外国人或不平等的人……在17世纪英国的部族民主中，平等基于宗教信仰的一

[①] ［德］卡尔·施米特：《当今议会制的思想史状况》，载卡尔·施米特《政治的浪漫派》，冯克利、刘锋译，上海人民出版社2004年版，第179页。

致性。自从 19 世纪以来，平等首先存在于一个特定民族的成员之中，存在于民族的同质性中。"① 在施密特那里，同质性首先是指同一个民族，"民主首先要求同质性，其次要求——假如有必要的话——消灭或根除异质性"②。今天，后发国家与早发国家的最大不同之处是，早发国家的民主都是在施密特所指的同一个民族内进行，而后发国家则是多民族的事。事情到了这个地步，不能说多民族不能搞民主，但至少有多元一体的"国家性"认同，即同质性不再是单一的民族性，而是国家性。没有国家认同而搞选举民主，结果只能是国家的分裂，比如乌克兰的克里米亚和东部地区。

（2）共享信念。连自由民主的最有力论证者萨托利也这样说，没有政治观念上的共识，多党制是很危险的。确实，在英、美等西方国家，不管是什么党，哪怕是共产党，信奉的都是法治和以自由主义为基调的意识形态。因此，同质化条件至少包括一个国家中存在基本的、至少是大概的共享信念。"第三波"民主化以来的历史是，很多国家恰恰是因为缺少共享信念而内斗不止，甚至导致国际冲突，比如巴勒斯坦的哈马斯政权和埃及的穆兄会政权。

（3）平等性。民主本身就是社会平等化的产物，因而平等性也是同质性的首要条件。在托克维尔看来，美国基于平等的社会自治本身就是人民主权的生动体现。在亨廷顿看来，美国是一个没有民主化而首先有社会现代化的国家，这个社会现代化就是平等。今天，很多失败的民主化转型就是因为社会结构的极端不平等。在不平等的社会结构里，民主不过是民粹主义的另一种说法，冲突是必然的，比如泰国的周期性政治动荡。

"第三波"以后的民主化所以出现那么多问题甚至是国际、国内冲突的根源，大概都可以从民主本身的冲突性质以及民主的同质性条件那里找到答案。民主本身是冲突的，而冲突性的选举式民主如果发生在政治信仰对

---

① ［德］卡尔·施米特：《当今议会制的思想史状况》，第 165—166 页。
② ［德］卡尔·施米特：《当今议会制的思想史状况》，第 165 页。

立、主张一族一国的异质性国家或者社会结构严重不平等的国家，冲突是必然的。道理很简单，民主本身是冲突的，而选举式民主更强化了冲突，因为在异质性国家，竞争性选举是以党派、信仰、民族为基础而展开政治动员的。

这样，亨廷顿的"文明的冲突"模式则可以拓展为"民主的冲突"模式，如图7—2所示。

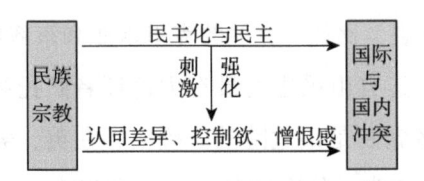

图7—2　民主的冲突模式

历史进程中总是充满着非预期结果。民主来自西方，是同一性形式的现代性的绝好体现，但是，这个同一性最终却刺激了本土化文化的认同，强化了种族和宗教差异，使得不同民族和宗教之间产生了更强烈的控制欲望以及由此而来的对非我族类的憎恨，最终不仅导致国际冲突，也伴随着频繁的国内冲突以及由国内冲突而引发的国际冲突。

未来的世界将会是不同形式的民主国家之间的冲突。美国人应该知道，或者特朗普政府的"美国第一"意味着，不能指望后来国家的民主都是美式自由主义民主。不但伊斯兰国家的民主不可能是自由主义的民主，很多发展中国家的民主也不可能是西式的自由民主，如美国的"后院"南美国家的民主是民粹主义的；面临"民族"和"民权"双重追求的中国的民主最终也很可能是民粹化的民族主义民主，正如中国历史上曾经出现的"救亡"压倒"启蒙"；而民族主义民主则很好斗，即使在日本这样的自由主义民主的国家。

人类追求民主本来是为了更美好的生活，但事实上民主却一直是冲突和流血的根源——这源于民主的异质化特征。尽管如此，我们还是不得不感叹人类自主性情结的坚强和伟大——为了自己能当家作主，抛头颅、洒热血也在所不惜！

难道人类错了吗？追求民主本身并没错。既然没错，为什么实现民主的进程如此血腥？其中肯定有值得反思的地方。或许，我们需要重新认识民主。我们发现，民主只不过是国家建设的一个环节而已，但是受西方观念的影响，发展中国家的精英或人民把民主当作国家建设的全部。因此，人们强加给民主太多、太重的使命，把很多不属于民主的因素都强加在民主身上；赋予民主太耀眼的光环，把民主看得太理想、太浪漫。结果，以至于人类忽视了政治生活中应有的逻辑和秩序，世界因此而冲突不止。世界政治冲突的原因很多，民主无疑是其中最重要的一个，而且是诱发冲突的直接动力性机制。学术无力阻止利益搏杀，但学术有责任厘清利益搏杀的观念根源，其中，重新认识民主的内容和民主的内在性质很重要。比如，占据道德高地的"自由民主"被说成是西方的政体，"自由民主"被几代西方政治学家建构成"选举式民主"，如法炮制的多民族国家和教派对立国家的结果有目共睹。其实，被建构成"自由民主"的美国政体和西方政体是典型的混合制，其中选举民主只是混合政体中的一个要素，而且是来得很晚的要素。由于"冷战"的需要，西方政体的真正属性被遮蔽了，复杂结构被简化了，建构和输出的则是"自由民主"，美国因此而打败了对手，但最终也会反受其害——导致亨廷顿所说的"国民性危机"。同样，高喊"人民主权"的国家也不可能实现全部的民治——否则就不要政府了，正如任何国家都不可能实现全部的民治一样，充其量是民有和民享。就这样，全世界都在为一种价值最高但政治现实中并不一定是最重要的制度安排而打得头破血流。

第 八 章

世界政治变迁中的自由化浪潮

因为"自由主义民主"的话语太流行,人们容易把民主化和自由化等同起来看待。如前,民主化是一个异质性概念,不同性质、不同形式的民主之间存在内在张力乃至冲突,比如资本主义民主与社会主义民主之间、自由主义民主与民族主义民主之间,因此并不是所有形式的民主化都和自由化同频共振。比较而言,自由化是一个同质性概念,特指自由主义理念和政策所推动的政治思潮。政治思潮不是某种简单地停留在纸面上的政治学说,可以看成是对实际政治生活有直接影响的意识形态。在亨廷顿看来,堪称意识形态的有三种:自由主义、保守主义和社会主义。其实,保守主义可以和任何其他主义联姻,因此真正的意识形态就是自由主义和社会主义。这两种思潮都可能会与民族主义思潮结合,从而推动世界政治变迁。

在过去100年里,作为世界政治思潮的意识形态的变迁,验证了中国人说的"三十年河东,三十年河西"这句老话,或者说如一个左右摇摆的"大钟摆"。世界政治直接受制于政治思潮,政治思潮通过影响乃至改变国内的关键角色而改变着国家的政治制度和政治性质,世界秩序因此而得到重组。其内在机制是,人必然是观念的产物,政治思潮通过影响关键角色,或采取激进的革命,或采取温和的社会运动,或作为政策决定者去改变政策,从而影响政治走向。然而,浪潮过后,留下重重的遗迹,成为一种或正面或负面的思想遗产,影响着人们的思维方式乃至后续的政策走向。

◇ 第一节 全球化浪潮中的新自由主义

20世纪的世界政治与19世纪一脉相承，都是在西方主导下建构起来的所谓的自由主义世界秩序。但是，世界政治的演变是一种波兰尼所说的"双向运动"，自由主义勃兴的一个结果必然是社会主义政治思潮和工人运动。仅以20世纪以来的世界政治而言，自由主义和社会主义可谓各领风骚30年，或者说以30年为一个不长不短的"中周期"，现代性政治关系、经济关系乃至于社会生活，就是在这种"钟摆"中塑造出来的。

一 20世纪的世界政治思潮

（一）放任自由主义30年

1929年"大萧条"之前的30年，延续的是19世纪的放任自由主义。在某种程度上，放任自由主义其实就是一种丛林法则，奉行的是弱肉强食的经济政策。因此，放任自由主义很快招致国内的社会分裂和阶级斗争，以马克思主义为代表的科学社会主义应运而生。另外一个结果是，放任自由主义在世界经济上的表现形式必然是自由帝国主义。这样，放任自由主义至少有两大政治后果：一个是主要解决国内阶级矛盾的马克思主义；一个是在世界政治上导致两次世界大战——波兰尼的《大转型：我们时代的政治与经济起源》对此有深刻的政治经济学分析。

1929—1933年的世界"大萧条"基本上终结了放任自由主义。凯恩斯的国家干预经济以刺激就业的理论，在西方经济史上可谓一种革命性理论，因为自罗马以来的欧洲经济生产基本上是个人的事业，在殖民扩张中皇室充其量是各国东印度公司的一个股东。国家不但要刺激就业，还要管生老病死，这就是第二次世界大战之后的"福利国家"的形成。一般认为，福利国家已经有马克思主义思想的影响了，或者至少是离不开国际工人运动的斗争。

（二）社会主义思潮盛行的30年

从20世纪30年代中期开始，尤其是第二次世界大战之后的30年，可谓社会主义政治思潮的黄金时期。其实，自《共产党宣言》发表之后的100年，在马克思主义指导的国际工人运动的推动下，在欧洲，社会主义已经成为一种被普遍接受的政治价值。1923年奥地利学派的代表人物、哈耶克的精神导师米塞斯在其《社会主义：经济与社会学的分析》一书中说，时代到了今天，如果不承认社会主义的基本价值，在道德上是说不过去的。社会主义的核心价值就是民主、平等和公正，而且研究表明，公正思想虽然源远流长，但只有社会主义运动和社会主义国家，是把公正作为一种制度建制去追求。

社会主义政治思潮的高峰时期无疑是第二次世界大战之后的30年。在西方国家，欧洲建成了福利国家，美国的经济平等指数在1945—1980年空前好看。可以说，在西方资本主义体制中，能有如此大的平等成就，已经是一件了不起的创举，这不能不归功于社会主义政治思潮的推动。而且，在"冷战"时期，一个社会主义阵营的存在，也是西方建构相对平等社会的外部压力，否则内部就会出现以社会主义为目标的政治诉求。

在非西方国家，第二次世界大战之后苏联东欧社会主义阵营出现了，新中国成立了。在广大的亚非拉国家，出现了民族民主解放运动高潮，最终是新兴国家的批量诞生。在当时，民族民主解放运动是国际社会主义运动的副产品，很多新兴国家因而也实行了社会主义制度。

西方国内的经济相对平等和非西方国家的独立即政治上的平等，都是社会主义思潮推动的结果。从个人到民族，谁不渴望平等呢？但是，以平等、公正为目标的制度建设，牺牲的可能是效率。西方国家是如此，从社会主义国家到其他新兴国家也是如此，民生永远是最大的政治，不能很好地发展经济的体制，最终换来的是以效率为导向的政治思潮，这就是新自由主义浪潮。

（三）新自由主义 30 年

从撒切尔夫人 1979 年上台、1981 年里根总统执政开始，西方国家进入了新放任自由主义即新自由主义时期，同时社会主义国家也都开始了改革，其中直接地有新自由主义的影响，如后来在俄罗斯私有化运动中起中坚作用的"圣彼得堡帮"。苏联解体标志着"冷战"的结束，也被认为是西方思想和制度的胜利，因此"历史终结论"一时间甚嚣尘上。在这一政治思潮中，"社会主义"一词被"民主"所解构，世界政治似乎不再是资本主义与社会主义之争，而被置换成民主与非民主之争。西方是民主的，其他国家是非民主的，这样就在道德上争取到有利地位。相反，如果是资本主义与社会主义之争，资本主义一词本身就意味着负面意义，社会主义必然具有道德优势。西方的话语建构很成功，致使很多人忘记了世界政治的本质，世界政治变成了民主与非民主的二元对立，非民主的国家自然要转型为民主国家。这不但是西方人的诉求，也变成了非西方国家的很多人的诉求。

新自由主义的极端化最终是 2008 年的金融海啸，也标志着新自由主义的失败，但是新自由主义的影响是深远的，也是非常值得担忧的。本书所说的"自由化浪潮"就是指新自由主义的思想影响和政策影响。

二 自由化浪潮推动的全球化

1980 年前后开始的自由化浪潮，体现在经济、政治和社会生活各个方面，最终形成了经济自由化、政治自由化和社会自由化的"金三角"。在苏联解体之后，一家独大的美国将自由化浪潮推向全球，从而形成了以自由化为中心的全球化，或者说这一波次的全球化浪潮是以自由化为推手。

（一）经济自由化

以哈耶克为代表的新自由主义有三个支点：市场化、私有化和稳定化。市场化是指相信市场具有实现资源最有利分配的制度和机制；与此相适应，私有化被认为是最有效率的制度，也是市场化的前提和基础；稳定化就是国家实行最小预算以实现财政的平衡。

新自由主义思想在经济学说上表现为新古典经济学，即以亚当·斯密的"看不见的手"为支柱建构的一个学说，其中影响最大的应该算是以诺斯为代表的新制度主义经济学，诺斯的理论的核心是产权理论即私有化、国家理论即保护有效产权的国家和意识形态理论即有助于市场化的文化。

经济自由化思潮来势凶猛，影响直接，出现了全球范围的市场化和私有化运动。这是撒切尔政府和里根政府在西方国家的政策，并推广到非西方国家和转型国家，如哈佛大学教授萨克斯作为小国转型的顾问而将"三化"成功运用，但同样作为俄罗斯私有化运动顾问的萨克斯教授则以失败告终。更失败的是墨西哥私有化运动，从20世纪80年代到90年代，私有化运动不但发生在工业领域，也波及土地制度，即将千百年来的传统的土地集体所有制私有化，结果导致大量失地的农民转而到山区种植大麻，导致毒品经济泛滥以及由此而来的政治暴力化，2016年23000人非正常死亡，2018年大选中32个州有23个州发生谋杀案，130多个主张禁毒的候选人被暗杀。这是盲目的制度移植的结果。

中国的改革开放正好发生在新自由主义流行的时期，但中国改革与新自由主义没有亲缘关系，起始于农村的改革的源头还是20世纪60年代初邓小平主管农村工作的分田到户的办法。也不可否认，诠释新制度经济学一度成为中国经济学的显学和"使命",因此对中国经济生活多少有些影响。但是,无论是坚持公有制为主体、多种所有制共存的入宪,还是党的十八届三中全会规定让市场在资源分配中发挥决定性作用、政府充分发挥调节作用,都是中国实践的结果。中国的独特之处是,在改革开放中有国家自主性,从而做到了事实性"中学为体,西学为用",市场化和私有化才不至于像一些发展中国家那样不可收拾。也正是因为不忘本来吸收外来,中国才有中国道路和中国模式之说。必须指出,经济市场化并不意味着一切生活都要市场化,市场化社会则是需要清理的理论问题和现实问题,这就是后面将要论及的"后遗症"问题。

(二)政治自由化

政治自由化和经济自由化几乎是同步的,是指20世纪八九十年代的"第三波民主化浪潮"。民主化也可以视为自由化浪潮下的一支。民主化的理论是"转型学",是研究南美的学者奥唐奈和施密特1986年在《威权统治的转型》中提出的,认为不管原点在何处,最终都要发生以自由主义民主为目标的政治转型,至于转型能否顺利、成功,是不确定的。1991年亨廷顿的《第三波:20世纪后期的民主化浪潮》提出了转型成功的标准:两次政党轮替。因此,"转型学"事实上确认了"熊彼特式民主"的成功,"转型学"也变成了美国的对外政策,进而在苏联、东欧发生问题之际,福山提出了响遍全球的"历史终结论"——美国式的自由主义民主是人类历史上最好的也是最终的制度形式。

从1974年南欧开始,到80年代的苏联解体和东欧剧变,东亚国家(地区)、南美地区等,世界上有70个左右的国家发生了制度转型,即从社会主义、威权主义转型为美式制度,其中有些国家在转型中发生裂变,南斯拉夫从一个国家变为7个国家,苏联从一个国家变为15个国家。到了21世纪头10年,又发生了被称为"第四波"民主化的"阿拉伯之春"。

在转型国家中，很多国家出现了"民主回潮"或"无效民主"，原因很多，其中之一就是民主化和自由化的同期共振。民主化的趋向是平等即大众政治，自由化的结果是不平等即资本权力，平等和自由之间具有内在的紧张关系，追求平等的民主化结果陷入自由化的不平等的泥淖之中。民主化与自由化的同时发生，确实是人类政治制度史上的奇观，在人类历史上还是第一次，西方国家自己从来没有同时发生自由化和民主化运动，基本上是先自由化后民主化。何况，很多转型国家的民主化发生在尚欠发展的经济体。

民主化运动中催生的"历史终结论"，其实是讲自由主义民主就是人类的"普世价值"，而围绕"历史终结论"立论的其他理论有"民主和平论"即民主国家之间无战争，"软权力"即美国式制度和文化才是有吸引力的、令人向往的，国际关系理论中的"自由制度主义"即以自由主义民主制度为基础的国际体系才是值得追求的。可见，虽然民主化浪潮退却了，但民主化浪潮中催生的很多概念、理论依然在流行，需要重新认识。

（三）社会自由化

社会自由化是经济自由化和政治自由化的一个结果，在民主化浪潮中"发现"了推翻波兰政权的以教会为主题的"公民社会"。以公民社会理论为基础，20世纪90年代初，世界银行的经济学家"找回"了被称为治理的理论，即主张个人权利和社会权利的理论——"投资人民"。也就是说，以非洲为典型的非西方国家之所以落后、混乱，是因为国家不行，国家（即政府）应该让位于公民社会即非政府组织，从而实现所谓的公开、透明、公正甚或合法性。但是，自治理理论流行以来，那些迷信治理理论的非西方国家，治理是否变得更好了呢？甚至连福山这样的一度主张社会权利的人都在反思，很多发展中国家本来就是弱国家、强社会，国家组织不起来，国家能力不及，再强化社会权利，结果不是强化既有的社会结构吗？

相反，在那些国家权力无所不在的国家，分权给地方、市场乃至社会是必然的选择，正如中国在过去几十年里所做的那样，进行了有计划的行政分权、经济分权和社会分权。但是，社会分权的目标绝不是建立所谓的"公民社会"，事实上也建立不起来这样的社会，非西方国家有几个是"公民社会"？南美流行的是掠夺公共资源的"普力夺社会"，印度的是不平等的"种姓社会"，大中东的是信奉哈里发的"伊斯兰社会"，非洲的是类似"普力夺社会"的各种绑架了国家的"强社会"，即使曾经被称为公民社会的美国也变成了公认的"利益集团社会"。因此，强调社会权利本身没错，但以建立公民社会并意图去国家化的治理理论是难以为继的。

（四）全球化的内在冲突

由经济自由化、政治自由化和社会自由化（以下简称"三化"）所构成的全球化，起初一路滚滚向前，通过全球化似乎能顺利实现"历史的终结"。但是，制度变迁具有非预期性，全球化非但没能实现"历史的终结"，反而终结了"历史终结论"。原因在于，"三化"具有与生俱来的内在冲突性，全球化因此也可能使世界秩序的被支配者转而成为支配者。

第一，"三化"的共同指向是去国家化。经济自由化、政治民主化和社会自由化的共同敌人都是国家或者政府的作用，而现代国家的出现正是现代性的标志。结果，全球化具有反现代性政治的特征，那些国家建设尚未完成的国家如果接受了去国家化的"三化运动"，则使国家陷入更无能力状态。相反，那些具有国家自主性的国家则可能借助全球化中的资源为我所用，比如资本自由流动，从而能够根本性地提升在世界秩序中的位置。以金砖国家为代表的新兴经济体的发展当然有诸多原因，但离不开国家力量对全球资本的利用。

第二，"三化"之间的内在张力。经济自由化和政治民主化具有与生俱来的冲突性，自由化是资本权力的自由，而民主化是大众的平等权，当二者同时出现时,往往会是资本权力吞噬社会平等,这就是俄罗斯转型中的两次私有化运动所摧毁的俄罗斯人对民主的信念。就民主化与社会自由化即治理而言,如果社会结构得不到现代性变革,民主化只不过是强化了既有的社会结构,因此所谓的治理最终变成了强化"普力夺社会""强社会"的权力而已,很多转型国家由"无效的民主"变成"无效的治理"。

这就是出现"逆全球化"的根本原因。全球化本来是为了改变他国而实现"历史终结论",结果,有些国家确实被改造了,如大中东地区,但却是"失败的民主";有些国家反而借力全球化的资源,改变了自己在世界体系中的位置,如中国;而全球化的始作俑者则因为过度自由化和多元主义,在经济上脱实向虚,在文化上出现"国民性危机"。这种结果完全出乎全球化的肇始者的愿望和设计,因此其转而实行"逆全球化"的政策。

三 自由化思潮对世界政治走向的影响

世界政治变迁具有周期性。如果说第一波的自由化浪潮塑造了殖民主义帝国主义的世界体系,随之而来的社会主义思潮和民族民主解放运动则瓦解了殖民主义体系,但是并没有真正动摇以自由主义为支柱的世界体系,社会主义阵营和资本主义阵营呈对峙状态。在这种状态下,新一轮的自由化浪潮结合新型的民族主义运动,又瓦解了社会主义阵营并改变了很多新兴国家的制度,这就是所谓的民主化的"第三波"。自由化浪潮的这一结果无须赘述。这里要阐述的是,在打败对手的同时,自由化浪潮也伤及自身,真可谓"因正因而生变果"。因此,那些曾致力于推动自由化浪潮的国家即美国,又成为反自由化的大本营,出现了被称为"民粹主义"思潮下的"逆全球化"政治。其内在机理何在?

第一,自由化浪潮导致产业转移和收入差距扩大,以美国为代表的西方国家更不平等,从而招致事实性的社会主义运动(被称为"左翼民粹主义")的兴起。

欧洲之所以接连发生两次世界大战,根本原因在于放任自由主义导致的经济不平等和社会问题。因此,第二次世界大战之后的社会主义思潮极大地改善了西方国家的治理结构,普遍性地建立起了福利国家,从1945年到1980年,西方出现了前所未有的相对平等。即使在被称为自由资本主义的美国,最高收入和最低收入之差不会超过50倍。但是,1980年之后,最高收入与最低收入之差高达550倍,美国成为1%美国人的"民治、民有、民享"。社会不平等自然刺激来自社会底层的反抗,其具体形式就是2016年大选中代表社会主义势力的总统候选人桑德斯的出现,以及在纽约市参议员选举中一个来自拉丁美洲的28岁女孩打败了代表所谓"建制派"的资深参议员。美国人民渴望平等的社会心理是普遍的。

不平等只是结果,什么导致了不平等?那些本来支持桑德斯的来自老工业区的白人选民转而又支持特朗普,为什么?是因为他们失去了工业。自由化浪潮的一个副产品就是放松资本管制,资本可以出国并在全世界自由流动,结果导致了传统产业的衰败即美国经济的脱实向虚,年轻人纷纷以服务业尤其是华尔街金融业为目标,结果必然是传统产业的衰败、一些老工业区的败落并导致一些城区的发展中国家化。生活在其中的"老白男"无疑愤懑无比,他们需要发泄的出口,从而形成一种新社会运动、一种事实性社会主义运动,但思想懒惰者则冠以"民粹主义"的符号。

第二,自由化浪潮根本性地伤害了南美一些国家的社会结构,农民失去土地,转而不得不大规模地移民美国,从而刺激了美国的民族主义(被称为"右翼民粹主义")情绪,诱发美国的"国民性危机",导致极右政治势力的强力反弹。

第二次世界大战之后,南美国家的政策一直受到美国的影响,其中有的国家很直接,如被称为"哈佛神童""芝加哥男孩"等毕业于美国的南美政治人物,往往不加辨别地运用在美国课堂上学到的经济学原理,因而新自由主义的私有化运动在南美特别流行，南美因此也成为私有化运动的重灾区。墨西哥最为典型，1982—1992 年，受新自由主义信念的驱动，墨西哥政府大力推行私有化运动，国有企业的数目由 1555 家减少到 217 家，其中许多实行私有的公司被外国投资者买走了。私有化运动也同样扩展到了农业领域，1992 年的宪法修正案允许传统的土地集体所有制私有化，因此美国大型的谷物公司如拉尔斯顿—普利纳公司就买下了墨西哥大量的土地所有权。墨西哥的社会结构被根本性改变了，其后果是，大量的农民被从土地上驱赶出去，加入城市中失业和半失业的浩荡队伍。墨西哥人民中间失业和半失业的占 50%；占人口 60% 以上的多数所得收入不过是国民收入的 15%；农村家庭中没有自己土地的有 200 万人；75% 的墨西哥农民一年工作不到 100 天；40% 的居民是文盲；乡村和城市地区都缺少下水道；群众所需的卫生、教育和住房等社会服务极为匮乏。

就是在这样的形势下，标志着新自由主义最高成果的《北美自由贸易协定》于 1992 年签订了，并于 1994 年 1 月 1 日生效。协定签订时，自由市场的支持者欢呼墨西哥即将成为第二个美国，墨西哥的现代化指日可待。结果呢，那不过是一场黄粱梦。在协定生效的当天，墨西哥发生了两个大事件：一个是发生在墨西哥南部恰帕斯州的数千农民起义；另一个是学生人数高达 30 万之众的墨西哥国立自治大学的长达 9 个月的学生罢课，以抗议教育市场化带来的学费上涨，算是给《北美自由贸易协定》的当头棒喝。教育市场化的问题不在于让国民共同分担成本，问题的本质是让一大部分人尤其是社会弱势群体失去受教育的机会。

为什么会发生恰帕斯地区农民起义？在协定签订之前的 5 年里，以种植咖啡为生的恰帕斯地区的农民的生活状况出现了恶化，咖啡价格下降了 65%，牧场面临生存危机，而信奉新自由主义经济学的联邦政府又大大削减政府补助金，并且 1992 年开始生效的土地私有化方案根本性地动摇了"土地属于开垦者"的传统制度和生活理念。失地和生活状况的恶化，迫使该地区的农民流离失所,绝望中的部分农民只能以武装斗争向外界传递自己的声音。失地的农民武装起义,只是土地私有化运动的极端表现,而更多无助、无望的农民则开始以种植大麻为生,直接或间接地参与毒品生意,或偷渡到美国。

这样,私有化运动至少有两个直接的后果:一是如前所述的政治暴力化,二是墨西哥人大规模地偷渡到美国。移民到美国的墨西哥人的规模及其生活方式,构成了亨廷顿在《谁是美国人》中所说的美国"国民性危机",即墨西哥移民有自己独立的社区、语言、学校、报纸、广播,形成了独立于美国文化的一套子社会系统,而且还不认同"美国信条"——盎格鲁—撒克逊人信奉的基督教。

墨西哥移民酿成的"国民性危机"极大地刺激了右翼民族主义——被称为右翼民粹主义。更重要的是,移民所分享的福利以及由此而养成的生活方式,又刺激了被称为具有理性资本主义精神的信奉基督教的白种人。

可见,经济自由化至少以两种方式伤害着美国社会。经济的脱实向虚导致工人失业、收入差距扩大等社会不平等,从而助推了事实性社会主义运动——虽然被称为左翼民粹主义,这是来自内部的冲击;邻国土地私有化运动让失地农民大规模地偷渡到美国,冲击了"美国信条",酿成"国民性危机",助推了事实性民族主义的排外情绪——虽然被称为右翼民粹主义。

民粹主义事实上已经成为一种新的政治思潮,尽管不像自由主义或社会主义那样具有明确的理论体系,但特朗普政权的政策确实反映了反建制的民粹主义政治,凡是自由主义建制派所主张的,特朗普政权都要反对,因此一上任就宣布废除TPP,退出《巴黎气候协定》,退出伊朗核协定,将国内法凌驾于WTO之上,等等。可见,头号大国的国内政治就是世界政治,或者说其对世界政治走向的影响是非常直接的。

第三,以民主化为名的自由化浪潮搞乱大中东地区和很多非洲国家,从而出现了大规模的难民，难民潮冲击了欧洲的社会秩序，从而诱发了欧洲的极右政治势力即民族主义政治的复兴。

根据联合国相关机构发布的数据，到2018年上半年，世界难民数量达到1200多万，是第二次世界大战之后的最高值。难民基本上来自大中东地区和非洲地区。难民潮是怎么发生的？一个富裕的中东地区怎么会成为难民输出地？众所周知就是"阿拉伯之春"导致的"阿拉伯之冬"，利比亚尤其是叙利亚成为中东地区难民的最大输出国。毫无疑问，这是"大中东民主计划"的产物。

难民潮考验着"普世价值"。因为按照普世价值，人皆享有平等、尊严等基本人权，进而，边境线不应该存在，因为人们应该享有普世价值和普世的福利，发达国家应该无条件地接纳难民，何况难民是西方国家推广普世价值的产物。在这场难民潮的冲击中，德国似乎因为曾经的种族政策而负疚，因为"原罪"而更为大方地敞开国门接纳难民，结果不但默克尔差点输掉选举，更重要的是一向治安良好的德国治安情况恶化。法国大巴黎地区的治安也因此而更加恶化，来自中东的难民可以在巴黎大街上抢夺游客的包裹。更重要的是，在第一大城市巴黎，穆斯林已经占人口的15%，在第二大城市马赛占25%，考虑到法国白人的低生育率和穆斯林的高生育率，人口结构的根本变化并不久远，这对西方文明是什么样的影响更值得关注，毕竟文明的存续依赖于人口的数量。

了解了上述背景，就不难理解为什么法国右翼政治势力在大选中越来越重要，德国和意大利的民族主义政治力量在选举中也异军突起，匈牙利的右翼势力则赢得大选。从美国到欧洲，民族主义政治势力的增长与外来移民数量成正比。

第四，全球化浪潮中的产业转移和资金的自由流动，给以中国为代表的新兴经济体以资源和活力，发展中国家的经济总量已经占全球的40%，国际格局和力量对比已经发生了根本性变革，全球治理体系也随之重塑，这严重地冲击了主宰世界 300 年的西方国家和西方文明。

第二次世界大战以及第二次世界大战之后的社会主义运动、民族民主解放运动虽然在政治上肢解了殖民主义体系，但在经济上依然没有动摇一百多年来西方的绝对支配性地位，到 1980 年，西方制造业依然占全球的 90%。这次全球化是一场去国家化的资本运动，一些去国家化的发展中国家在全球化中吃尽了苦头，比如，1998 年亚洲金融危机，事实上相当于国际资本对泰国、印度尼西亚、马来西亚等国家的"剪羊毛运动"，一夜之间收割了这些国家辛苦得来的成果。到 21 世纪初，国际资本又在全球范围内"剪羊毛"，这次受害者是阿根廷等南美国家，还有尚未从私有化运动中恢复元气的俄罗斯。几次金融危机都使得受害国的中产阶级数量大大减少。

但是，以中国为代表的发展中国家面对全球化，并没有像新自由主义经济学家要求的那样去国家化，没有将大型国有企业私有化，更重要的是坚持了国家自主性，坚持发挥政治制度的优势作用，从而在吸纳国际资本的同时保证了政治稳定性，并以政治制度的优势促成并保证了多种经济成分的并存，形成了真正的包容性体制所带来的包容性增长。

财富结构的变化带来世界政治结构的变化，西方国家与非西方国家的力量对比发生了根本性变化，由此必然推动全球治理体系的变革。但是，权力结构的背后是利益结构，即使在财富权力已经发生了巨大变革的条件下，既得利益集团依然坚守固有的权力结构而不愿意改革。比如，在中国 GDP 在全球已经高达 16% 的情况下，美国把持的世界货币基金组织依然不愿意改革来扩大中国的投票权，不得已，中国才另起炉灶，建立以中国为主的亚洲基础设施投资银行，以英国为代表的西方国家积极参加，从而根本性地改变了传统的由世界银行、IMF 和亚洲开发银行把持的投资结构。美国的"亚洲再平衡"以及今天的"印太战略"，说到底是为了遏制中国，因此中国转而提出坐东向西的"一带一路"倡议，以加强和非西方国家的经济联系。

四 探索自由化浪潮后果的规律与理论反思

制度变迁具有非预期性,这一定律典型地体现在这场以自由化为主的全球化浪潮中。也就是说,自由化的结果是多方面的,也是非常复杂的,因此我们必须对自由化浪潮做出理论反思,以便使得人类变得更加理性。

第一,如肇事者所愿,自由化浪潮冲垮了敌人,搞乱了一些国家,从而终结了第二次世界大战之后形成的"冷战"格局。被这场自由化浪潮冲击掉的首先是苏联、东欧国家,形成了美国的暂时性的单一霸权体系。"反者道之动",失去理性的美国为所欲为,搞乱了大中东地区100年来建构起来的政治秩序,使得世界秩序更加具有不确定性。

第二,非肇事者所愿,自由化浪潮的资本自由流动,剪了他国的羊毛,也使得本国经济脱实向虚,制造了国内社会矛盾;因自由化浪潮影响而涌向欧美的移民潮,又激化了国内的民族矛盾。双重矛盾使得美国政治出现严重的异常现象,特朗普上台以及由此导致的各种异常政策,美国似乎不再为第二次世界大战之后自己主导建立起来的"自由秩序"埋单,必然也降低了美国的信用和全球影响力。

第三,全球财富权力发生了重大转移,全球治理体系必然随之发生重大变化,原因就是国际资本、技术给以中国为代表的发展中国家的机遇,但是并不是所有发展中国家都受益了,比如墨西哥式的私有化导致的政治暴力化。

去国家化的自由化浪潮可谓一把"双刃剑",伤及他人,也伤及了自身。这就是历史辩证法——过去一个世纪的历史所告诉我们的辩证法。那么,世界政治走向给我们以什么样的启示,或者说是什么共同性的东西导致了自由化浪潮中出现如此复杂又出人预料的局面?这要从自由化浪潮的性质说起。如前,自由化就是去国家化,去国家化的自由化的一路狂飙,就是第一种和第二种结果;而在全球化浪潮中,坚持了国家性,固守根本,就牵制或者平衡了自由化，让自由化为我所用，中国是典型。因此，在全球化浪潮中，有无牵制乃至主导自由化浪潮的国家自主性，造就了不同的政治结局，并进而形成新世界秩序。

没有自主性国家的自由化，必然催生一个资本利维坦；在国家—资本—社会关系中，资本权力既可以绑架国家，也可以吞噬社会。除非来一场革命性变革，过度自由化对一些国家的伤害是不可逆的。在过去40年里，新自由主义所导致的社会不平等，是靠美国自身很难解决的难题，形成了所谓的"不平等的民主"，而民主的社会基础则是平等，因此权威研究的结论是美国不再是一个民主国家，而是一个典型的寡头政治国家，林肯的"民治、民有、民享"早已不复存在。私有化运动对墨西哥的伤害更大，私有化所导致的失地农民并进而形成的毒品经济，必然是愈演愈烈的暴力化政治。在更多的发展中国家，如菲律宾、印度、印度尼西亚、孟加拉、巴基斯坦等大型发展中国家，在土地私有制没有变革的前提下，选举式民主不过是强化了固有的封建制社会结构，面对此等"普力夺社会"或"强社会"，国家只能望洋兴叹。

但是，在自由化浪潮中，流行起来的新古典经济学或新制度经济学，根据西方国家自身经验而形成的经济学理论，比如产权私有化、国家理论中的保护私有产权以及有助于市场化私有化的意识形态，恰恰正是很多发展中国家不能发展的根本原因，新制度经济学的教义正好强化了固有的社会结构——一种前现代的封建制。很多发展中国家的政府错把毒药当作灵丹妙药。

为什么这样说？西方人发明的现代性理论告诉我们，民族国家的出现是现代性的一个重大标志，民族国家是相对于自由的封建制而言的，国家意味着对社会的整合。现代性的另一个标志是个人解放，承认个人权利。一方面是国家对社会的整合，另一方面是个人权利的保护，二者之间是一种内在的张力关系。从历史上看，从西方民族国家出现的那天起，就有一种反国家的力量——作为个人解放的资本权力，二者一直处于博弈状态。最终，本来作为社会整体一部分的资本权力脱嵌于社会而存在,并最终凌驾于国家之上;个人权利绑架了国家,很多人因此被资本奴役,这种社会制度事实上是一种新型封建领主制,正如亨廷顿称美国为现代"都铎政体"。新古典经济学事实上就是个人权利凌驾于国家之上的合法性叙事。西方人用漫画表示新自由主义是一种"返祖"现象——人类由猿而来,新自由主义又让人类蜕变回去,回到猿类。新自由主义学说倡导的是人类的逆进化过程。

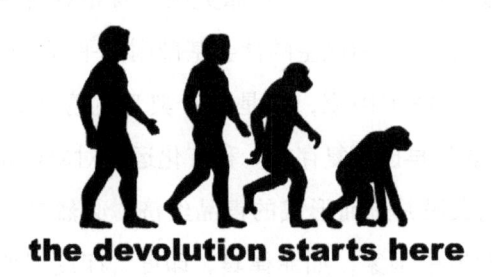

图 8—1 "返祖"现象漫画

反现代性的"返祖"理论,居然被很多发展中国家视为"圣经"。我们看到,成长于自由化浪潮中的一些人,习惯于将一切都诉诸由私有化、市场化所构成的自由化政策。去国家化的过度的经济自由化的恶果在世界范围内比比皆是,更需要警醒社会生活的自由化所导致的市场社会。经济生活可以适度市场化即市场经济,但如果把市场经济原则推广到社会关系,形成市场社会,则将是一种恐怖的"自然状态"。不是吗?一想到如何实现经济增长,有些人会马上想到把养老、医疗、教育当作刺激经济的"新三驾马车"。深受住房过度市场化之苦的中国人,对所谓的"新三驾马车"之说有着天然的反感与抵触情绪。养老、医疗和教育具有公共属性,公共属性的社会生活都市场化了,生活在其中的人们还会有安全感吗?没有安全感的人们又怎么可以安心地去消费呢?没有高质量的消费怎么会刺激经济增长呢?一定要认识到,市场经济只不过是这几百年里从社会母体中脱嵌出来的一种资本权力,如果资本权力主宰一切,主宰了政治,主宰了社会,且不说这个国家有无公正性,这样的国家甚至会"返祖"而回到前现代。

第二节 墨西哥案例:自由化浪潮— 国内暴力政治—世界秩序

1980—2010年是新自由主义的"世界时间",在这个时代,对于那些过于僵化的体制而言,"自由"赋予其活力,国家因此得到发展。但是,这并不是新自由主义的胜利,因为新自由主义是由"经济自由化—政治民主化—治理社会化"这"三驾马车"构成的,新自由主义浪潮下的国家治理已见分晓,发展中国家并没有因此而变得更好,有的甚至更糟糕,其中最想成为美国的墨西哥最为典型,这种世界性现象必然影响着既有的世界秩序。根据我们提出的世界政治学分析框架,政治思潮诱发国内政治变迁,并进而影响大国关系和世界秩序。信奉经济自由化的墨西哥政府大力推行土地私有化,结果导致墨西哥国内政治的暴力化,以墨西哥为代表的这种现象进而侵蚀了自由主义所支撑的"自由世界秩序",迫使人们寻找新世界秩序。

在动荡与冲突中,墨西哥总统选举于2018年7月落下帷幕。据称在竞选期间,至少有132名墨西哥政界人士被杀害,其中48名是参选的候选人。墨西哥的暴力政治不仅仅爆发于选举时期,根据墨西哥官方公布的数据,截至2017年11月就有23101人遇害身亡,该数字已经打破了2011年22852人遇害的最高纪录。近年来,墨西哥不仅在人均GDP等经济指标上出现下滑趋势,而且社会形势也变得日趋严峻。抑制社会暴力是社会秩序建立的首要目的,但21世纪以来墨西哥在处置这一问题时却显得无能为力,国家无法向公民日常生活提供基本的安全保障。不同于以往研究往往关注"现状性结构"或

"即时性因素",我们立足历史社会学的视角对墨西哥暴力社会进行了更加本源性的政治经济分析。我们发现,颠覆性战略错误的推行将这个昔日取得"经济奇迹"的国家拖入暴力的深渊,而这一悲剧源于国家在对市场化、私有化、民主化等"好观念"的实践过程中所产生的非预期性后果。

一 从奇迹到危机:墨西哥的命运逆转

不同于人们对如今墨西哥的普遍印象——经济发展乏力,毒品泛滥、暴力横行、贫困人口众多、社会不平等严峻——在历史上的很多时期,墨西哥曾一度取得了辉煌的经济发展成就。作为西班牙的殖民地,墨西哥长期属于殖民体系的中心地带:在哈布斯堡王朝统治时期,墨西哥丰富的劳动力和完整的统治结构受到了殖民者的垂青,殖民者在阿兹特克帝国首都特诺奇提特兰的基础上建立了新西班牙的首府;在波旁王朝统治时期,即便西班牙开始奉行自由主义的殖民政策,但墨西哥依托丰富的劳动力、战略性港口以及新勘探的资源依旧在殖民体系中保持重要位置。[①] 关于墨西哥在殖民地时期的经济增长数据,学界长期存在争论,但即便是保守的数据也表明,在18世纪中期之前墨西哥的人均GDP远高于美国并在拉美国家中名列前茅。[②] 但之后由于独立战争的影响,在1820—1870年这"迷失的五十年"里,墨西哥人均GDP增速的估算结果在 -0.2% 到 0.3% 之间,平均起来看几乎没有增长,而同时期的欧洲和北美正经历着工业革命和现代经济强有力的增长。[③]

[①] James Mahoney, *Colonialism and Postcolonial Development: Spanish America in Comparative Perspective*, New York: Cambridge University Press, 2010, pp. 50 – 188.

[②] John H. Coatsworth, "Inequality, Institutions and Economic Growth in Latin America", *Journal of Latin American Studies*, Vol. 40, No. 3, 2008, p. 547.

[③] [美]杰弗瑞·G. 威廉姆森:《贸易与贫穷:第三世界何时落后》,符大海、张莹译,中国人民大学出版社2016年版,第114页。

墨西哥的工业化进程始于 19 世纪末期,也就是经济开始向国际市场开放的时期。随着贸易的驱动,1884—1900 年间墨西哥又取得了国民生产总值年均 8% 的高速增长。墨西哥革命对经济发展造成了消极影响,但随着革命制度党执政地位的确立,社会状况也逐渐得到稳定。20 世纪 50 年代中期到 60 年代中期,墨西哥经济的快速发展创造了举世瞩目的"墨西哥奇迹"。在低通胀情况下(1955—1972 年间每年 5%),墨西哥经济以每年 6%—7% 的速度增长,这样的速度不仅远远高过美国,也超过了德国和意大利。到 1980 年,墨西哥的国民生产总值达到了 2130 美元,这使其在世界银行半工业化或"中度发达国家"中名列前茅。到石油繁荣时期(1978—1981 年)结束时,石油一年提供的出口收入就超过 150 亿美元,帮助了经济每年超过 8% 的增长——这是世界上最高的增长率之一。①

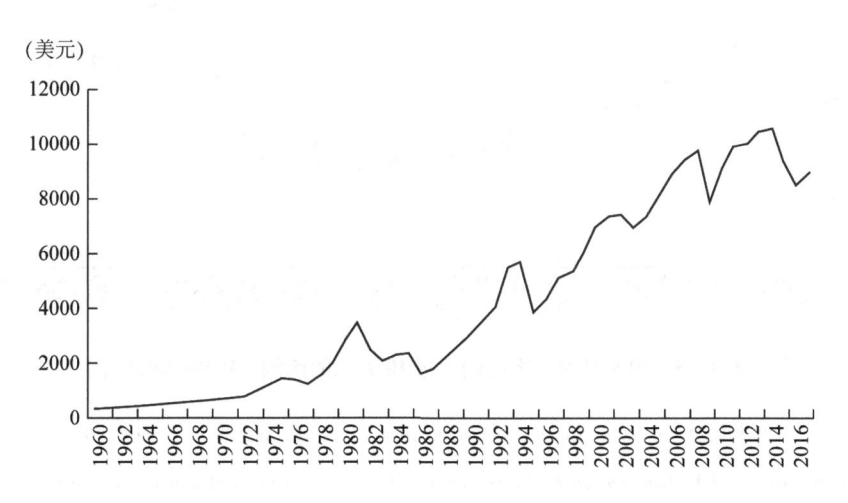

图 8—2　墨西哥人均 GDP(1960—2016 年)

资料来源：世界银行。

---

① ［美］小 G. 宾厄姆·鲍威尔等：《当代比较政治学：世界视野》，杨红伟等译，上海人民出版社 2017 年版，第 460 页。

当第二次世界大战之后历时 20 年的繁荣发展期趋于结束的时候，大部分拉美国家忽然发现自己正面临缺乏出口、汇率过高、对经济不平等的忽视以及人力资本投资严重不足等问题。① 面对这些问题，墨西哥似乎并没有找出一条完善的解决之道。时至今日，墨西哥早已风光不再。由图 8—2 不难看出，自 20 世纪 80 年代以来，墨西哥的人均 GDP 遭遇了多次明显下跌，这一数字即便目前有所回升也尚未恢复到 2014 年时的水平。与此同时，墨西哥失业率持续上升，家庭收入的减少与人口的增加导致贫困人口的增加。目前墨西哥 40% 多的人口处于贫困线之下，这一数字占据了整个拉美贫困人口的 1/3。

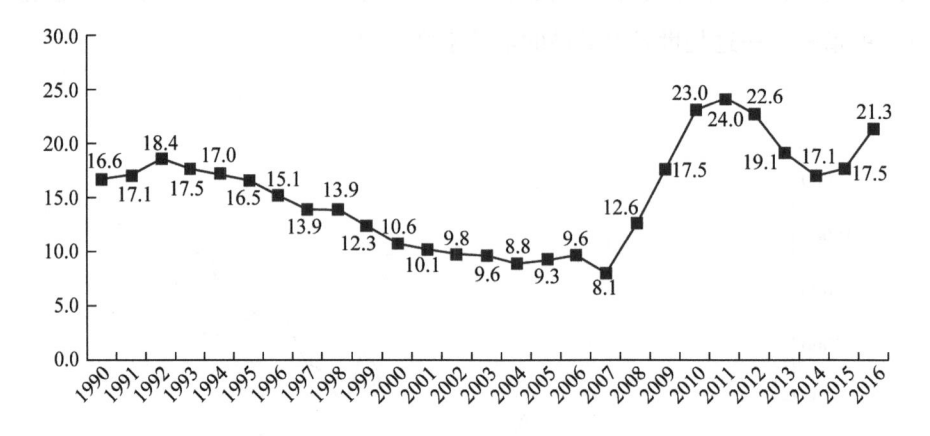

图 8—3　墨西哥凶杀案比例（每 10 万人的比例，1990—2016 年）

资料来源：Kimberly Heinle, Octavio Rodríguez Ferreira, and David A. Shirk, *Drug Violence in Mexico: Data and Analysis through 2016*, Department of Political Science and International Relations, University of San Diego, 2017.

---

①　[美] 乔治·多明格斯：《20 世纪后半叶拉美落后的根源：发展战略、不平等与经济危机》，载弗朗西斯·福山编著《落后之源：诠释拉美和美国的发展鸿沟》，中信出版集团 2015 年版，第 78 页。

除了经济波动与衰退，社会动荡更是困扰墨西哥发展的重大阻碍。根据世界正义工程的数据，墨西哥在 2017—2018 年度得分只有 0.45，位列 113 个国家中的第 92 位。英国国际战略研究所发布的本年度武装冲突调查报告显示，墨西哥因毒品战争在 2016 年共导致 23000 人死亡，这个数字令墨西哥在世界上最危险的国家中榜上有名，甚至超越处于内战状态的伊拉克和阿富汗。在社会冲突中，因毒品产生的暴力冲突尤为突出。据统计，墨西哥 84% 的城市遭受过毒品暴力的威胁，从 2006 年到 2012 年，墨西哥已有 6.4 万人死于有组织犯罪。① 贩毒集团不仅与警察和军队激战，而且不同派别之间甚至集团内部也相互厮杀。图 8—3 显示，凶杀案在墨西哥的比率虽然自 20 世纪 30 年代开始呈现下降的趋势，但从 2007 年到 2011 年这一数字骤然上升，数量从 8867 起激增到 27199 起。然而从地区整体情况来看，同时期拉美其他国家的凶杀案数量总体减少。

在墨西哥，政客与记者成为"高危人群"。据相关统计显示，从 2005 年到 2016 年，墨西哥共有 70 位前任市长、52 位现任市长遇害，从 2000 年到 2016 年墨西哥司法部确认了 142 名媒体从业者遭遇谋杀，其中大部分发生在 2006 年之后。② 而墨西哥总统竞选也更是成为一场极其危险的政治活动。根据墨西哥国家登记处的数据，自 2017 年 9 月选举活动展开以来，墨西哥 32 个州中有 22 个发生过政治暗杀事件，48 名死者是候选人，其中 28 人来自地方选举，20 人来自大选，其余死者则是政党职员。截至大选结束，至少 133 名政客在选举活动中遇害。犯罪集团的恐怖活动对下加利福尼亚州、奇瓦瓦州以及锡那罗亚州等贩毒势力长期盘踞的选举活动造成极大的

---

① Ernesto Zedillo and Haynie Wheeler, *Rethinking the "War on Drugs" Through the US - Mexico Prism*, Yale Center for the Study of Globalization, 2012, p. 33.

② Kimberly Heinle, Octavio Rodríguez Ferreira, David A. Shirk, eds., *Drug Violence in Mexico: Data and Analysis through 2016*, Department of Political Science and International Relations, University of San Diego, 2017, pp. 25 - 28.

威胁,许多候选人因担心自身及家人安全纷纷退出选举。

　　是什么导致了暴力频发? 人们习惯将其与墨西哥另一大社会问题——毒品泛滥联系起来。墨西哥毒品猖獗有目共睹,其大麻和鸦片的产量分居世界的第一位和第二位。毒品种植的历史在墨西哥可以追溯到15世纪末的殖民时期,20世纪初毒品种植面积扩大并开始向美国出口。20世纪70年代以后,墨西哥毒品问题进一步发展并出现了一些新的趋势:一是贩毒集团的组织化进一步加强,形成了"毒品卡特尔";二是毒品问题与墨西哥政治相互渗透,犯罪组织与政府形成恩护关系进而引发了严重的社会问题;三是毒品问题"国际化"程度加强,墨西哥成为拉美毒品走私的中心。① 如今,在这个国家有上百座城市陷入毒品走私之中,数以万计的人员与毒品贸易相关联。违法行径与暴力之间的关系不难理解:贩毒集团这样的非法组织无法在法律保护框架内实行交易,他们的利益也无法通过正常渠道予以实现,因此毒枭们时常因对抗政府或争夺势力范围等原因而诉诸暴力,与此同时,那些从事非法行径的人也大多来自充斥暴力的社会环境之中,在他们的意识中力量才是解决问题的最佳途径。②

二　竞争性假说与理论框架

　　既然"暴力是毒品交易的内在特征,且近几年来墨西哥因贩毒组织而引发的暴力事件日趋严重"③,那么是什么原因导致了墨西哥毒品泛滥? 立

---

　　① 卢玲玲、闫伟:《墨西哥毒品问题及其未来走向》,《现代国际关系》2013年第3期。

　　② Peter Andreas and Joel Wallman, "Illicit Markets and Violence: What Is the Relationship?", *Crime, Law, and Social Change*, Vol. 52, No. 3, 2009, pp. 225–229.

　　③ June S. Beittel, *Mexico's Drug Trafficking Organizations: Source and Scope of the Rising Violence*, Congressional Research Service Reports, 2012.

足毒品的生产、流通和交易等各环节,学者们聚焦地理、国际市场以及政府质量等方面提供了不同的解释。

首先是基于地理因素上的解释,简而言之就是墨西哥适合种植毒品。罂粟、大麻等毒品对光照、温度和土壤墒情都有一定的要求,墨西哥因资源禀赋而成为绝佳的种植地。而其他的重要毒品产地,如缅甸金三角以及巴基斯坦与伊朗交界的金新月都具备类似的气候环境。通过"求同法",我们似乎可以建立毒品泛滥与地理环境的某种关系。但是这种建立在密尔法逻辑基础之上的因果推断是十分脆弱的,事实上无论是求同法还是求异法都只能排除而无法确认必要或充分条件。更为重要的是,地理因素只是为毒品种植提供了必要条件,从种植到贩卖、走私以至毒品泛滥,其间缺少很多更为关键的分析环节。全球还有其他很多适合种植毒品的地区,但是这些地区大部分要么鲜有毒品种植,要么社会总体保持相对稳定。

其次是对国际环境的关注,不少学者强调美国在墨西哥毒品泛滥中所起到的关键作用。美国被认为是当今世界上最大的毒品消费国,20世纪60年代后期在嬉皮士等文化潮流的影响下,美国消费者对毒品的需求急剧增加。尤其是在20世纪70年代之后,拉美各国加强了对毒品的管控,加之传统的从哥伦比亚路经墨西哥湾的运毒航道被切断,墨西哥因此成为美国最重要的供应商。在1972年,来自墨西哥的海洛因只占据美国市场的10%—15%,但这一数字到1975年就激增到80%,同时墨西哥提供的大麻占据了美国95%的消费市场。[①] 而在2004年之后,美国《联邦攻击性武器禁售令》到期,使得军用枪支在美国境内得以合法销售,然而这一政策展现出了跨

---

① María Celia Toro, *Mexico's "War" on Drugs: Causes and Consequences*, Boulder: Lynne Rienner, 1995, p. 16.

国界的"溢出"效应，墨西哥获取武器的外部环境因此也产生了巨大变化，贩毒组织可以更轻易地获得枪支弹药。① 有统计显示，在墨西哥政府缴获的武器中，有90%来自美国，其中不乏半自动步枪等杀伤力大的自动武器。同时，《北美自由贸易协定》的签署也使包括毒品在内的各种商品流通更加方便，这些因素都刺激了民众大规模种植毒品以及贩毒组织的疯狂扩张。

正如"离上帝太远，离美国太近"这句在墨西哥流传的谚语，美国与墨西哥的毒品泛滥的确有着千丝万缕的联系。但是墨西哥之所以沦为毒品的周转地，单纯关注国际因素显然是不完整的。因此还有一种解释立足于墨西哥政府治理能力，有学者认为墨西哥治理能力低下以及腐败横行、监管失控是导致毒品泛滥的原因所在。"墨西哥社会长期以来容忍从政致富的观念——这就是通常所说的腐败"②，腐败纵容了规模庞大且实力强劲的犯罪组织横行霸道，同时削弱了打击毒品犯罪的能力。目前已经有很多文献表明腐败与毒品犯罪的联系，以致有学者断言"有组织的犯罪在没有腐败的情况下无法生存，而这些犯罪活动又产生并加剧了腐败"③。根据"透明国际"2017年的数据，墨西哥的清廉指数在180个国家中名列第135位。在墨西哥，贩毒集团以数倍于财政供给的金额向政府部门行贿，并通过雇用和利用政府官员来对抗国家或其他竞争对手。有学者认

---

① Dube, Arindrajit, Oeindrila Dube, Omar Garcia - Ponce, "Cross - Border Spillover: U. S. Gun Laws and Violence in Mexico", *American Political Science Review*, Vol. 107, No. 3, 2013, pp. 397 - 417.

② [英]莱斯利·贝瑟尔主编：《剑桥拉丁美洲史》（第七卷），江时学等译，经济管理出版社1996年版，第154页。

③ Carlos Flores Pérez, "Organized Crime and Official Corruption in Mexico", in Robert A. Donnelly and David A. Shirk, eds., *Police and Public Security in Mexico*, San Diego: Trans - Border Institute, 2009.

为，相较于如哥伦比亚等竞争性选举的国家，21世纪之前墨西哥革命制度党一党独大的政治结构使得毒品交易更依赖于官员，进而形成了长期的政客与犯罪组织相互勾结的关系网络。① 贩毒者往往从政治和经济中受益，而如果缺乏与政客、警方以及军方的共谋，贩毒组织是无法成长起来的。

然而腐败只发生在毒品的交易环节，这并不能回答毒品的源头在哪里。究其根本，笔者认为贫穷且缺少替代性的致富措施才是农民大规模种植毒品的直接原因。从统计数据来看，贫穷与毒品以及暴力有着显著的正相关。以墨西哥城为例，从数据上看，那些普遍存在经济困难和家庭解体等危机事件的地区犯罪率更高。② 而据美洲开放银行统计，墨西哥在2006—2010年间，失业率每增加0.21%，空置劳动力每增加0.13%，企业主每减少0.06%，凶杀案发生的概率就增加十万分之一。毒品生产与贫困的关联在于，前者很大程度上源于"农业经济的衰退和大部分贫困的农村人口缺乏保障生活的其他替代措施，与此同时，不断增长的毒品产业还会产生一些'负外部性'，如暴力、腐败，并阻碍经济长期发展……毒品生产与贫困是相辅相成的：贫困和缺乏致富渠道促进了毒品的生成，而这又反过来使贫困长期存在并限制了创造新的致富渠道"。③

---

① Peter Andreas and Angelica Duran Martinez, "The Politics of Drug and Illicit Trade in the Americas", in Peter Kingstone and Deborah J. Yashar, eds., *Routledge Handbook of Latin American Politics*, New York: Routledge, 2012, p. 383.

② Carlos Vilalta and Robert Muggah, "What Explains Criminal Violence in Mexico City? A Test of Two Theories of Crime", *Stability: International Journal of Security and Development*, Vol. 5, No. 1, 2016, pp. 1–22.

③ Peter Dale Scott, "Drugs, Anti–Communism and Extra–legal Repression in Mexico", in Eric Wilson and Tim Lindsey, eds., *Government of the Shadows: Parapolitics and Criminal Sovereignty*, New York: Pluto Press, 2009, p. 185.

表 8—1　　　　　　　　　　活动类别与暴力程度

		暴力程度	
		高	低
活动是否合法	否	贩毒：哥伦比亚；20 世纪 90 年代之前的缅甸；90 年代中期之后的墨西哥 偷猎：刚果（金）；肯尼亚；津巴布韦	贩毒：20 世纪 90 年代之后的缅甸；90 年代中期之前的墨西哥 偷猎：纳米比亚；南非
	是	矿石开采：利比亚；塞拉利昂；哥伦比亚	

资料来源：Richard Snyder and Angelica Duran – Martinez, "Does Illegality Breed Violence? Drug Trafficking and State – Sponsored Protection Rackets", *Crime, Law and Social Change*, Vol. 52, No. 3, 2009, p. 254.

以上三种解释立足不同视角对墨西哥毒品泛滥予以解释。但值得注意的是，无论是立足地理因素、国际因素还是本国政府治理能力的学者都秉持这样的前提：毒品泛滥导致暴力横行。但正如表 8—1 所示，非法活动与暴力程度并不必然存在联系。毒品交易的根本目的终究在于牟取暴利，而频繁的冲突会增加交易成本，并不利于毒品交易的顺利进行，因此诉诸暴力并非贩毒集团的最佳选择。① 而缅甸以及墨西哥在不同时期的暴力程度则表明，毒品与暴力并非一定是相伴而生的。因此，不能单纯地将毒品泛滥视为分析的起点或结果，相反，它只是研究导致墨西哥暴力政治的因果链条中的一个重要环节。与此同时，墨西哥亦不符合亨廷顿对现代化与暴力之间的预期——作者认为"政治秩序混乱的原因，不在于缺乏现代性，而在于为实现现代性所进行的努力"②，而墨西哥的现实却表明，该国经济发展最快的阶段反而是社会相对稳定的时期。这样一来，分析墨西哥社会暴

---

① Stephen D. Morris, "Drug Trafficking, Corruption, and Violence in Mexico: Mapping the Linkages", *Trends in Organized Crime*, Vol. 16, No. 2, 2013, pp. 195 – 220.

② [美] 塞缪尔·亨廷顿：《变化社会中的政治秩序》，王冠华等译，上海人民出版社 2008 年版，第 32 页。

力的起源就变得更加复杂了。

因此,本书既要回答是什么原因导致农民贫穷进而种植毒品,又要回答是什么原因使毒品交易催生社会暴力。为回答这一问题,本书在研究思路上秉持以下主张:其一,"政治结果可能具有一个缓慢活动的、累进的结构"①,因此笔者立足长时段视角将各重大事件均视为因果链条中的一部分,例如,对待"毒品泛滥"时,笔者既关注是什么原因导致毒品泛滥,同时也关注是什么原因使毒品交易引发暴力政治。其二,墨西哥的暴力政治并不是某单一事件在某个特定时刻的产物,相反研究者应该将其视作"具有非预期性的、不断互动的一系列事件共同演进"的结果。② 其三,在解析关键事件的发生上,笔者秉承纵横相交的"结合"视角,即特定时空下诸多因素的结合是促成重大事件产生的关键,且事件的发生必然受到历史遗产的影响。基于以上看法,笔者认为导致墨西哥社会暴力因果链条的两大关键事件是:20 世纪 80 年代以来的新自由主义改革和民主化实践,通过对社会结构和社会关系的重塑影响了墨西哥发展的进程。接下来,笔者将围绕这两大事件展开历史叙述,并通过"因果过程观察"(causal process observations)③ 所提供的证据对本书构建的因果链条予以支持。

---

① [美] 保罗·皮尔逊:《时间中的政治:历史、制度与社会分析》,黎汉基、黄佩璇译,江苏人民出版社 2014 年版,第 107 页。
② Giovanni Capoccia and Daniel Ziblatt, "The Historical Turn in Democratization Studies: A New Research Agenda for Europe and Beyond", *Comparative Political Studies*, Vol. 43, No. 8/9, 2010, pp. 931–968.
③ "因果过程观察"是"为相关情境或机制所提供的一种洞见或一组数据,其在因果推断中提供不同方式的影响",参见 David Collier, Henry E. Brady and Jason Seawright, "Sources of Leverage in Causal Inference", in Henry E. Brady and David Collier, eds., *Rethinking Social Inquiry: Diverse Tools, Shared Standards*, 2nd Edition, Lanham: Rowman & Littlefield Publishers, 2010, p. 184。

三 土地私有化：毒品泛滥的经济根源

墨西哥政府将土地视作获得政治支持的重要手段，并将其作为指导农业生产以满足国家目标的若干重要措施之一。① 从1867年到1995年，墨西哥经济经历了"私有化—国有化—私有化—国有化—私有化"的循环，其中每次土地政策的变革都对墨西哥社会结构与发展状况产生了不同程度的影响。本部分主要关注墨西哥土地再分配政策上的流变以及20世纪80年代以来的"社会自由主义"改革，其中，土地私有化导致的贫困是墨西哥毒品泛滥最重要的原因。

（一）墨西哥革命与土地再分配

大部分发展中国家的政权都是殖民主义的产物，而与更先进的政治经济体的遭遇则成为这些国家成型的决定性因素，一旦国家成型，早期在殖民统治时期形成的核心制度特征就不易改变。② 殖民者迫使殖民地建立起与母国相似的制度形式，由于墨西哥处于殖民体系中心地带，因此该地区出现了"最具西班牙特色"的农业社会类型："基本成分是大的私人庄园，通常被称为阿西恩达，以及小农村社……在三个世纪的时间里，阿西恩达设法占据了大量肥沃和水源充足的土地。"③ 墨西哥的大庄园是这个国家土地制度最显著的特征，即便是经历了独立战争，殖民遗产依旧延续了下来。虽然19世纪中叶自由派的领导人曾将土地国有化并公开出售，但贫困的普

---

① Susan R. Walsh Sanderson, *Land Reform in Mexico: 1910 – 1980*, New York: Academic Press, 1984, p.149.

② ［美］阿图尔·科利：《国家引导的发展：全球边缘地区的政治权力与工业化》，朱天飚等译，吉林出版集团有限公司2007年版，第20页。

③ ［英］莱斯利·贝瑟尔主编：《剑桥拉丁美洲史》（第四卷），涂光楠译，社会科学文献出版社1991年版，第157页。

通农民并无力购买，土地反而落到种植园主和外国资本集团的手中，贫困的农民不得不通过出卖劳动力以维持生计。时至20世纪初，墨西哥同其他拉美国家一样都存在土地分配极不平等这一弊病。

土地改革是打破传统权力关系、争取农民支持的重要手段。1910年爆发的革命成为推动墨西哥土地改革的转折点。1915年，革命领导人卡朗萨颁布的《土地法》成为墨西哥土地改革的开端。围绕着土地分配制度的实施，1917年通过的《墨西哥宪法》在第27条中明确承认土地集体所有制的合法性，即国家通过将土地分配给无地以及少地农民的方式，建立农村社区与集体农庄两种集体所有制形式，与私有的农场同时并存，从而实现社会公平及经济的发展，振兴农村社会，改善农民的生活。

卡德纳斯时代是墨西哥土地改革史上的巅峰时期，土地再分配成为1936—1937年政府当局的主要政策，它一方面作为削弱反对派的政治武器，另一方面又被作为加强国家统一和经济发展的手段。到1940年，卡德纳斯已向80万人分配了1800万公顷的土地。与1930年的15%相比，村社已拥有47%的可耕地，村社人口也增加了一倍多（从原来66.8万增加到160万），无地人口从250万减少到190万。① 与此同时，政府还征收了大量外国公司的土地，1936年10月在拉古纳地区没收英国公司棉花种植园的242086公顷土地，1938年又没收了该地区意大利资本家的水稻种植园和尤卡坦半岛的几个剑麻种植园。国家在这些被征收的土地上建立起了村社，从而极大地削弱了外国资本的势力。在土地改革过程中，卡德纳斯认为村社"不是走向农业资本主义道路的临时停靠站，也不是简单的政治缓冲剂，而是振兴农村、把农民从剥削中解放出来的重要的机构，如果给以适宜的支持，还可促进全国的发展"②。自墨西哥革命以来，村社土地制度逐渐成为墨西哥重要的支柱性土地制度之一。村社从政府获得一块由全体成员共

---

① ［英］莱斯利·贝瑟尔主编：《剑桥拉丁美洲史》（第七卷），第22页。
② ［英］莱斯利·贝瑟尔主编：《剑桥拉丁美洲史》（第七卷），第21页。

同所有的土地，其中林地和牧地由社员共同使用，耕地则分成小块并以家庭为单位进行分配。根据墨西哥1922年的《村社法》和1934年的《土地法典》，村社土地禁止出售、抵押和租赁，分配给村社社员的土地只有永久使用权而没有所有权。此后历届政府通过征收大庄园土地进行重新分配，使得村社土地所有制成为主要的土地制度之一。有学者认为，"如果没有村社运动，墨西哥可能为它所获得的增长率的提高付出更高的社会政治成本"[①]。

卡德纳斯时期的土地改革瓦解了半封建的大庄园制度，改变了农村的经济结构，打击了传统地主寡头势力；国有化运动提高了国民的民族意识，削弱了外国垄断资本，为国民经济的未来发展提供了条件。[②] 众所周知，土地问题的争端是墨西哥动荡的重要原因，但"由于1913—1917年和1926—1929年的战争，1929年以后的经济危机，以及土地改革这三重折磨，传统的大庄园主受到了严重打击"[③]，这一阻碍现代化的顽固力量在与农民、村社的斗争中以失败告终。土地改革打击了现代化的阻力、缓解了社会不平等并创造了相对稳定的社会环境，这为墨西哥"经济奇迹"的实现奠定了坚实基础。

表8—2　　　　　　　历届总统任期内土地分配情况　　　　　　（单位：公顷）

总统	时间（年）	土地分配数量
卡德纳斯	1934—1940	20074704
卡马乔	1940—1946	5286636

---

① Eduardo L. Venezian and William K. Gamble, *The Agricultural Development of Mexico: Its Structure and Growth Since 1950*, New York: Fredrik A. Praeger, 1969, pp. 77 – 78.

② 韩琦主编：《世界现代化历程·拉美卷》，江苏人民出版社2012年版，第122页。

③ [英]莱斯利·贝瑟尔主编：《剑桥拉丁美洲史》（第五卷），胡毓鼎等译，社会科学文献出版社1992年版，第199页。

续表

总统	时间（年）	土地分配数量
阿莱曼	1946—1952	312285
科蒂内斯	1952—1958	3469958
马特奥斯	1958—1964	3162796
奥尔达斯	1964—1970	4120530
埃切维利亚	1970—1976	6516262
波蒂略	1976—1982	753689

资料来源：Friedrieh Katz, ed., *Riol, Rebellion, and Revolution: Rural Social Conflict in Mexico*, Prineeton: Prineeton University Press, 1988, p. 35.

但在卡德纳斯之后，国家政策的目标转为尽快实现工业化，因此决策者们选择以牺牲工人、农民为代价以使农村和城市的私营企业受益。[①] 如表8—2所示，自卡德纳斯之后土地再分配的数量急剧下降，埃切维利亚之后土地改革趋于停滞。20世纪50年代之后，墨西哥逐渐开始避免土地改革对农产品出口的负面影响，公共开支和信贷集中于大农场主，这使他们占农业收入的份额相应提高。1950年至1969年期间，墨西哥国内生产总值虽然保持6%的增长速度，但是最贫困的1/10的人群的收入份额从2.4%下降到2.0%，同时最富裕的1/10的人群收入份额则由49%升至51%。[②] 不难看出，墨西哥的经济奇迹是建立在不平等逐渐扩大的基础之上的。

（二）新自由主义浪潮下的土地私有化

正如斯蒂格利茨所强调的，不平等不仅仅是大自然力量或者抽象的市

---

① Susan R. Walsh Sanderson, *Land Reform in Mexico: 1910 - 1980*, New York: Academic Press, 1984, pp. 103 - 104.

② ［美］托马斯·E. 斯基德莫尔等：《现代拉丁美洲》（第七版），张森根、岳云霞译，当代中国出版社2014年版，第72页。

场力量的结果,在很大程度上,不平等是那些塑造并指导着技术和市场的力量以及更广泛的社会力量的政府政策的结果。①墨西哥的贫困乃至毒品泛滥同样可以视作制造者所犯的"颠覆性错误",而以市场化和私有化为主要特征的新自由改革无疑是将这个国家拖进深渊的罪魁祸首。

墨西哥私有化在历史上占有重要地位,20世纪80年代它与牙买加一起开启了拉美地区第一次私有化。1982年爆发的债务危机使墨西哥在经济上产生了极大的震荡,在德拉马德里执政的6年间墨西哥经济几乎没有增长。与此同时,游击队暴动与社会抗争也对墨西哥政局造成了极大冲击。为应对危机,国家颁布了《经济调整紧急计划》,提出了包括削减公共开支、控制工资增长、增加税收、重新安排债务等一系列措施。在领导层,墨西哥执政精英在悄然发生变化。不像之前的精英大多历经革命与战火的洗礼,如今的高层已经浮现出技术官僚主导的局面。更为重要的是,"技术官僚是坚信私有化以及拥抱世界市场等新自由主义价值,并且他们将提高政治与经济体制的效率放在首位"②。在市场化改革的指引下,墨西哥在1983年通过了《全国发展计划1982—1988》,开始实行外向型经济发展模式,并进行了一系列经济结构改革,包括:加快贸易自由化步伐,加入关贸总协定;调整对外政策,积极引进外资;转变政府职能,改造国有企业,强化市场经济在宏观调控中的作用;等等。③

新自由主义改革虽起步于德拉马德里政府时期,但改革的全面铺开是在萨利纳斯(1988—1994年)时期。在1991年发表的《国情咨文》中,萨利纳斯明确以"社会自由主义"(又称"新民族主义")取代革命的民族主

---

① [美]约瑟夫·E.斯蒂格利茨:《不平等的代价》,机械工业出版社2013年版,第73页。

② Dan La Botz, *Democracy in Mexico*: *Peasant Rebellion and Political Reform*, Boston: South End Press, 1995, p. 103.

③ 徐世澄:《墨西哥政治经济改革及其模式转换》,世界知识出版社2004年版,第44—46页。

义，其具体措施主要有两方面：对外积极靠近美国，决定在美国建立自由贸易区，加入富人俱乐部——经济合作与发展组织（OECD），退出七十七国集团，与第三世界主义"决裂"；对内全面推行新自由主义改革。[①] 新自由主义的重要措施就是实行企业私有化，具体包括减少政府对经济的干预、引入竞争机制、将国有企业置于市场规则之下、丰富股权结构、发展本国的资本市场。1992年包括墨西哥航空公司、卡纳内亚铜矿公司等16家大型国有企业在内的1075家企业进行了私有化改革，至1994年国有企业数量已降至209家。

"社会自由主义"的另一项重大措施是进行村社土地的私有化。1992年2月26日实施的《新土地法》对《宪法》第27条进行了修改：政府停止土地分配；村社社员有权出租、抵押和买卖土地；允许私人公司购买土地；村社有权决定是否转让或在他们的成员中分配小块土地；村社和资本家可建成新的生产组织，村社社员可以土地参股。《宪法》第27条的修改以及新《土地法》的颁布虽然有利于土地集中进而发展规模经济，并为农村资本化开辟了道路，但是大量小农和村社社员被兼并和破产，农村贫困人口进一步加剧，这一政策的出台使80%的村社土地出卖给了大地主和外国人，从而威胁到已持续70多年的社会和平。[②]

1994年《北美自由贸易协定》签署之后，自由贸易并非缓解而是加重了农业问题。美国农业的高生产率降低了成本，抵消了墨西哥廉价劳动力的优势，在双边农产品贸易中长期保持高额顺差。而90年代初墨西哥农牧业人均产值仅相当于美国的4%，如果完全实现自由贸易，墨西哥只有蔬菜和水果的出口能够增加25%，但美国对墨西哥的粮食出口将增加80%—

[①] 苏振兴主编：《拉美国家现代化进程研究》，社会科学文献出版社2006年版，第236—237页。

[②] 韩琦主编：《世界现代化历程·拉美卷》，第144—145页。

140%，这直接威胁到 200 万玉米种植农的生存。① 墨西哥遭遇的"大转型"对其传统的社会结构与社会关系造成了极大冲击，维持墨西哥几十年来社会稳定与经济发展的机制被彻底打破。摩尔强调农民"既是推动革命的机器也是革命的代表，并且在革命机器横冲直撞所向披靡之时开始逐步扮演起一个有影响力的重要历史角色"②，而系列变革对农村的冲击最终激发了1994 年恰帕斯农民起义。咖啡价格的下降、切断政府安全保障、更改《宪法》第 27 条、签订自由贸易协定以及危地马拉内战造成的大量难民涌入，这一系列事件的共同作用，使得很多的恰帕斯人移居到墨西哥其他地区甚至美国，正是这些移民为起义点燃了导火索，这也就解释了为什么南墨西哥数以千计的土著务农者不愿再忍耐下去而宁愿冒死一搏。③

因此，纵然萨利纳斯声称在改革之后各个部门开支明显减少，但他的政策并没有使人民受益。如果把那个时期的人口收入由低到高等距分为 10 个收入群体，那么这 10 个群体中有 9 个在实施新自由主义政策的 9 年里实际收入在减少，其中减幅最大的是中低收入群体，而唯一获益的群体是墨西哥最富裕的家庭，他们的收入增加了 16%。④ 从 1984 年到 1994 年，墨西哥农村极端贫困人口所占农村人口比重由 29.4% 上升到 34.4%，农业工人的贫困率更是由 37.9% 激增至 51%。⑤ 新自由主义改革的结果是越来越多的小农破产，墨西哥的社会结构遭到根本性改变，大量的农民被从土地上驱逐，进而加入了浩浩荡荡的失业大军，并在贫困线下苦苦挣扎。正如阿

---

① 高波:《农民问题与当代墨西哥的政治稳定》，《拉丁美洲研究》1998 年第 3 期。

② [美] 巴林顿·摩尔:《专制与民主的社会起源》，王茁、顾洁译，上海译文出版社 2012 年版，第 468 页。

③ [美] 顾德民:《民主的浪漫:当代墨西哥民众的无声抗议》，郑菲等译，江苏人民出版社 2018 年版，第 159 页。

④ [美] 罗德里克·埃·坎普:《技术官僚和革命解构的时代》，载迈克尔·C. 迈耶、威廉·H. 毕兹利编《墨西哥史》，复旦人译，东方出版中心 2012 年版，第 754 页。

⑤ Nora Lustig, *Mexico*: *The Remarking of an Economy*, Washington, D. C.: Brookings Institution Press, 1998, p. 204.

马蒂亚·森认为的,贫困必须被视作基本可行能力的剥夺,而不仅仅是收入低下。① 政府补助金被削减导致农民所需的卫生、医疗和住房等基础设施极度匮乏,这使农民更加丧失了改变命运的机会。为了生存,新兴的毒品市场成为他们短期改变贫困的最佳途径。正是一系列改革将农村劳动力排除在合法经济活动之外,这意味着对墨西哥农民而言正规经济中创造可持续的替代品已经非常困难。面对新自由主义改革中资本权力所带来的毁灭性攻击,种植毒品已经成为墨西哥农民保护自己以对抗自律性市场所产生的危害性影响的选择。本地居民在"经济奇迹"幻灭后再也看不到一条清晰的现代化道路,在摆脱贫困的努力中,毒品的制造与贩卖者已经俨然成为挑战传统关系、摆脱贫困的价值符号——在经济社会巨变中毒品交易已经被视作现代化的一部分,因此农民不仅在经济上依附贩毒网络,而且在心理上同样认可毒品的积极作用,多项访谈表明许多青少年的梦想就是日后成为大型贩毒组织的一分子。②

四 民主化与暴力的阴影

墨西哥新自由主义改革的非预期结果是毒品泛滥与贩毒组织进一步壮大,而20世纪末墨西哥经历的民主转型尤其是2000年革命制度党执政地位的丧失则成为毒品衍生暴力的催化剂。不同于早发达国家,发展中国家的制度变迁面临的首要问题是国家自主性丧失导致国家总体性危机之后国家秩序的重建,因此由政党引领的"政党中心主义"是发展中国家的重要特

---

① [印度] 阿马蒂亚·森:《以自由看待发展》,任赜、于真译,中国人民大学出版社2013年版,第85页。

② Victoria Malkin, "Narcotrafficking, Migration, and Modernity in Rural Mexico", *Latin American Perspectives*, Vol. 28, No. 4, 2001, pp. 101–128.

征。① 墨西哥革命制度党曾是世界上持续执政时间最长的政党，也是拉美国家中规模最大的政党。从1929年到2000年的71年间，革命制度党不仅在经济上创造了令人瞩目的"墨西哥奇迹"，而且一直保持政局稳定并从未遭遇军事政变。但自20世纪80年代以来，革命制度党逐渐放弃了革命民族主义的精神转而拥抱以新自由主义为核心的"社会自由主义"和"新民族主义"。过分强调经济自由而忽视了对社会平等的关注，改革措施导致财富集中在少部分人手中，社会贫富分化日益加剧，占全国人口10%的富人拥有全国80%的资产。分析革命制度党失败的原因并非本书所关切的，笔者主要关注的是墨西哥民主化以及革命制度党执政地位的丧失对暴力政治产生的影响。

西方主流学者往往将2000年的选举视作一党专制的结束与民主转型的胜利。以"政体四"（Polity Ⅳ）指数为标准，墨西哥自80年代以来得分不断攀升，并于2000年随着革命制度党的垮台而跻身民主国家行列（8分）。但事实表明，正是这种所谓的民主化催动了泛滥的毒品向暴力政治升级。"墨西哥未能解决暴力挑战，原因在于它用于抑制暴力的机制是根深蒂固的内部人之间的一种交易，这一交易保护了他们的政治与经济特权。"② 在革命制度党执政时期，墨西哥政府与贩毒组织建立了非正式的庇护制关系，贩毒集团通过收买和贿赂的方式与地方政府达成某种协议，政府官员默许毒品交易的进行甚至提供保障渠道。灰色地带的存在减少了针对公职人员、团伙头目和平民的暴力，确保了法院的调查不涉及贩毒集团的高层人员，并为走私贩子确定了游戏规则，这使得即便是在20世纪后期毒品生产和贩

---

① 杨光斌：《制度变迁中的政党中心主义》，《西华大学学报》（社会科学版），2010年第2期。

② ［美］阿尔伯托·迪亚兹－凯尼洛斯：《根深蒂固的内部人：墨西哥的有限准入秩序》，载［美］道格拉斯·诺思等编著《暴力的阴影：政治、经济与发展问题》，刘波译，中信出版集团2018年版，第287—288页。

运猖獗的年代这一契约也依旧适用。① 但是随着20世纪90年代以来民主化的推进，地方政府的领导权发生变更，长期以来的保护契约被打破。政府官员的流行性增加了贩毒组织的行贿成本，而且为了赢得地区民众支持，政府纷纷加强执法力度并对所有违法行径"一视同仁"。普遍性执法能力的加强破坏了当地贩毒集团捍卫其势力范围的能力，并激发了犯罪组织间"火并"的可能，而在犯罪组织密度较高的地区，执法的破坏性则更强。② 面对政府的打击，贩毒组织也不得不通过武装组织防护打压以及与其他组织之间可能发生的冲突。因此有数据表明，州长轮替后尤其是第一年暴力事件会明显增多，在那些执政党发生变革的州的暴力事件要比革命制度党持续执政的州高出79.1%。③

随着国家行动党候选人维森特·福克斯在2000年总统选举中胜出，依赖于革命制度党统治的旧模式被完全打破，激烈的选举要求候选人对民众诉求的回应获得支持。在墨西哥，毒品泛滥显然是最大的社会问题，因此21世纪以来墨西哥历任政府在上任伊始都会宣布打响禁毒战争。但是最近的经验表明，在没有足够能力的情况下对强大的贩毒组织宣战，国家几乎无所依凭，这反而导致了暴力的升级与前所未有的不安全感。④ 这其实表达了墨西哥政府的两难：一方面，民众的诉求使他们无法采取革命制度党时期的策略以保持政府与犯罪组织的平衡；另一方面，民主化之后墨西哥的国家能力受到了严重削弱。强总统的模式被打破，立法削弱了总统的权力

---

① Shannon O'Neil, "The Real War in Mexico: How Democracy Can Defeat the Drug Cartels", *Foreign Affairs*, Vol. 88, No. 4, 2009, pp. 63 – 77.

② Javier Osorio, "The Contagion of Drug Violence: Spatiotempora Dynamics of the Mexican War on Drugs", *Journal of Conflict Resolution*, Vol. 59, No. 8, 2015, pp. 1403 – 1432.

③ Guillermo Trejo and Sandra Ley, "Why Did Drug Cartels Go to War in Mexico? Subnational Party Alternation, the Breakdown of Criminal Protection, and the Onset of Large – Scale Violence", *Comparative Political Studies*, Vol. 51, No. 7, 2018, pp. 900 – 937.

④ Stephen D. Morris, "Corruption, Drug Trafficking, and Violence in Mexico", *The Brown Journal of World Affairs*, Vol. 18, No. 2, 2012, pp. 29 – 43.

并拖延了司法和警察改革，从属于不同党派的地方官员往往难以协调政策甚至共享信息，甚至在某些极端情况下武装对峙的双方不是政府与毒贩，而是联邦、州和地方警察部队。① 而在央地关系层面，在2000年的选举中虽然国家行动党的候选人赢得了总统宝座，但该政党并没有获得国会过半的席位，同时直至2009年，国家行动党只有全国7个州的州长席位，而革命制度党有19个州的州长席位。② 因此一个孱弱的政府面对日益壮大的毒品集团打响的战争，最终只能导致暴力充斥整个社会。

以上分析似乎得出了"民主化催生暴力"的悲观论断。有学者估计，就战争机会而言，对于一个普通国家来说每十年陷入战争的可能是1/6，而民主化之后的十年间，转型国家的战争风险则高达1/4。③ 为此，有学者提供了更为乐观的解释，他认为恩护网络的破坏而导致的地区冲突只是暂时的，相反随着竞争性选举实现制度化，民主选举出来的官员更加依赖于公众的信任而非传统的关系网络，这会使他们更有动力去改善执法环境、维护社会稳定以换取选民支持。④ 这篇2002年的研究虽然看到了当时犯罪率的下降趋势，但不幸的是这一趋势并未因民主化的深入而持续下去，自2006年之后墨西哥凶杀案比例陡然上升。"时至今日，在最底层的10亿人的社会里实行民主非但没有减少，反而引发更多政治暴力。"⑤

---

① Shannon O'Neil, "The Real War in Mexico: How Democracy Can Defeat the Drug Cartels", *Foreign Affairs*, Vol. 88, No. 4, 2009, pp. 63 – 77.

② Peter Watt and Roberto Zepeda, *Drug War Mexico: Politics, Neoliberalism and Violence in the New Narcoeconomy*, London: Zed Books Ltd., 2012, p. 147.

③ [美]杰克·斯奈德：《从投票到暴力：民主化与民族主义冲突》，吴强译，中央编译出版社2017年版，第19页。

④ Andrés Villarreal, "Political Competition and Violence in Mexico: Hierarchical Social Control in Local Patronage Structures", *American Sociological Review*, Vol. 67, No. 4, 2002, pp. 477 – 498.

⑤ [英]保罗·科利尔：《战争、枪炮与选票》，吴遥译，南京大学出版社2018年版，第11页。

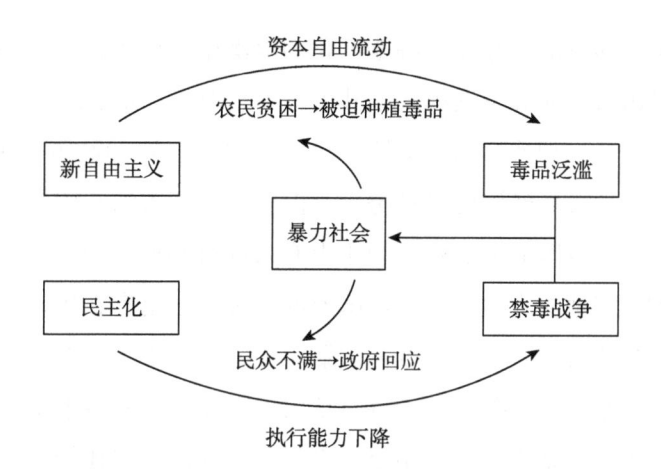

```
            资本自由流动
        ┌─────────────────┐
   农民贫困→被迫种植毒品
┌─────────┐         ┌─────────┐
│ 新自由主义 │         │ 毒品泛滥 │
└─────────┘         └─────────┘
      ┌─────────┐
      │ 暴力社会 │
      └─────────┘
┌─────────┐         ┌─────────┐
│  民主化  │         │ 禁毒战争 │
└─────────┘         └─────────┘
   民众不满→政府回应
            执行能力下降
```

图 8—4　新自由主义、民主化与墨西哥暴力社会

资料来源：笔者自制。

至此，笔者可以就墨西哥暴力政治的根源进行总结。如图 8—4 所示，进入 21 世纪以来，墨西哥暴力政治频繁的根源可以视作"好制度""好政策"所引发的连锁反应。一条机制来自新自由主义：私有化运动与国际资本市场导致大量农民失去赖以生存的土地，农民除了种植毒品几乎没有短时间摆脱贫困的途径，而资本的自由流动却有利于毒品的传播，这导致墨西哥毒品种植在 20 世纪末呈现出急剧上升的趋势。另一条机制则来自民主化：正如前文所言，民主改革打破了贩毒组织与地方政府固有的社会网络，在削弱政府执行能力的同时增加了回应民众的压力，国家在完全没有准备的情况下打响毒品战争，最终的结果必然是暴力的升级。而充斥暴力冲突的社会形势一方面使乡村社会更加贫穷，不断壮大的贩毒网络使农民更倾向于种植毒品；另一方面则带来了民众不满的日益加剧，政府不得不通过各种措施打击毒枭，从而墨西哥暴力社会陷入了恶性循环。

墨西哥和整个拉美世界一样，国家的发展历程成了现代化的"试验场"——这些早早脱离殖民统治的国家实践了自由主义、发展主义、新自由主义等不同的思潮,并在经济全球化的浪潮中经历了初级产品出口、进口替代以及出口导向等发展模式,其中虽不乏取得一定成绩甚至堪称"奇迹"的经济增长。但残酷的现实是,"尽管过去三十年间经历了汹涌的民主化浪潮以及通往市场经济的各种努力,但整个拉丁美洲在国家建设中依旧步履蹒跚,大多数国家无法在其领土上有效践行制度与规则,许多偏远地区仍然受制于当地权力体系,甚至国家的首都地区也存在极端贫困的地域以及猖獗的犯罪集团"①。而墨西哥的暴力政治的现实似乎昭示了"好制度""好政策"最糟糕的情形之一:市场导致了毒品泛滥,民主催生了暴力。

比较政治学是基于"本国中心主义"的国别经验"比较"而得出的一般性概念和理论,因此比较政治学研究的虽然是他国,但出发点是本国,即为了本国的需要。② 作为大国颠覆性战略失误的活教材,墨西哥的教训值得包括中国在内的所有发展中国家警醒。在20世纪90年代那个将市场奉为圭臬的时期,面对墨西哥土地改革,国内学者虽然发现土地集中必然会有大批小农被兼并和破产,但却坚信"这是墨西哥农村改革难以避免的阵痛"③,甚至时至今日依旧有学者认为1992年以后墨西哥以土地确权登记为核心、以产权明晰为原则的土地改革不但化解了大量土地纠纷,而且赋予民众更多的自主发展权。④ 然而事实表明,"转型的阵痛"最终成为暴力的根源,而仅仅停留在法律层面的自主性在现实生活中对民众发展很难起到实质性作用。私人投资虽然在财富的积累上取得了良好的效果,但他们都

---

① Miguel A. Centeno and Agustin E. Ferraro, "Republics of the Possible: State Building in Latin America and Spain", in Miguel A. Centeno and Agustin E. Ferraro, eds., *State and Nation Making in Latin America and Spain: Republics of the Possible*, New York: Cambridge University Press, 2013, p. 6.

② 杨光斌:《新比较政治学:体系—议程—方法》,《比较政治评论》2014年第1辑。

③ 杨茂春:《墨西哥农村改革迁徙》,《拉丁美洲研究》1998年第1期。

④ 程雪阳:《墨西哥20世纪的农村土地改革及其对中国的启示》,《北京社会科学》2013年第5期。

选择那些最赚钱的领域而无视国家的宏观需求,因此在资本权力不断攫取利益的同时产生了国内市场凋敝以及劳动者贫困恶化。在市场运行的结果中,人际收入不均,会由于低收入与把收入转化为可行能力的障碍之间的"配对"效应而趋于扩大。[①] 如今,养老、教育、医疗以及土地流转日渐成为国内热议话题,"凡事都交给市场"似乎已经是某些学者的固有思维。然而墨西哥等国家的惨痛教训表明,在涉及民生的根本问题上,相较于效率,公平才是更为重要的。当限制国家权力成为学界的主流话语,学者们也应该在真实的历史中开始重新思考市场的边界,政治权力和资本权力都可能变成"利维坦"。

---

① [印度]阿马蒂亚·森:《以自由看待发展》,第118页。

第九章

世界秩序大变革与世界政治理论

呼应本书一开始提出的问题，如果拘泥于国际关系学的视角，就很难理解21世纪的变革中的世界秩序。传统的国际关系学依然是重要且必要的，其回答的是"怎么办"的问题，但要回答"怎么办"背后的"为什么"，国际关系学需要升级到世界政治学科。这样说有两层含义：第一，世界政治学科视野下的国际关系学研究。即便如此，也必须认识到，国际关系是国内政治和信仰政治的一个结果性或者现状性结构，不研究、不理解源头性或者过程性结构而只关注现状性结构，就不能认识现状性结构的本质和走向，不可能做到"预测"。第二，将国际关系学转型升级为世界政治学科。世界政治学科的知识结构，包括国别政治研究、信仰政治研究、地区政治研究和作为世界政治学科的知识基础的世界政治史，提出世界政治学科的学科含义就是比较政治学与国际关系学的有机融合，或者以比较政治和政治思潮为基础来研究国际关系。

视角变了，问题意识就不一样了。那么，在世界政治的视角下，最根本的国际问题是什么呢？

◇◇第一节 国际问题研究的新热点：世界秩序

嗅觉敏锐的美国著名智库兰德公司2018年5月21日发布了冠名为《中国

与世界秩序》的研究报告，吸引了业内外人士的广泛关注，国内各微信平台竞相转载。其实，近年来，以世界秩序、中国与世界秩序关系为相关性主题的国际论坛、国际学术会议、媒体文章，数不胜数，"世界秩序""国际秩序"尤其是"中国与世界秩序"已经是国际问题研究的一个新热点。2018 年 5 月 25 日对数据库 Web of Science – SSCI 的检索①数据表明，关于"world order"研究的第一个爆发点是 1975 年，在此之前总共只有 184 篇论文，单篇最高的年份是 1974 年（13 篇），但 1975 年的发表量突增至 97 篇，可能的解释是 1973 年世界石油大危机，此后保持稳步增长，每年一两百篇左右。

第二个爆发点是 1991 年，突然增长到 584 篇，原因很明显，苏联解体、东欧剧变，此后在整个 90 年代，年发表量稳定在 1000 篇左右。

第三个爆发点是 2002 年，年发表量的增长开始提速，每年以 300—400 篇的速度增长，这可能是因为 2001 年的"9·11"事件，恐怖主义成为重要议题。

第四个爆发点是 2008 年，比 2007 年突然增加 1043 篇，之后几年又回归到每年增长数百篇的速度，这可能是因为 2008 年金融危机。

第五个爆发点是 2014 年，比 2013 年增加 1136 篇，这可能是因为新一轮"中国威胁论"，中国提出"一带一路"倡议、人类命运共同体。②

表 9—1　　　Web of Science – SSCI "世界秩序"论文数量

发表年份	论文篇数
1975 年之前	184
1975—1980	809
1981—1985	910
1986—1990	1273

① http：//www.webofknowledge.com/.
② 本数据是由中国人民大学马克思主义学院王衡博士完成，特别致谢！

续表

发表年份	论文篇数
1991—1995	3841
1996—2000	6905
2001—2005	12038
2006—2010	24323
2011—2015	42955
2016—2017	24575

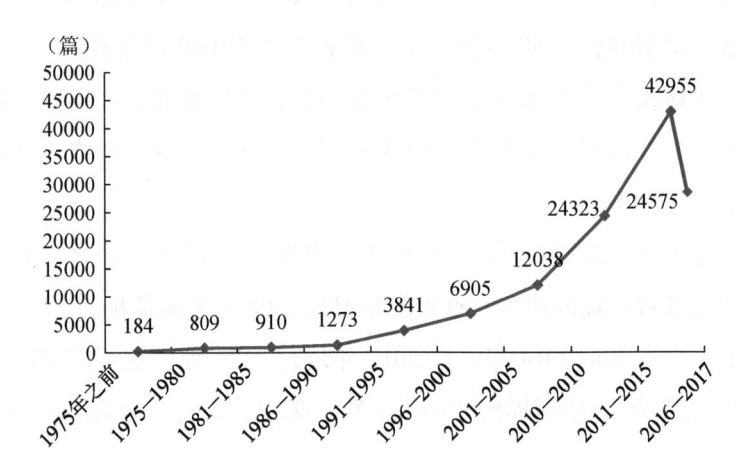

图9—1 Web of Science – SSCI "世界秩序"论文数量折线图

  国内的国际问题研究应该清楚地把握这个堪称世界政治动向的国际学术动态。中国学者应该在这个新热点问题的研究上有自己的视角、自己的贡献，其中包括如何理解习以为常的世界秩序概念、现行的世界秩序的性质到底是什么、世界秩序正在向何处去这些根本性问题。

◇第二节 世界秩序的含义

世界秩序为什么是一个新热点？这似乎是一个毋庸回答的问题：世界秩序正在发生重大变化。发生了什么样的变化？国内外的讨论已经很多了，要准确地回答这个问题，首先需要回答前提性的理论问题：何为世界秩序？过去关于世界秩序的很多流行说法值得反思。否定世界秩序的存在也是不客观的，基辛格在其《世界秩序》中说其实并不存在一个真正意义上的世界秩序，那么他为什么又要以"世界秩序"命名其大作呢？

对很多人来说，和"国际格局"一样，"世界秩序"似乎是一个老生常谈的现实性政治问题，但笔者认为其首先是一个世界政治理论的问题，弄不清其理论属性，关于世界秩序的研究就像过去的"国际格局"研究一样，局限在动态性描述，而缺少本体论性质的把握。

在笔者看来，世界秩序是由价值（政治思潮）、国际制度和大国治理能力三个要素所构成，直接地说，价值、国际制度都是由大国塑造的。过去，人们容易把世界秩序视为国际制度，这种视野下的世界秩序必然是静态性的、现状结构性的，它既不能回答世界秩序的根本性质，也不能回答世界秩序变革的动力和动力所在。静态性、现状性结构是有价值导向的，而这个价值导向乃至现状性结构本身的建立，必然来自支配性国家。也就是说，看得见的世界秩序组成要素即价值、国际制度，是由大国的国内政治能力所塑造的。因此，只能以世界政治的思维框架去看世界秩序，国与国之间的国际关系视野是难以理解世界秩序的。

现行的世界秩序看起来是第二次世界大战之后建立起来的，其实笔者宁愿把它视为西方国家300年努力的结果，沃勒斯坦就是在这个意义上书写其"现代世界体系"的。"西方国家"并不是一个整体，其间经常会发生主导权的霸权战争,最终结局是第二次世界大战以及其后所建立的世界秩序。既然是世界秩序,肯定不如国内秩序的边界和变量那么刚性化,其要素有一定的模糊性,而且第二次世界大战之后的40多年还是一个"两极世界",但是这个并不影响西方塑造了世界秩序这个事实,西方人尤其是美国人称之为"自由世界秩序"。考虑到"冷战"结束后一度流行的"历史终结论",尤其是处于世界精英层中"达沃斯人"的信仰,美国人所说的"自由世界秩序"似乎也说得通。这个"自由世界秩序"是在19世纪的基础上建立起来的。

一 世界秩序之价值

"自由世界秩序"就意味着,第二次世界大战之后的世界秩序的性质是自由主义的或者自由主义民主的。1700—1900年的200年英国霸权无疑是自由帝国主义的,1900—1945年的两次世界大战不是挑战自由帝国主义秩序,而是谁主导这个秩序。第二次世界大战之后,尤其是"冷战"之后,这个事实性自由帝国主义世界秩序被建构为自由主义民主的世界秩序即"自由世界秩序"。

价值观之于世界秩序的重要性,西方人一点都不陌生。从罗马帝国后期开始,欧洲人就生活在上帝的秩序中,生活在"上帝之城"中。但是,基督教是一元论的,因此"上帝"之间要打架,这就是著名的基督教对伊斯兰教的长达两个世纪、多达10次左右的"十字军东征"。在法国内部,发生了长达30年的北部与南部的宗教战争;事实上连威斯特伐利亚体系都是宗教战争的结果,宗教战争打出的国家并没有去价值化,英国直到1823年才实行宗教和解。在威斯特伐利亚体系形成两个世纪后,欧洲内部又陷入价值之争,即自由主义与社会主义之间的"百年马拉松"般的斗争,自由主义在欧洲的失败又导致了法西斯主义。第二次世界大战之后的半个世纪的"冷战"其实就是意识形态战争。

可见，从罗马帝国后期到今天，西方人事实上一直生活在意识形态或者某种形式的宗教之中。对于西方人而言，离开"价值"谈世界秩序，就是没有意义的空谈；如果西方人谈论没有"价值"的世界秩序，要么是在回避自己的历史，要么是在回避世界秩序的性质。相反，从先秦就开始的世俗化政治、"敬鬼神而远之"的文化，决定了中国人关于世界秩序的"中国方案"可能是最少意识形态色彩的，尽管中国人面对意识形态化的世界政治时不得不谈论价值导向的世界秩序。

然而，支撑"自由世界秩序"的"普遍价值"处于困境之中。

二 国际制度

国际制度包括正式制度的国际组织、国际公约与非正式制度的国际规范。有着威斯特伐利亚条约体系基础的现行的国际制度，主要是第二次世界大战之后建立起来的，包括联合国这样的无所不包的综合性机构、世界银行和国际货币基金组织这样的政治经济组织、WTO这样的世界经济组织。国际公约和多边条约是国际制度的重要组成部分。相对于国际组织和多边条约，国际规范具有更多的争议性，比如是人权高于主权而实行干预政治，还是主权高于人权原则而互不干涉内政。因此，国际规范的界定更多地取决于支配性国家。

三 大国治理能力

在过去300年的历史上，具有明确价值导向的国际制度的供给者都是支配性国家，因此，世界秩序中的价值、国际制度的有效性，说到底取决于支配性国家的治理能力及其属性——虽然不排除在满足次要国家中折冲达成的共识。这样，世界秩序事实上是由两个部分构成的：作为现状性结构的价值与国际制度，作为动态性的大国治理能力；现状性结构的样式取决于变化中的大国治理能力。不理解支配性国家的治理能力的变化，就既不能解释世界秩序的历史，更不能解释正在变革中的世界秩序。

再次指出，这是一种世界政治的思维框架的产物，即从政治思潮、比较政治的视角看待国际关系乃至全球政治的变化。事实上，谈论"世界秩序"这样的话题，也只能从世界政治而非国际关系的角度出发，因为从以大国关系为核心的国际关系角度是看不到世界秩序的复杂性和基本走向的。

◇◇ 第三节 世界秩序的大变革

"冷战"时期的"自由世界秩序"仅限于西方阵营，真正意义上的全球性"自由世界秩序"就是"冷战"后的二十几年，苏联解体、"历史终结论"的流行象征着美国单一霸权时代的来临，"美国治下的和平"之说就是"自由世界秩序"的写照。但是，在2008年金融海啸尤其是"阿拉伯之春"之后，"自由世界秩序"受到重创，以至于这个秩序的创建者和维护者，摇身一变成为这个秩序的破坏者，而因全球化强大起来的中国，代表着非西方新兴国家重塑秩序的现实可能性。

一 "普世价值"的困境

"冷战"后，哈佛教授约瑟夫·奈提出所谓的"软实力"概念，即美国的制度和文化具有世界性吸引力。笔者认为，这其实是"历史终结论"的另一种表述。本着"软实力"而推广美式自由主义民主，设计出"大中东民主计划"，在原苏联所属的乌克兰、中亚国家大搞"颜色革命"。结果，

"大中东民主计划"不仅以失败告终,还彻底破坏了自第一次世界大战后形成的中东秩序,中东国家要么是回到利比亚式部落政治、叙利亚式原始社会,要么是埃及式"选举式威权主义"。西方的中心地带乌克兰则陷入国家分裂和内战。中东难民潮对欧洲秩序的冲击,让笃信"普世价值"的欧洲人也心有余悸。以"大中东民主计划"为代表的"颜色革命"的失败,以及其带来的连带性后果如欧洲难民潮,终结了"历史终结论",重创了被奉为"普世价值"的自由主义民主的吸引力。也就是说,美国对中东的"导弹式民主"重创了美国的道德权威,世界秩序中的价值要素被严重削弱,"普世价值"处于危机之中,一个失去了价值导向的世界秩序还是原来的世界秩序吗?

价值观是世界秩序的重要组成部分,也可以视为世界秩序的"深层结构"。伴随着柏林墙倒塌、苏联解体,鼓吹"普世价值"的"历史终结论"一度让西方人相信西方的代议制民主就是人类最好的也是最终的政府形式,很多非西方国家的精英阶层也在心理上彻底臣服了,认为只有实行自由市场、言论自由、自由—平等—博爱等所构成的"普世价值",自己的国家才有希望。然而,在还不到一代人的时间内,以输出"普世价值"为宗旨的民主推广活动不但给很多非西方国家制造了灾难,最终也祸害了西方国家自身。在此情形下,务实的西方政治家们又开始实行有违"普世价值"的价值观,从而形成了明显的价值观悖论现象,全世界为此转向而愕然。

(一) 自由市场与贸易保护主义

自由市场在"普世价值"中占有基础性地位,无论是古典自由主义还是新自由主义,都奉自由市场为圭臬。在西方,自由市场事实上由"三驾马车"构成,首先是自由市场的经济思想,从古典自由主义的亚当·斯密到新自由主义的哈耶克,都是自由市场原教旨主义者。其次,保护自由市场的制度框架,包括世界性的 WTO 等经济组织,这些是为自由市场护航的制度矩阵。最后,全球化的政治思潮。一种思想只有形成一种政治思潮,才能流行开来。伴随着苏联解体和"冷战"的结束,西方制造了"全球化"概念,意在推行经济制度和政治制度的全球一体化。因此,"冷战"之后的全球化的核心便是推行经济上的自由市场和政治上的自由民主。

200年来的世界经济史告诉我们,自由市场历来是强者的游戏规则,贸易保护主义则是弱者的武器。当19世纪开始实行自由市场制度时,德国流行的则是李斯特的国民政治经济学,鼓吹国家主义,抵挡来势汹汹的英国商品,而李斯特的贸易保护主义思想则起源于他在美国流亡时的所见所闻,整个19世纪的美国是很支持贸易保护主义的。第二次世界大战结束前,当时最有影响力的经济学家凯恩斯认为,西方国家之间总是发生战争,是因为没有贸易一体化和自由化而导致利益冲突,于是设计出保护西方自由市场的布雷顿森林体系,其中包括IMF和被改成今天的WTO的关贸总协定等制度安排。"冷战"之后,胜利的西方自然会把自己的制度推向全世界,于是才有了以自由市场和自由民主为动力的全球化。

这一轮全球化体现了制度变迁的非预期性。以自由市场为动力的全球化至少有以下结果:第一是加剧了全球的不平等,自由市场必然要拆除"国家围墙",很多治理能力弱的国家不堪一击,结果非洲和拉丁美洲与发达国家之间的差距更大。第二是加剧了西方国家的国内不平等和不公正,因为自由市场就是要放松政府管制,企业可以自由地出走,传统的工业地带萧条;资本权力更加为所欲为,所以才有2008年金融海啸。第三是实行市场经济的中国的崛起,中国已经成为145个国家的最大贸易伙伴,中国有能力在几乎所有国家同时兴建公路、港口等大型工程项目,这在世界经济史上是前所未有的。一句话,全球化让世界政治的力量对比发生了根本性变化,所以才有习近平主席在达沃斯论坛上引领全球化的讲话,也才有特朗普总统就职演说中赤裸裸的贸易保护主义宣言。

其实,在特朗普总统就职之前,美国等西方国家已经开始搞贸易保护主义。TPP 就是对 WTO 的一种反叛性收缩，以图把中国排除在经济圈之外。中国加入 WTO 时规定，15 年后中国自动成为市场经济国家，但是 2016 年西方国家都不承认中国的市场经济地位。同时，西欧、美国还不停地对中国产品进行反倾销调查，以"替代国"的做法衡量中国产品的生产成本和价格标准。2016 年是西方国家实行贸易保护主义的标志性年份。首先是英国脱欧公投成功，这已经是对全球化、地区一体化的重大打击；其次是主张贸易保护主义的特朗普当选美国总统，他公然要废掉 TPP，还要对北美自由贸易协定重新谈判，主张传统的双边谈判。

这些无疑都是对自由市场原则的重创，也是西方国家因实力下降而改变其价值观的象征。

（二）言论自由与"政治正确"原则

和自由市场原则一样，作为自由主义民主基础的言论自由原则同样产生于英国，其中最有代表性的就是约翰·密尔在 19 世纪 50 年代的作品《论自由》，其中大谈作为自由基石的言论自由。在"冷战"时期，西方的"冷战政治学"，如美国著名政治学家罗伯特·达尔和乔万尼·萨托利的民主理论，都是以言论自由为核心的自由主义民主思想体系，以此来抗衡当时作为世界性价值观的社会主义公正原则。

在言论自由的旗帜下，西方国家国内也产生了文化多元主义思潮。20 世纪 60 年代美国黑人民权运动有力地推动了美国少数族裔的文化权利，到了 80 年代最终形成了作为"政治正确"的文化多元主义：价值观多元化、道德标准多元化、生活方式多元化、授课语言多元化、婚姻形式多元化、家庭模式多元化、性行为多元化，等等。从政府机构和公共舆论，到社区和家庭学校，言必称"多元"，而且成为一种不能触碰的"政治正确"。

以至于，一个瑞典小镇的即将退休的警察冒着被解雇的风险发出这样的"推特"：他受理的强奸、盗窃、抢劫等刑事案件，嫌疑人基本上都是穆巴拉克、阿里等姓氏，瑞典姓氏的只有一个，但是警察局就是不敢公开这样的公开的秘密。类似的普遍性现象是，深受恐怖主义之苦的西方国家不敢说出恐怖主义与某一宗教之间的联系，政治正确地说任何宗教都会产生个别的极端分子（宗教平等原则）；学习成绩再怎么差的学生也会得到鼓励，说TA有进步、非常棒（道德平等原则）；哈佛大学校长因一句揶揄实验室设备女生不如男生而被迫辞职，否则哈佛大学女生就在哈佛校园裸体游行（性别平等原则）。

凡此种种，文化多元主义的流行使得整个西方社会出现了浮夸之风，虚假泛滥成灾。不仅如此，政治正确的文化多元主义是对以基督教文明为核心的"美国信条"的大颠覆，而特朗普之所以能当选，在很大程度上就是代表了美国文化右翼的声音，以捍卫基督教文明，反击那些代表多元宗教的文化多元主义。因此，特朗普当选必然导致美国国内的"文明的冲突"，即基督教文明与文化多元主义之间的冲突。

言论自由原则导致了文化多元主义，文化多元主义又变成了不可触碰的"政治正确"原则，而政治正确原则事实上又在限制着言论自由，由此而导致的"文明的冲突"将是未来西方国家的一种长期性政治现象。

（三）自由、平等、博爱与白人至上原则

受美国独立战争影响而发生的法国大革命，将自由、平等、博爱写进其共和国宪法。殊不知，这些基本价值是属于历史书写者的，当其他族类分享这些价值而引发利益纠纷的时候，自由、平等、博爱中的族类性质就暴露无遗，那就是根深蒂固的"白人优越论"基础上的"白人至上论"。这不，美国国务院政策规划局局长就认为中美贸易摩擦属于"文明的冲突"，是非高加索白人对白人秩序的挑战。

如前，自由是古典自由主义的核心价值，但是当自由主义的鼻祖洛克主张财产权的自由时，他自己正在从事贩奴的生意，奴隶就是他的自由权

即财产权。对洛克而言，财产权从来是特定人群、族群的权力，而不是所有族群的。当19世纪30年代托克维尔在美国发现了基于平等化趋势的民主化浪潮时，他心目中的平等只能是在新大陆上的白人的平等权，而对当时正在发生的对印第安人的种族清洗政策视而不见。作为种族主义者的托克维尔必然是帝国主义者，因此他和当时很多著名的自由主义作家一样欢呼自己祖国的对外侵略行径。作为托克维尔的信徒，前面提及的密尔虽然以《论自由》赢得自由主义大师的称号，但其在著名的《代议制政府》中毫不掩饰其种族主义观点，认为代议制政府只能是欧洲人的好政体，其他民族因能力不行而不合适。作为东印度公司的最高官员（审查员）的密尔的父亲，在其著名的《英属印度史》中把人类分为高低不同的族类，欧洲白人属于第一等级，亚洲黄种人属于第二等级，黑人属于懒惰的第三等级，其他人类与动物同类，公然为帝国主义—殖民主义建构理论基础。1857年，印度发生了反抗英国殖民者的大暴动，密尔宣布放弃其《论自由》思想，认为自由权利不是所有族类都配享有的。所有这些，都构成了19世纪的赤裸裸的"白人优越论"。

在此论调下，"华人与狗不得入内"是对中华民族的公然羞辱。面对种族主义的帝国主义，非西方国家的读书人尚能同仇敌忾地搞民族主义革命；而当社会主义革命、民族解放运动肢解了白人支配的殖民主义体系后，"白人优越论"在"冷战"时期被改造为"普世价值论"，把基于本民族的、基督教文明的价值诠释成全人类价值，结果很多非西方国家的知识精英丧失了话语权。既然是"普世价值"，人类皆兄弟，兄弟皆平等，按《圣经》信条，被西方搞乱了的大中东穆斯林自然应该畅通无阻地进入欧洲避难，墨西哥人自然有权利移民曾是自己故土的加利福尼亚州和新墨西哥州，文化多元主义也自然是一种政治正确而批评不得。

但是，移民潮打乱了欧美固有的安全秩序和生活方式，文化多元主义事实上是平等的宗教主义和平等的种族主义，这就从根本上冲击了"白人优越论",因此才有势力强大的文化保守主义右翼。要知道,克林顿总统信奉的文化多元主义已经让文化右翼忍无可忍,因此才有长达几年的对克林顿羞辱性的莱温斯基丑闻案的独立调查;更让美国白人焦虑的是,文化多元主义又催生了一个有色人种的黑人总统奥巴马。特朗普当选代表了美国白人的恐惧心理,有评论说是美国白人的最后一搏。这不,特朗普刚刚就任,就宣布在美国和墨西哥边境修墙,阻挡墨西哥移民并遣返非法移民,还颁布了引起司法官司的"禁穆令"——90天内不给七个阿拉伯国家的居民美国签证。笔者认为,与其孤立主义的经济政策一致,特朗普总统的人口政策是典型的19世纪美国的政治传统,一种白人至上主义的基督教文明。

价值观具有文化历史性和政治实践性,这是其一般规律。在第一个国际政治理论大师汉斯·摩根索看来,把自己文明体系和自己民族的思想鼓吹为"普世主义"的,是帝国主义才会有的行径。亨廷顿在其著名的《文明的冲突》中也直言,不存在所谓的普世价值,流行的价值观是强势民族国家物质文明的一种外溢,弱势民族国家的价值观不可能成为主导性价值。

短短的二十几年内,欧美从鼓吹所谓"普世价值"突然转而奉行起反"普世价值"的政策,世界还不能适应欧美国家的这种价值转向。这正是世界秩序大变革的一种重大标志。

二 霸权国家的治理能力问题及其制度性根源

自由民主不仅在海外遇阻,就是在美国国内,也招致了难以解决的治理难题,特朗普总统归因于自由主义全球化,其实也就是本书所说的"自由世界秩序"。一般认为,特朗普政权的孤立主义是对自由主义的背叛,其实,自由主义道德高地的丧失开始于2008年的金融海啸。2008年金融危机证明新自由主义导向的全球化的失败,而回到孤立主义的特朗普总统不得已成了国际制度的激烈反对者和破坏者:退出旨在保护环境的《巴黎气候协定》、退出旨在加强西方阵营政治经济联系的 TPP、威胁要重新谈判《北美自由贸易协定》、退出伊朗核问题协议、对包括盟国在内的国家的钢铁产品实行高关税、威胁对世界第二大经济体搞贸易战，等等。凡此种种，即使连欧盟都公开戏称：有特朗普这样的朋友，还需要敌人吗？这可以理解为，美国俨然成了既有的世界秩序的敌人；也可以理解为，特朗普政权已经成为美国倡导的全球化或者全球治理的逆行者、背叛者。

之所以如此，是因为美国国内的治理出现了大麻烦，既有因工业空心化而导致的底层白人的生存问题，也有与生俱来的黑人问题即民族问题，还有文化多元主义带来的移民冲击的美国"国民性问题"。三重问题叠加在一起，就是美国国内的极化政治，制衡体系变成了两党之间的"否决制"，在福山看来这本身就是"政治衰败"。政治现象的背后是体制机制问题。

在西方主流媒体看来，西式民主已经陷入困境之中，我们认为，这是因为以党争民主为核心的西式民主的社会条件已经发生了重大变化，同质化条件演变为异质化文化，目前美国、法国因此而发生的政治危机最为典型。其实，历史上的美国因国家认同危机引发过残酷的南北内战，法国资产阶级革命后更因为异质化文化而内乱长达一个半世纪之久。

（一）国家认同危机

美国一直是一个移民国家，但 20 世纪 60 年代之前的移民主要来自欧洲，美国和欧洲大致属于同文同种。也就是说，党争民主一直在盎格鲁—撒克逊族群中进行，而且不仅把土著人即印第安人排除在外，还对其实行今天所说的"种族清洗"。但是，从 70 年代开始，移民主要来自非西方国家，尤其是南美。根据美国人口普查局的资料，2010 年新出生的婴儿，非白人已经超过白人；2014 年，新注册小学生的非白人第一次超过了白人。大约到 2035 年左右，美国的非白人人口将超过白人。南美的移民已经不是个体化的（因而能很好地融入美国文化），而是群体性的，他们有自己独立的社区、语言和生活方式。这意味着什么呢？人口结构的变化已经产生了一个有色人种的总统奥巴马，因此才会有白人的最后一搏而拼出一个主张白人至上的特朗普总统，那么人口结构发生根本变化之后的选举会是什么结果呢？不难预测。

其实，颇有先见之明的亨廷顿在其最后一本书《谁是美国人》中就指出，新型移民群体难以同化，美国国民性危机已经形成。比如，几千万移民美国的墨西哥人，并不认同美国，使得美国足球队与墨西哥队在加州比赛都感觉不像在自己的主场。在美国历史上，从未有过移民群体共说一种非英语的语言的想象，而在美国的墨西哥人都说西班牙语。美国南部的"拉丁化"让美国白人忧心忡忡。

法国的情况更严重。"用子宫打败欧洲"是难民潮中出现的一个口号，因此才有欧洲极右势力如勒庞的坐大。这只是眼前的危机，更大的危机还在后面。在一代人的时间内，法国穆斯林人口将超过白人，届时党争民主的结果不言而喻，所以法国白人的危机感极强。

（二）国内的"文明冲突"

欧美历史上的党争民主一直在自由主义居主导地位的意识形态下进行，左右政党其实都是在自由主义的谱系上。但是，今天的欧美不但存在所谓的左右政治，即传统的社会主义和资本主义之争，还存在民族主义政治即黑人和白人之间的矛盾、本土人和移民之间的矛盾。特朗普当选反映了美国的上—下矛盾（阶级矛盾）、左—右矛盾（意识形态矛盾）和黑—白矛盾（民族关系矛盾），综合性地表现为白人至上的"美国信条"与文化多元主义之间的"文明的冲突"。

被称为美国立国价值的"美国信条"，讲的是以基督教清教伦理为核心、以盎格鲁—撒克逊文化为内涵的一套价值体系，是欧洲白人的信仰。但是，20世纪60年代美国黑人民权运动有力地推动了美国少数族裔的文化权利，到了 80 年代最终形成了作为"政治正确"的文化多元主义：价值观多元化、道德标准多元化、生活方式多元化、授课语言多元化、婚姻形式多元化、家庭模式多元化、性行为多元化，等等。从政府机构和公共舆论，到社区和家庭学校，言必称"多元"，而且成为一种不能触碰的"政治正确"。

"政治正确"的文化多元主义是对以基督教文明为核心的"美国信条"的大颠覆，而特朗普之所以能当选，在很大程度上就是因为他代表了美国文化右翼的声音，以捍卫基督教文明、反击那些代表多元宗教的文化多元主义。因此，特朗普当选必然导致美国国内的"文明的冲突"，即基督教文明与文化多元主义之间的冲突。

（三）社会不平等加剧

第二次世界大战之后的凯恩斯主义使得西方社会的不平等控制在一定范围内，但是 20 世纪 80 年代开始大行其道的新自由主义极大地加剧了社会不平等。原因有二：一是社会形态的变化，即资本主义从农业资本主义、工业资本主义演变为当今的金融资本主义，从事金融行业所产生的收益不是传统的工业工作所能比拟的；二是新自由主义说到底是一种主张"自发秩序"的学说，结果必然是扶强抑弱。1980 年，一个企业内部最高与最低收入之差不会超过 50 倍，而到了今天，最高与最低收入之差高达 550 倍。根据权威的《不平等的民主》，象征着不平等重要指标的最低工资，2006 年与 1968 年相比，实际价值下降了 45%。这就是"新镀金时代"的不平等的民主，结果便是 1% 美国人的民治、民有、民享。因此，揭示了金融资本加大不平等的历史的皮凯蒂的《21 世纪资本论》，才如此风靡全球。

社会不平等所导致的社会心理失衡，进一步加剧了"文明的冲突"和国民性危机。不平等的受害者，比如美国传统工业地区的白人工人，把失业和福利的削减都归结为外来移民，由此产生世风日下的怀旧感；金融资本主义社会中的农民更有被剥夺感，保守的农民对"政治正确"的文化多元主义更是难以忍受。因此，特朗普当选可以说是美国异质化文化的一种反弹。

霸权国家的政治衰败必然会引发世界秩序的大变革，或者说是世界秩序变革的动力所在。

三 中国等非西方经济体的崛起

根据著名的"大象图"，1900—1980年，非西方国家工业制造业仅占10%的比例，西方发达国家占90%，但中国的改革开放根本性地改变了这一西方工业国家占绝对主导的比例，到2010年，非西方国家工业制造已经达到40%，西方国家下降到60%（如图9—2所示）。到今天，非西方国家的工业制造品至少占世界半壁江山了，世界仿佛重返1840年。但是，不同于1840年的是，那时的西方大多数国家已经完成了第一次工业化革命，而非西方甚至还没有一条铁路，不知道火车为何物；今天，非西方国家在学习中赶超。第二次世界大战之后，制造业中心发生转移，从发达国家转移到东亚地区，又从东亚地区转移到中国。

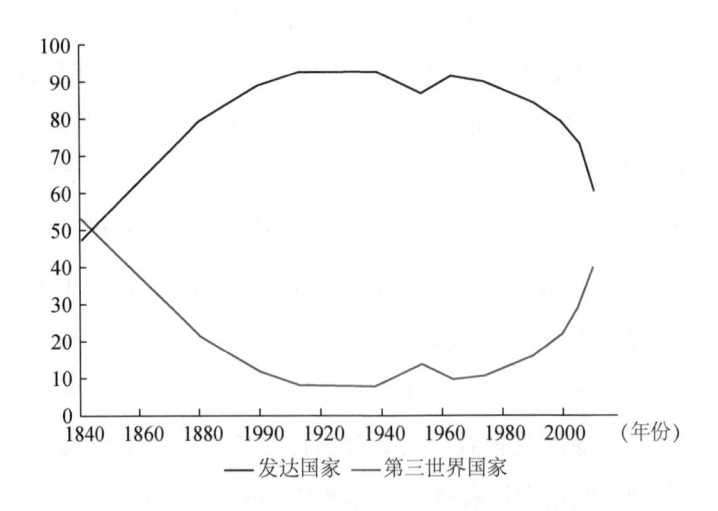

图9—2 西方国家与第三世界国家制造业占比

财富权力的变化具有很多政治意义。西方在发展过程当中,通过"一进一出"化解国内矛盾。阶级矛盾是一个老的概念,也是事实,工业化过程当中任何国家的阶级矛盾都很尖锐,但是靠什么来解决这个矛盾?"进"是战争掠夺来解决这个问题,有了这个东西以后,日本在十年革命以后即1905年和俄国一决雌雄。"出"是什么呢?很多人生活不下去了可以移民,所以前几年笔者到爱丁堡看它的博物馆,1800年到2000年这200年的移民数量是80%,当地人可能不到15%,85%以上都是移民出去了。1900年到1920年左右的20年间,意大利的人口是3000多万,移民是600万,1/5都走了,就这样还产生了墨索里尼法西斯政权。

西方国家现在面临的问题是这样的:"出"不去了,也"进"不来了。人口移民是反向的,阿拉伯难民往欧洲,中南美洲往美国,这是一个。另外,非西方国家抢占了工业品市场,这个财富权力转移最重要的结果是引起了西方各国国内的社会矛盾不断加剧,今天看到的欧洲很多国家的政治乱象、美国政治的极化和两党之间的不妥协,实际上都是在这个大背景下发生的。财富权力转移引发了西方国内的矛盾。

财富权力转移在此证明了霸权国家衰落的一般规律,从西班牙到英国到美国,共同的规律是工业经济脱实向虚,西班牙的白银资本带来了自己手工业的衰落,周边国家的兴起,法国、德国的兴起。英国19世纪末基本上工业让位给美国、德国。这是一个财富权力转移导致的霸权衰落,具有不可逆性。

财富权力的变化进而带来文化权力的转移即诱发新的政治思潮,或者说"软实力"是随着财富权力而转移的。在"历史终结论"的提出者福山看来,中国道路、中国模式成为西方模式的替代性挑战者。或者说,有着中华文明基因而非奉行自由主义的中国模式,给新世界秩序带来了新价值元素。更重要的是,第一,中国是南方国家中第一次不以战争掠夺而以和平发展跻身发达序列的国家,根本性地改变了西方国家的崛起道路和影响世界的方式，其意义不亚于英国工业革命给人类带来的变化，这意味着人口占绝大多数的非西方国家可以不依赖于他国而独立地发展起来。第二，中国的规模意味着，中国的崛起与历史上的荷兰、英国、美国相比，虽然看起来是渐进性改变，但具有"质变"的意义。

以中国为代表的非西方经济体的崛起加剧了西方国家的焦虑感，看看特朗普政府的对外政策就能理解这一点。历史上，给世界提供"蛋糕"的一直是西方国家，非西方国家是消费者，今天非西方国家则成为"蛋糕"的供给方，这必然会削减西方国家固有的红利。历史上，即使西方国家有能力制造"蛋糕"而独享红利，仍有如此巨大的社会矛盾，但还可以通过大规模的移民而转移、淡化国内紧张关系，今天，西方国家内部的紧张关系显然难以通过移民而化解，比如美国国内的种族矛盾，何况非西方国家的人还在继续涌向西方国家。在这个意义上，美国反全球化是很自然的，反全球化就是反自己建构起来的"自由世界秩序"。

第二次世界大战以来世界秩序几乎进入了"无人区"。一方面，既定世界秩序的建构者反而成为秩序的破坏者和麻烦制造者，而其他传统的秩序维护者比如德国、法国又势单力薄，难担重任；另一方面，在"自由世界秩序"下生长起来的新政治力量如中国和印度等，尽管不满于既定的世界秩序，但还不足以承担建构新世界秩序的大任，事实上也无意愿去建构一个替代性的新世界秩序，追求的是让既有的世界秩序更多元化、更平等化、更公正化。因此，可以说目前世界秩序进入了"无人区"，至于是否能走出来、走出来的话又向何处去，说到底取决于支配性国家的治理能力所带来的制度供给能力，一如过去的世界秩序先后由英国、美国所建立一样。

◇ 第四节　世界秩序变革的动因与新世界秩序愿景

从世界秩序的形成到新近的大变革，意味着世界秩序变革的动力在于支配性大国的价值原则下的国内政治或者制度基础上的治理能力。中国的崛起改变了既有的结构性关系，而其他非西方国家出现的治理乱象、美国孤立主义对"自由世界秩序"的挑战，都是因为支配性国家的治理能力的衰变。

如前所述，导致"自由世界秩序"大变革的根源就在于被西方人奉为"普世价值"的自由主义民主价值观及其配套的"党争民主"政制。虽然既定世界秩序的价值要素是自由主义的，但是在"冷战"时期，仅仅是价值观而已，美国并没有因此而强求一致，因此美国拥有很多独裁者盟友，从中东到东亚，从南美到非洲，"自由世界秩序"中包容了皮诺切特、朴正熙等独裁者。但是，携"冷战"胜利余威的美国人，不单把自由主义民主视为一种价值观、一种自愿服从的"软权力"，而是作为一项国家安全战略而向非西方国家推广，强行在很多非西方国家搞硬性的制度转型，为此而抛却了传统的盟友，南斯拉夫的米诺塞维奇、埃及的穆巴拉克、利比亚的卡扎菲、叙利亚的阿萨德，统统被其抛却，其结果就是"阿拉伯之春"变为"阿拉伯之冬"，埃及出现了"民主回潮"即美国人所说的"选举式威权主义"，利比亚回到碎片化的部落政治，叙利亚被战争打回原始社会。

在国内政治中，自由主义民主的价值观变成了文化多元主义的政治正确。在此背景下，大规模的南美尤其是墨西哥移民，构成了亨廷顿所说的美国"国民性危机"，这其实是传统上所说的民族矛盾的加剧。从里根总统开始的新自由主义经济政策，比如，自由化所倡导的资本自由流动，让美国变成了经济上的脱实向虚，制造业衰落导致的是很多地区的发展停滞，从而导致产业工人与金融阶层之间的事实性阶级矛盾。民族矛盾导致人们所说的右翼民粹主义，其实就是民族主义；阶级矛盾导致人们所说的左翼民粹主义，其实就是事实性社会主义运动。美国思想界以民粹主义这个大帽子、这个难以界定的概念（可以用在任何场所、任何人的头上）而掩饰了真实问题，即民族矛盾和阶级矛盾。有意思的是，特朗普娴熟地运用了这两个矛盾，既代表了民族主义者，又代表了社会主义者即产业工人阶层的利益。

在欧洲，难民危机也带来"普世价值"悖论。按照"普世价值"的原则，欧洲国家应该没有保留地开放边境而接纳难民；但难民潮带来的国内治理问题又让欧洲国家不得不限制难民入境。

这样，世界秩序的大变局事实上提出了一个"自由世界秩序"悖论："自由世界秩序"因包容了非自由政体而强大，"自由世界秩序"因强化自由化而危机重重。在"冷战"时期的西方阵营内部，"自由世界秩序"因为包容了诸多"非民主政体"，才使得"自由世界秩序"拥有了打败敌对秩序的能力。自由主义的世界秩序似乎应该以自由主义价值观和自由主义民主制度去强化这个世界秩序；然而"冷战"后奉行自由主义价值至上的国内外政治经济政策，结果又伤害了这个所谓的"自由世界秩序"。

"自由世界秩序"悖论其实也验证了一个常识，没有哪个国家能靠空洞的价值吃饭，"文革"中的价值至上不能有效治国，作为"普世价值"的"历史终结论"同样不能治国。大国得不到有效治理，危及的就是世界秩序。这就给我们提出了新问题，既有世界秩序的性质到底是什么？如前所述，世界秩序有价值上的自由、政治等级性、经济极度不平等性和世界政治上的事实性霸权。正如作为自由主义一脉的新自由主义经济政策在国内加剧了不平等，自由主义的国际政策同样会加剧世界秩序中的不平等以及其他乱象。这就意味着，虽然冠名"自由"，但世界秩序的根本属性是不平等、霸权所导致的不自由。因此，世界秩序需要大变革，在大变革中寻找新共识，让新世界秩序少一些不平等、少一些霸道。这就需要新中心国家提供新的国家治理能力。

与价值至上的"历史终结论"带来的"自由世界秩序"的式微相反，中国在改革开放之后的崛起则归因于"坚持方向、混合至上"。"坚持方向"是原则性的，即坚持中国共产党领导的社会主义道路。"混合至上"则是实用主义的，从体制到政策，都是混合型的，诸如政体的民主集中制，其中是民主与权威的混合；经济体制是社会主义市场经济，是社会主义与市场经济的混合；中央—地方关系上是政治单一制与经济联邦主义的混合；国家—社会关系是国家统合主义式的"分类管理"，一方面社团组织如雨后春笋一样成长起来，同时对政治类、民族类、法律类和宗教类的民间组织实行严格控制。"坚持方向、混合至上"用党的话来表述，就是"党的领导、人民当家作主、依法治国的有机统一"；用政治学的术语表述，"党的领导"讲的是强国家，"人民当家作主"讲的是民主权利，"依法治国"讲的是法治政府，三者的协同作用达成有效治理和社会和谐。这些构成了中国道路或者中国模式。

中国人常讲外交是内政的延续，但是，一个强大起来的中国才有可能提出关于新世界秩序的"中国方案"。基于中华文明基因的"人类命运共同体"，提倡共商、共建、共享的原则，这无疑包含着和而不同的多文明并存的思想。这种文明图式与一元论的"普世价值"论、"历史终结论"完全不同。文明图式或者文明愿景都是一种"软实力"，其未来命运如何，最终取决于各主要国家的财富权力。越来越多的发展中国家要求学习中国经验，虽然习近平主席在2017年12月世界政党大会上提出既不输入别人的模式，也不输出自己的模式，事实上埃塞俄比亚等非洲国家就是在按照中国经验来建立自己的工业体系雏形。一个具有悠久文明历史的国家如何能在未来的世界政治舞台上发挥更大作用，"新世界秩序"自然是可以期盼的。亨廷顿在《文明的冲突与世界秩序的重建》中文版的序言中的描述是可企求的:"在未来的岁月里,世界上将不会出现一个单一的普世文化,而是将有许多不同的文化和文明相互并存。那些最大的文明也拥有世界上的主要权力……在人类历史上,全球政治首次成了多极的和多文化的。"① 只不过,过去都是西方文明强势影响乃至改造其他文明,多文明共存的世界应该是西方文明更多吸纳包括中华文明、印度文明在内的非西方文明的滋养。

第五节 世界秩序研究呼唤世界政治理论

如同其他学科的社会科学一样,政治社会大变革—大转型研究会带来理论的创新,大结构转型呼唤大理论的诞生,这依然是一个需要大理论的时代。传统的国际关系理论都是关注国际政治大转型的结果,无论是左翼的帝国主义理论、"第三世界"理论,还是基于"冷战"结构而产生的结构现实主义理论,以及后"冷战"时期流行的自由制度主义,都是如此。现在,转型中的世界秩序对传统国际关系理论提出了严峻的挑战,因为非左翼的传统国际关系理论主要是以西方中心主义来观察大国关系的产物,既不能用来研究作为世界政治的世界秩序,更不能回答正在变革中的世界秩序,作为世界政治话题而非以大国关系为主的国际关系问题,需要以世界政治的思维框架去认知。比如,世界秩序本身的组成包括价值、国际制度和大国治理能力,无论是现实主义还是自由制度主义,其理论都侧重于大国关系和国际制度研究,但大国关系和国际制度只是世界秩序的结果性变量,或者说现状性结构,而影响这一结果性结构的则是作为政治思潮的价值观和作为比较政治发展研究对象的国家治理能力。国家治理能力过去完

---

① [美]塞缪尔·亨廷顿:《文明的冲突与世界秩序的重建》,周琪等译,新华出版社 2002 年版,"中文版序言"第 2 页。

全不被纳入国际关系理论的范畴去考量，事实上无论是苏联突然解体带来的"两极"结构的坍塌，还是中国崛起所终结的"冷战"后的美国单一霸权，都是国家治理能力直接造成的。不在世界政治的思维框架中加入国家治理能力的变量，国际关系理论的解释力就会受到限制，难以发挥预测功能。这样，世界秩序本身就蕴含着三个层次的认识论：政治思潮、国际关系理论和比较政治发展，它们的有机混合，构成了一种新型的世界政治理论。因此，世界政治学不只是一种研究问题的视野，更是一种实体性的学科。

关于世界政治理论，西方学术界已经开始探索，本书在世界政治史的脉络下也初步提出了自己的研究框架（世界政治体系）和研究单元（政治思潮），这三大概念（世界政治史、世界政治体系、作为研究单元的政治思潮）都算是大概念、大理论。虽然这些大概念并不能确定世界政治理论的精确范畴，但抱有世界政治的思维意识去看待变革中的世界政治，无疑是一种认识论和方法论上的新尝试，属于新的研究议程和研究路径。

参考文献

一 中文参考文献

（一）经典著作

《列宁选集》第2卷，人民出版社2012年版。

《列宁全集》第27卷，人民出版社2017年版。

《习近平谈治国理政》，外文出版社2014年版。

（二）中文译著

[奥] 路德维希·冯·米瑟斯：《社会主义：经济与社会学的分析》，王建民等译，中国社会科学出版社2012年版。

[德] 弗里德里希·席勒：《三十年战争史》，沈国琴、丁建弘译，商务印书馆2017年版。

[德] 卡尔·施米特：《政治的浪漫派》，冯克利、刘锋译，上海人民出版社2004年版。

[德] 罗莎·卢森堡：《资本积累论》，彭坐舜、吴纪先译，生活·读书·新知三联书店1959年版。

[德] 马克斯·韦伯：《新教伦理与资本主义精神》，马奇炎、陈婧译，北京大学出版社2012年版。

[德] 沃尔夫冈·蒙森：《马克斯·韦伯与德国政治（1890—1920）》，

阎克文译，中信出版集团 2016 年版。

［法］费南尔·布罗代尔：《15 至 18 世纪的物质文明、经济和资本主义》（第二卷），顾良等译，生活·读书·新知三联书店 2002 年版。

［荷兰］H. L. 韦瑟林：《欧洲殖民帝国（1815—1919）》，夏岩等译，中国社会科学出版社 2012 年版。

［加拿大］诺林·里普斯曼等：《新古典现实主义国际政治理论》，刘丰、张晨译，上海人民出版社 2017 年版。

［美］阿图尔·科利：《国家引导的发展：全球边缘地区的政治权力与工业化》，朱天飚等译，吉林出版集团有限公司 2007 年版。

［美］安吉洛·M. 科迪维拉：《国家的性格：政治怎样制造和破坏繁荣、家庭和文明礼貌》，张智仁译，上海人民出版社 2001 年版。

［美］巴林顿·摩尔：《专制与民主的社会起源》，王茁、顾洁译，上海译文出版社 2012 年版。

［美］保罗·皮尔逊：《时间中的政治：历史、制度与社会分析》，黎汉基、黄佩璇译，江苏人民出版社 2014 年版。

［美］查尔斯·林德布洛姆：《政治与市场：世界的政治—经济制度》，王逸舟译，上海三联书店 1992 年版。

［美］道格拉斯·诺思等编著：《暴力的阴影：政治、经济与发展问题》，刘波译，中信出版集团 2018 年版。

［美］道格拉斯·C. 诺思：《经济史中的结构与变迁》，陈郁等译，上海三联书店 1994 年版。

［美］道格拉斯·诺思：《制度、制度变迁与经济绩效》，杭行译，格致出版社 2008 年版。

［美］道格拉斯·诺斯、［美］罗伯斯·托马斯：《西方世界的兴起》，厉以平译，华夏出版社 2017 年版。

［美］弗朗西斯·福山编著：《落后之源：诠释拉美和美国的发展鸿

沟》，中信出版集团 2015 年版。

［美］弗朗西斯·福山：《历史的终结及最后之人》，黄胜强、徐铭原译，中国社会科学出版社 1999 年版。

［美］顾德民：《民主的浪漫：当代墨西哥民众的无声抗议》，郑菲等译，江苏人民出版社 2018 年版。

［美］汉斯·摩根索：《国家间政治：权力斗争与和平》，徐昕等译，北京大学出版社 2012 年版。

［美］亨利·基辛格：《世界秩序》，胡利平等译，中信出版社 2015 年版。

［美］吉列尔莫·奥唐纳、［意］菲利普·施密特：《威权统治的转型：关于不确定民主的试探性结论》，新星出版社 2012 年版。

［美］加布里埃尔·阿尔蒙德等：《当代比较政治学：世界视野》（第八版），杨红伟等译，上海人民出版社 2010 年版。

［美］加布里埃尔·阿尔蒙德等：《发展中地区的政治》，任晓晋等译，上海人民出版社 2012 年版。

［美］杰弗瑞·G. 威廉姆森：《贸易与贫穷：第三世界何时落后》，符大海、张莹译，中国人民大学出版社 2016 年版。

［美］杰克·斯奈德：《从投票到暴力：民主化与民族主义冲突》，吴强译，中央编译出版社 2017 年版。

［美］卡赞斯坦主编：《世界政治中的文明：多元多维的视角》，秦亚青等译，上海人民出版社 2012 年版。

［美］肯尼思·华尔兹：《国际政治理论》，信强译，上海人民出版社 2003 年版。

［美］理查德·J. 伯恩斯坦：《社会政治理论的重构》，黄瑞祺译，译林出版社 2008 年版。

［美］罗伯特·基欧汉：《霸权之后：世界政治经济中的合作与纷争》，

苏长和等译，上海人民出版社 2001 年版。

［美］罗伯特·基欧汉、［美］约瑟夫·奈：《权力与相互依赖》，门洪华译，北京大学出版社 2002 年版。

［美］罗伯特·吉尔平：《全球政治经济学：解读国际经济秩序》，杨宇光、杨炯译，上海人民出版社 2003 年版。

［美］迈克尔·C. 迈耶、［美］威廉·H. 毕兹利编：《墨西哥史》，复旦人译，东方出版中心 2012 年版。

［美］乔尔·米格代尔：《强社会与弱国家：第三世界的国家社会关系及国家能力》，张长东等译，江苏人民出版社 2012 年版。

［美］塞缪尔·亨廷顿：《变化社会中的政治秩序》，王冠华等译，上海人民出版社 2008 年版。

［美］塞缪尔·亨廷顿：《第三波：二十世纪后期民主化浪潮》，刘军宁译，上海三联书店 1998 年版。

［美］塞缪尔·亨廷顿：《文明的冲突与世界秩序的重建》，周琪等译，新华出版社 2002 年版。

［美］托马斯·卡罗瑟斯：《转型范式的终结》，《比较政治评论》2014 年第 1 辑。

［美］托马斯·E. 斯基德莫尔等：《现代拉丁美洲》（第七版），张森根、岳云霞译，当代中国出版社 2014 年版。

［美］威廉·麦克尼尔：《西方的兴起：人类共同体史》，孙岳等译，中信出版社 2018 年版。

［美］小 G. 宾厄姆·鲍威尔等：《当代比较政治学：世界视野》，杨红伟等译，上海人民出版社 2017 年版。

［美］亚历山大·温特：《国际政治的社会理论》，秦亚青译，上海人民出版社 2000 年版。

［美］伊曼纽尔·沃勒斯坦：《现代世界体系：16 世纪的资本主义农业

与欧洲世界经济体的起源》（第一卷），尤来寅等译，高等教育出版社1998年版。

［美］伊曼纽尔·沃勒斯坦：《现代世界体系：中庸的自由主义的胜利（1789—1914）》（第四卷），吴英译，社会科学文献出版社2013年版。

［美］伊曼纽尔·沃勒斯坦：《现代世界体系：重商主义与欧洲世界经济体的巩固》（第二卷），吕丹等译，高等教育出版社1998年版。

［美］伊曼纽尔·沃勒斯坦：《现代世界体系：资本主义世界经济大扩张的第二个时代（18世纪30年代—19世纪40年代）》（第三卷），孙立田等译，高等教育出版社2000年版。

［美］约翰·罗尔斯：《作为公平的正义：正义新论》，姚大志译，中国社会科学出版社2011年版。

［美］约翰·麦克尼尔、［美］威廉·麦克尼尔：《麦克尼尔全球史：从史前到21世纪的人类网络》，王晋新等译，北京大学出版社2017年版。

［美］约翰·米尔斯海默：《大国政治的悲剧》，王义桅、唐小松译，上海人民出版社2003年版。

［美］约翰·E.斯蒂格利茨：《不平等的代价》，张子源译，机械工业出版社2013年版。

［美］约瑟夫·奈：《理解国际冲突：理论与历史》，张小明译，上海人民出版社2002年版。

［美］詹姆斯·罗西瑙主编：《没有政府的治理：世界政治中的秩序与变革》，张胜军等译，江西人民出版社2001年版。

［美］珍尼弗·皮茨：《转向帝国：英法帝国自由主义的兴起》，金毅、许鸿艳译，江苏人民出版社2012年版。

［日］沟口雄三：《作为方法的中国》，孙军悦译，生活·读书·新知三联书店2011年版。

［苏］Ю.孙巴强：《民族民主革命：问题和前景》，玉清译，《国外社

会科学》1985年第12期。

［印度］阿马蒂亚·森：《以自由看待发展》，任赜、于真译，中国人民大学出版社2013年版。

［英］爱德华·卡尔：《20年危机（1919—1939）：国际关系研究导论》，秦亚青译，世界知识出版社2005年版。

［英］巴里·布赞、［英］理查德·里特尔：《世界历史中的国际体系：国际关系研究的再构建》，刘德斌主译，高等教育出版社2004年版。

［英］保罗·科利尔：《战争、枪炮与选票》，吴遥译，南京大学出版社2018年版。

［英］波斯坦等主编：《剑桥欧洲经济史：16世纪、17世纪不断扩张的欧洲经济》（第四卷），王春法等译，经济科学出版社2003年版。

［英］伯里编：《新编剑桥世界史》（第10卷），中国社会科学院世界历史研究所组译，中国社会科学出版社1999年版。

［英］弗朗西斯·斯托纳·桑德斯：《文化冷战与中央情报局》，曹大鹏译，国际文化出版公司2002年版。

［英］贾斯汀·罗森博格：《政治学囚笼中的国际关系学》，宋鸥译，《史学集刊》2017年第4期。

［英］卡尔·波兰尼：《大转型：我们时代的政治经济起源》，冯钢、刘阳译，浙江人民出版社2007年版。

［英］克劳利等编：《新编剑桥世界史》（第9卷），中国社会科学院世界历史研究所组译，中国社会科学出版社1999年版。

［英］莱斯利·贝瑟尔主编：《剑桥拉丁美洲史》（第七卷），江时学等译，经济管理出版社1996年版。

［英］莱斯利·贝瑟尔主编：《剑桥拉丁美洲史》（第四卷），涂光楠译，社会科学文献出版社1991年版。

［英］莱斯利·贝瑟尔主编：《剑桥拉丁美洲史》（第五卷），胡毓鼎等

译,社会科学文献出版社1992年版。

[英] J. O. 林赛编:《新编剑桥世界近代史:旧制度(1713—1763)》(第七卷),中国社会科学院世界历史研究所组译,中国社会科学出版社1999年版。

[英] 玛丽·富布卢克:《剑桥德国史》,高旖嬉译,新星出版社2017年版。

[英] 迈克尔·曼:《民主的阴暗面:解释种族清洗》,严春松译,中央编译出版社2015年版。

[英] J. S. 密尔:《代议制政府》,汪瑄译,商务印书馆1982年版。

[英] 塞缪尔·芬纳:《统治史》(三卷本),马百亮等译,华东师范大学出版社2014年版。

[英] 唐纳德·萨松:《欧洲社会主义百年史》(上册),姜辉等译,社会科学文献出版社2013年版。

[英] 托马斯·梅特卡夫:《新编剑桥印度史:英国统治者的意识形态》,李东云译,云南人民出版社2015年版。

[英] 约翰·霍布森:《帝国主义》,卢刚译,商务印书馆2017年版。

[英] 约翰·密尔:《密尔论民主与社会主义》,胡勇译,江苏人民出版社2008年版。

(三)中文专著

丁建弘:《德国通史》,上海社会科学院出版社2002年版。

韩琦主编:《世界现代化历程·拉美卷》,江苏人民出版社2012年版。

黄宗良、孔寒冰主编:《世界社会主义史论》,北京大学出版社2004年版。

刘元春、杨光斌编:《中国思想评论(2017)》,中国社会科学出版社2017年版。

陆南泉等主编：《苏联兴亡史论》，人民出版社 2002 年版。

钱亦石：《近代世界政治史》，生活·读书·新知三联书店 1950 年版。

苏振兴主编：《拉美国家现代化进程研究》，社会科学文献出版社 2006 年版。

王缉思：《世界政治的终极目标：安全、财富、信仰、公正、自由》，中信出版社 2018 年版。

徐世澄：《墨西哥政治经济改革及其模式转换》，世界知识出版社 2004 年版。

杨光斌：《政治变迁中的国家与制度》，中央编译出版社 2011 年版。

杨光斌：《中国政治认识论》，中国社会科学出版社 2018 年版。

曾毅：《政体新论：破解民主—非民主二元政体观的迷思》，中国社会科学出版社 2015 年版。

郑家馨主编：《殖民主义史：非洲卷》，北京大学出版社 2000 年版。

（四）中文论文

程雪阳：《墨西哥 20 世纪的农村土地改革及其对中国的启示》，《北京社会科学》2013 年第 5 期。

高波：《农民问题与当代墨西哥的政治稳定》，《拉丁美洲研究》1998 年第 3 期。

刘天中：《中国高铁印尼搁浅的制度分析》，硕士学位论文，中国人民大学，2017 年。

卢玲玲、闫伟：《墨西哥毒品问题及其未来走向》，《现代国际关系》2013 年第 3 期。

马丽蓉：《多向维度中的中东民主问题考量（上）》，《西亚非洲》2006 年第 7 期。

钱雪梅：《试析政治伊斯兰对中东北非剧变的解读：以伊扎布特为例》，

《国际政治研究》2011年第4期。

钱雪梅:《政治伊斯兰意识形态与伊斯兰教的政治化》,《西亚非洲》2009年第2期。

汪波:《伊斯兰与西方文明所蕴含的民主价值观之比较》,《阿拉伯世界研究》2007年第2期。

王缉思:《世界政治进入新阶段》,《中国国际战略评论》2018年第1期。

王林聪:《论伊斯兰教与民主之间不确定的关系》,《西亚非洲》2005年第5期。

王泰:《埃及现代化进程中的世俗政权与宗教政治》,《世界历史》2011年第6期。

杨光斌:《公民社会与民主—治理的另一种关系》,《比较政治评论》2013年第2辑。

杨光斌:《关于国家治理能力的一般理论——探索世界政治(比较政治)研究的新范式》,《教学与研究》2017年第1期。

杨光斌:《关于建设世界政治学科的初步思考》,《世界政治研究》2018年第1辑。

杨光斌:《"国家治理体系和治理能力现代化"的世界政治意义》,《政治学研究》2014年第2期。

杨光斌:《合法性概念的滥用与重述》,《政治学研究》2016年第1期。

杨光斌:《历史社会学视野下的"新教伦理与资本主义精神"》,《中国政治学》2018年第2辑。

杨光斌:《论世界政治体系——兼论建构自主性中国社会科学的起点》,《政治学研究》2017年第1期。

杨光斌:《民主与世界政治冲突》,《学术界》2014年第8期。

杨光斌、乔哲青:《作为中国模式的民主集中制政体》,《政治学研究》

2015 年第 6 期。

杨光斌：《什么是历史政治学?》，《中国政治学》2019 年第 2 辑。

杨光斌：《试论历史终结论的家族概念》（未刊论文）。

杨光斌：《"文明范式"与国际政治研究的转型升级：变革中世界秩序的时间性与政治思潮》（未刊论文）。

杨光斌：《西方国际关系理论与"中国威胁论"》，《世界经济与政治》1999 年第 4 期。

杨光斌：《新比较政治学：体系—议程—方法》，《比较政治评论》2014 年第 1 辑。

杨光斌：《意识形态与冷战的起源》，《教学与研究》2000 年第 3 期。

杨光斌：《政治思潮：世界政治变迁的一种研究单元》，《世界经济与政治》2019 年第 9 期。

杨光斌：《制度变迁中的政党中心主义》，《西华大学学报》（社会科学版）2010 年第 2 期。

杨光斌：《中华文明基体论——理解中国前途的认识论》，《人民论坛》2016 年第 15 期。

杨光斌：《重新解释现实主义国际政治理论——历史本体论、国家性假设与弱理论禀赋》，《中国人民大学学报》2018 年第 4 期。

杨光斌：《自由主义民主"普世价值说"是西方"文明的傲慢"》，《求是》2016 年第 19 期。

杨茂春：《墨西哥农村改革迁徙》，《拉丁美洲研究》1998 年第 1 期。

曾毅、杨光斌：《西方如何建构民主话语权：自由主义民主的理论逻辑》，《国际政治研究》2016 年第 2 期。

赵鼎新：《时间、时间性与智慧：历史社会学的真谛》，《社会学评论》2019 年第 1 期。

赵卫涛、杨光斌：《论人类命运共同体的哲学基础与历史连续性》（未刊论文)。

(五) 中文报纸

杨光斌:《世界政治研究亟待"转型升级"》,《光明日报》2017年8月16日第11版。

杨光斌:《中美关系进入"新阶段"》,《环球时报》2018年10月16日第14版。

(六) 网络资源

王绍光:《美国中央情报局及其文化冷战》,观察者网,2011年7月12日,https://www.guancha.cn/indexnews/2011_07_12_58624.shtml。

杨光斌:《历史残酷,看中美关系不可浪漫无度》,观察者网,2018年8月26日,https://user.guancha.cn/main/content?id=34794。

《美国务院以"文明较量"为依据制定对华策略 美学者:将失"道德高地"》,观察者网,2019年5月5日,https://www.guancha.cn/internation/2019_05_05_500345.shtml。

二 英文参考文献

Andrés Villarreal, "Political Competition and Violence in Mexico: Hierarchical Social Control in Local Patronage Structures", *American Sociological Review*, Vol. 67, No. 4, 2002.

Carlos Vilalta and Robert Muggah, "What Explains Criminal Violence in Mexico City? A Test of Two Theories of Crime", *Stability: International Journal of Security and Development*, Vol. 5, No. 1, 2016.

Dan La Botz, *Democracy in Mexico: Peasant Rebellion and Political Reform*,

Boston: South End Press, 1995.

Dube, Arindrajit, Oeindrila Dube, and Omar Garcia-Ponce, "Cross-border Spillover: U. S. Gun Laws and Violence in Mexico", *American Political Science Review*, Vol. 107, No. 3, 2013.

Eduardo L. Venezian and William K. Gamble, *The Agricultural Development of Mexico: Its Structure and Growth Since 1950*, New York: Fredrik A. Praeger, 1969.

Eric Wilson and Tim Lindsey eds., *Government of the Shadows: Parapolitics and Criminal Sovereignty*, New York: Pluto Press, 2009.

Ernesto Zedillo and Haynie Wheeler, *Rethinking the "War on Drugs" Through the US-Mexico Prism*, Yale Center for the Study of Globalization, 2012.

Giovanni Capoccia and Daniel Ziblatt, "The Historical Turn in Democratization Studies: A New Research Agenda for Europe and Beyond", *Comparative Political Studies*, Vol. 43, No. 8/9, 2010.

Guillermo Trejo and Sandra Ley, "Why Did Drug Cartels Go to War in Mexico? Subnational Party Alternation, the Breakdown of Criminal Protection, and the Onset of Large-Scale Violence", *Comparative Political Studies*, Vol. 51, No. 7, 2018.

Henry E. Brady and David Collier eds., *Rethinking Social Inquiry: Diverse Tools, Shared Standards*, 2nd Edition, Lanham: Rowman & Littlefield Publishers, 2010.

Jack Snyder and Karen Ballentine, "Nationalism and Marketplace of Ideas", *International Security*, Vol. 21, No. 2, 1996.

James Mahoney, *Colonialism and Postcolonial Development: Spanish America in Comparative Perspective*, New York: Cambridge University Press, 2010.

Javier Osorio, "The Contagion of Drug Violence: Spatiotempora Dynamics of the Mexican War on Drugs", *Journal of Conflict Resolution*, Vol. 59, No. 8, 2015.

John H. Coatsworth, "Inequality, Institutions and Economic Growth in Latin America", *Journal of Latin American Studies*, Vol. 40, No. 3, 2008.

John W. Meyer, John Boli, George M. Thomas and Francisco O. Ramirez, "World Society and the Nation - State", *American Journal of Sociology*, Vol. 103, 1997.

Joseph S. Nye, Jr., *Bound to Lead: The Changing Nature of American Power*, New York: Basic Books, 1990.

June S. Beittel, *Mexico's Drug Trafficking Organizations: Source and Scope of the Rising Violence*, Congressional Research Service Reports, 2012.

Kimberly Heinle, Octavio Rodríguez Ferreira, and David A. Shirk, *Drug Violence in Mexico: Data and Analysis through 2016*, Department of Political Science and International Relations, University of San Diego, 2017.

Lewis A. Coser, "Two Methods in Search of Substance", *American Sociology Review*, Vol. 40, No. 6, 1975.

María Celia Toro, *Mexico's "War" on Drugs: Causes and Consequences*, Boulder: Lynne Rienner, 1995.

Michael E. Brown, Sean M. Lynn - Jones and Steven E. Miller, eds., *Debating the Democratic Peace*, Cambridge: The MIT Press, 1996.

Michael W. Doyle, "Kant, Liberal Legacies, and Foreign Affairs", *Philosophy & Public Affairs*, Vol. 12, No. 3, 1983.

Miguel A. Centeno and Agustin E. Ferraro eds., *State and Nation Making in Latin America and Spain: Republics of the Possible*, New York: Cambridge University Press, 2013.

Nora Lustig, *Mexico: The Remarking of an Economy*, Washington, D. C:

Brookings Institution Press, 1998.

Peter Andreas and Joel Wallman, "Illicit Markets and Violence: What Is the Relationship?", *Crime, Law, and Social Change*, Vol. 52, No. 3, 2009.

Peter Kingstone and Deborah J. Yashar eds., *Routledge Handbook of Latin American Politics*, New York: Routledge, 2012.

Peter Watt and Roberto Zepeda, *Drug War Mexico: Politics, Neoliberalism and Violence in the New Narcoeconomy*, London: Zed Books Ltd, 2012.

Robert A Donnelly and David A Shirk eds., *Police and Public Security in Mexico*, San Diego: Trans-Border Institute, 2009.

Shannon O' Neil, "The Real War in Mexico: How Democracy Can Defeat the Drug Cartels", *Foreign Affairs*, Vol. 88, No. 4, 2009.

Stephen D. Morris, "Corruption, Drug Trafficking, and Violence in Mexico", *The Brown Journal of World Affairs*, Vol. 18, No. 2, 2012.

Stephen D. Morris, "Drug Trafficking, Corruption, and Violence in Mexico: Mapping the Linkages", *Trends in Organized Crime*, Vol. 16, No. 2, 2013.

Susan R. Walsh Sanderson, *Land Reform in Mexico: 1910 – 1980*, New York: Academic Press, 1984.

Victoria Malkin, "Narcotrafficking, Migration, and Modernity in Rural Mexico", *Latin American Perspectives*, Vol. 28, No. 4, 2001.

Zeev Maoz and Bruce M. Russett, "Normative and Structural Causes of Democratic Peace, 1946 – 1986", *American Political Science Review*, Vol. 87, No. 3, 1993.

后　记

最近，"新文科"之说颇为流行。其实谁也说不清"新文科"到底为何，大概就是文理融合，鼓励学科的大交叉大融合。就政治学而言，当务之急则是解决学科内部的交叉与融合问题，因为国际问题研究与国内政治研究、国际关系研究与政治学研究之间，似乎呈现"封建制"，世界政治研究力图打破这种"割据"状态。

本书是我近十年阅读、思考的一个阶段性成果，在系列论文的基础上加工而成。其中的个别章节如"民主化浪潮与世界秩序的重组"已经见诸本人的民主研究著作《观念的民主与实践的民主》，为体系的完整性而纳入本书再次刊印；第八章中的"墨西哥案例"一节是我和我的博士生释启鹏同学的合作成果。

感谢专业又敬业的王琪编辑，她对本书观点的热爱既保证了编辑的质量又加快了出版的速度。这是王琪女士编辑我的第三本著作，我的入选国家社科基金中华外译项目的《中国政治认识论》也是由她负责编辑，即将被翻译成多种文字出版。期待本书也能入选中华外译项目，以和世界同行对话。

感谢我的博士生何家丞同学，在本书交付出版社之前他已经对文稿整理了一遍，之后全面负责校对王琪编辑提出的问题并整理参考文献。我的学术风格是粗线条型，做事有板有眼的何家丞同学大大地弥补了我的不足。

拙作《世界政治理论》是一种抛砖引玉的努力，期待同道的批评指正，共同打造一片新天地！

杨光斌

2020 年 10 月 22 日